中原作家群年谱丛书

徐洪军　主编

周大新年谱

柴鲜　著

郑州大学出版社

图书在版编目（CIP）数据

周大新年谱／柴鲜著. -- 郑州 ：郑州大学出版社，2024.9
（中原作家群年谱丛书／徐洪军主编）
ISBN 978-7-5645-9986-7

Ⅰ. ①周… Ⅱ. ①柴… Ⅲ. ①周大新 - 年谱 Ⅳ.①K825.6

中国国家版本馆 CIP 数据核字（2023）第 201700 号

周大新年谱
ZHOU DAXIN NIANPU

策划编辑	李勇军	封面设计	孙文恒
责任编辑	申从芳	版式设计	孙文恒
责任校对	孙精精	责任监制	李瑞卿

出版发行	郑州大学出版社（http：//www.zzup.cn）
地　　址	郑州市大学路 40 号（450052）
出 版 人	卢纪富
发行电话	0371-66966070
经　　销	全国新华书店
印　　刷	河南瑞之光印刷股份有限公司
开　　本	890 mm×1 240 mm　1／32
印　　张	13.875
字　　数	291 千字
版　　次	2024 年 9 月第 1 版
印　　次	2024 年 9 月第 1 次印刷

书　　号	ISBN 978-7-5645-9986-7	定　价	68.00 元

本书如有印装质量问题，请与本社联系调换。

"中原作家群年谱丛书"总序

程光炜

2011年秋冬之际，我到常熟理工学院林建法、丁晓原二位先生刚创办不久的《东吴学术》杂志做客。其间与建法先生谈起，能否在该刊开辟一个"当代作家年谱"栏目。一年后，在人大文学院再次跟他聊起此事，不承想，这个原本遥不可及的目标，已在他手里实现。如果我没记错，"中原作家群年谱丛书"的个别年谱的"简编"，就曾经刊载于这家杂志。但我不知道，这套年谱丛书的策划起意，是否与这件事情有关。

在当代文学史上活跃着一大批河南籍或者长期在河南生活、工作的作家，他们中的一些人已经在中国文坛上产生了重要影响，如姚雪垠、魏巍、李準、李季、白桦、张一弓、二月河、周大新、李佩甫、刘震云、李洱等。对于当代文学中的河南籍或者长期在河南生活、工作的作家来说，这套"中原作家群年谱丛书"对于他们生平事迹、生活道路、创作情况的介绍，对于他们不再以作品"制造者"，同时作为写作了这些故事的作者的"生活史"，出现在研究者和广大读者的视野中，是有很大的意义的。据我粗陋的印象，此前这些作家中的有些人，不仅从无一本"研究资料"，更谈不上"年谱"；所以，我想"中原作家群年谱丛书"的问世，对于河南当代文学研究，对于中国当代文学研究，切实提供了一批难能可贵的基础性的文献材料。

在文学批评之后，与文学史研究同步开展的作家传记、年谱和其他材料的整理，在近些年越来越受到当代文学研究界的注意，相关研讨会也此起彼伏。但是作为将这些工作进一步细化、深入化的年谱整理及研究，则是一项更为寂寞、艰苦和长期的基础性研究。由此可见本套丛书所经历的过程，作者所付出的努力，以及从初稿、统稿到出版的日日夜夜。

此前，信阳师范大学文学院就已经组织出版了两辑共23卷的"中原作家群研究资料丛刊"，现在又推出这套"中原作家群年谱丛书"，可以看出他们对中原作家群研究的逐步深入，这是特别值得肯定的地方，也借此机会向他们表示祝贺。

2023年11月3日记于北京

目　录

contents

1996 年　45 岁 / 136

1997 年　46 岁 / 142

1998 年　47 岁 / 149

1999 年　48 岁 / 165

2000 年　49 岁 / 175

2001 年　50 岁 / 182

2002 年　51 岁 / 193

2003 年　52 岁 / 201

2004 年　53 岁 / 209

2005 年　54 岁 / 214

2006 年　55 岁 / 219

2007 年　56 岁 / 231

2008 年　57 岁 / 238

2009 年　58 岁 / 245

2010 年　59 岁 / 257

2011 年　60 岁 / 265

2012 年　61 岁 / 270

2013 年　62 岁 / 281

2014 年　63 岁 / 290

2015 年　64 岁 / 298

2016 年　65 岁 / 313

2017 年　66 岁 / 322

2018 年　67 岁 / 330

凡例

一、在中国当代文学史，尤其是新时期文学史上，河南作家占有十分重要的地位。从 1906 年出生的著名诗人苏金伞，到 1994 年出生的知名作家小托夫，在中国文坛上产生过较大影响的河南作家有近 40 位。在十一届茅盾文学奖 53 位获奖作家中，河南作家占了 10 位。为了总结当代河南文学的实绩，为此后的当代河南文学研究奠定基础，我们编著了这套"中原作家群年谱丛书"。

二、本丛书之谱主均为河南作家。其判断标准是，该作家或出生于河南——这种情况在本丛书中占绝大多数，或长期在河南工作、生活，主要作品在河南创作发表——如二月河，或在文化血缘上与河南有着十分密切的关系——如宗璞。

三、每位作家编著年谱一册，以呈现该作家的文学活动为重点，兼及中国文坛、河南文坛的相关问题。

四、每册年谱一般包括作家小传、年谱正文、参考资料、附录、后记等五部分。

五、年谱正文一般包括本年度大事记、作家活动、作家研究相关文献。

六、年度大事记选取该年度与作家生活、创作有关联、有影响的，或者对中国文学有较大影响的事件录入。全国社会生活、文学活动资料很多，从严录入；河南省文学活动资料整理有限，尽可能详细；各位作家出生、求学、工作、生活地域的资料依据不同作家灵活处理。

七、作家活动。

1. 作家年龄使用虚岁，即出生当年为一岁，以此类推。

2. 引用文献和人物介绍均使用脚注。

3. 正文中如有需要解释说明的内容，则不使用脚注，而用"按"；如有多条按语，则用"按一""按二"标识。每个作家的具体内容由编著人灵活处理。

4. 为了更为直观地呈现作家的文学活动，一般在年谱相应位置插入一些图片。这些图片主要包括作家及相关人物照片、作品发表期刊照片、作品版本照片、作家参与活动照片、重要地标照片等。

5. 如有可以直接引用的文献，一般原文引用，以显示"无一字无出处"；如需要引用的文字太多、太长，则由编著人概述。直接引用文献包括两类，一类是公开发表文献，将注明出处；作家日记、书信等一手文献原文，引用次数较多的，可以不用一一标明。

八、研究文献。

1. 一般研究文献只列作者、题目、报刊、出版年月等信息，如果该文献比较重要，则视情况概述该文献主要观点。

2. 研究文献归属年份：一般作品的研究文献，放到该文献发表年份表述；重要作品的研究文献，为方便读者了解该作品的研究现状，一般在该作品发表、出版年份将其所有研究文献集中展示。

九、附录的内容可以包括但不限于作家的创作年表、作家佚文或稀见作品文本、比较重要的作家访谈等。

周大新小传

周大新，曾用笔名"普度"，1952 年 2 月 27 日出生在河南省邓州市构林镇冯营村前周庄的一个普通农民家庭。

1957 年 9 月，周大新开始到附近的河湾小学读书，1961 年夏天考上构林镇高小。在构林镇高小读书期间，周大新因为作文写得好而受到两位语文老师的表扬，就此撒下写作的种子。

1964—1978 年，是周大新走上文学之路的创作摸索阶段。1964 年秋季，他考入邓县三中（在构林镇），开始大量阅读学校图书馆的文学作品，直到 1966 年学校停课。1968 年下半年复课闹"革命"，被推荐到邓县三中读高中。1970 年 12 月，周大新离开生活十八年的故乡，开始自己的军旅生涯。他在山东济南的炮兵部队里，利用业余时间阅读和写作，写下许多没有发表的诗歌、散文、小说、剧本。

1979—1989 年，是周大新文学创作风格的形成时期。在经历无数次拒稿之后，他的短篇小说《前方来信》发表于《济南日报》1979 年 3 月 25 日。1983 年春季，周大新考入中国人民解放军西安政治学院。在西安求学期间，他把课余时间都用在读书和写作上，发表多部短篇小说和中篇小说，并于1985年年底调入济南军区创作室从事专业创作。1987年5月下旬，《昆仑》杂志、《小说选刊》杂志和济南军区文化联合部联合举办了第一次以周大新创作为中心的学术讨论会。1987年秋季，周大新进入鲁迅文学院深造。1988年5月，周大新的第一部小说集《走廊》由昆仑出版社出版。1987年发表的中篇小说《走廊》和1989年发表的中篇小说《伏牛》，是他早期文学创作的重要作品。

1990—2008年，是周大新文学创作的丰收期。1990年，他的第一部长篇小说《走出盆地》发表于《小说家》第2期。同年发表的中篇小说《香魂塘畔的香油坊》，被导演谢飞改编为电影《香魂女》，于1993年上映，获得第43届柏林国际电影节金熊奖。1995年6月，周大新调入北京总后勤部创作室从事创作，接连发表三卷本《第二十幕》（1998年）、《21大厦》（2001年）、《战争传说》（2003年）、《湖光山色》（2006年）等长篇小说，还有多部中短篇小说、文学随笔、评论及散文集。其中，《湖光山色》在2008年10月获第七届茅盾文学奖。伴随着文学创作上的丰硕成果，周大新也经历了儿子周宁因病离世的丧子之痛。

2009—2021年，是周大新文学创作的高产期。《预警》（2009年）、《安魂》（2012年）、《曲终人在》（2015年）、《天黑得很慢》（2018年）、《洛城花落》（2021年）等长篇小说相继出版，还有大量散文、随笔和文学评论，以及少量的短篇小说问世。2015年3月底，周大新退休，结束长达45年的军旅生涯。2021年，《洛城花落》出版后，周大新宣布长篇小说封笔。

2022年至今，是周大新文学创作的新时期。此前，他的文学创作主要涉及豫西南的乡土世界、军旅生活、当代都市等题材，还有少量历史小说。从2022年开始，他重新拾起早期曾触碰过的科幻题材，发表一系列短篇科幻小说，积极关注人工智能带给人类的影响。

截至2023年9月，人民文学出版社出版"周大新文集"22卷。但是，他依然笔耕不辍，用文字表达着自己对生命、生活的热爱与思考。

1952 年　1 岁

5 月 24 日，曹禺的《永远向前——一个在改造中的文艺工作者的话》刊于《人民日报》。

10 月 19 日，《人民日报》发表社论《继承鲁迅的革命爱国主义的精神遗产——纪念鲁迅逝世十六周年》。

11 月 15 日，中央人民政府扫除文盲工作委员会成立。

是年冬，李季①带着全家老小，来到玉门，担任油矿党委宣传部部长兼《石油工人报》社社长。

2 月 27 日　出生在南阳市邓州市构林镇冯营村前周庄一个普通农民家庭，"身子皮实，学会走路比较早；能吃，总是吃得肚子滚圆，被邻居们称为小胖子"②。

---

① 李季（1922—1980），原名李振鹏，河南唐河人，笔名里计、于一帆等，著名诗人，代表作为"信天游"体的《王贵与李香香》、"盘歌体"的《菊花石》、"说唱体"的《杨高传》以及"自由体"的《石油诗》。

② 周大新：《长在中原十八年》，载《长在中原十八年》，人民文学出版社，2016，第 3 页。

半岁时　时值盛夏，"被脱得精光放到门前草地上玩"①，喜欢在草地上玩，喜欢抓草叶往嘴里塞。

祖父和外婆在周大新出生前已去世，奶奶和外爷在小学时期去世。父亲周海龙 1960 年病逝，母亲李大女为养活两个幼儿在三年困难时期改嫁丈夫的胞弟周占龙。因此，家中共有兄弟姊妹四人，周大新为长子，还有大弟周荣新、二弟周荣体、小妹周荣焕。

按一：周大新的出生日期是著者向周大新本人求证的公开日期，其回答："母亲不识字，告诉我是 1952 年 2 月 27 日，大概是指阴历，因入伍档案上这样写，就一直这样写了"。周大新还说："乡下不识字妇女记孩子出生的年月，常依托乡下的大事件，所以会有弄错的时候。母亲告诉我，你是发大水的第二年生下的，这就很可能不准确，不过，就按档案上记的写吧。"

按二：周大新的故乡前周庄为冯营村（行政村）管辖的自然村之一，隶属邓州市枸林镇。邓州，地处河南省西南部，北接伏牛山脉，南连湖北襄阳，西纳汉水，东接宛洛，有豫、鄂、陕"三省雄关"之称。根据邓州发现的八里岗仰韶文化遗址推断，在 6400 多年前邓州已有人类生存，具有极为久远的历史文化。唐宋三贤韩愈、寇准、范仲淹先后在邓州任职，范仲淹在邓州花洲书院写下名篇《岳阳楼记》，"先天下之忧而忧，后天下之乐而乐"成为千古传唱的名句。1949 年，邓县归属南阳专区；1988

---

① 周大新：《地上有草》，载《长在中原十八年》，人民文学出版社，2016，第 29 页。

年，国务院批准设立邓州市（县级），由南阳市代管；2011 年，被省政府确定为省直管市。构林镇，在明清时即邓州四大镇之一；1958 年，成立构林公社；1983 年，改为构林乡；1985 年，改为构林镇。冯营村位于构林镇东，辖有包括前周庄在内的 10 个自然村。前周庄约有几十户人家，被平坦的庄稼地包围着，村中有大小不一的多个水塘，是中原大地上常见的自然村落之一。

母亲李大女不识字，十几岁时遭遇其母去世，和妹妹两人帮助父亲料理家务，是一位勤劳勇敢的农村妇女，后来成为村里的接生婆婆。她常常告诫子女三件事："一是不说'过天话'，也即说话要言而有信。二是别看不起比自己还穷的人。三是不要浪费东西。"①

春去秋来，盆地的四季风景和父老乡亲在平原上劳作生活的情景在周大新幼小的心灵中留下深深的烙印，从那时起，"我开始感到人离不开土地。没有田地，人活得会很乏味"②。周大新以南阳地区为基础，构建了"豫西南小盆地"的小说世界。他说，"南阳给了我生命，给了我对世界最初的认识。那里的麦苗、青草、田埂都已经深深印在我的脑子里。这是我生命的出发点，也是我作品最易进入的地方"③。成年以后，周大新曾在"这拥有上

① 周大新：《乡下老人》，载《长在中原十八年》，人民文学出版社，2016，第 90 页。

② 周大新：《长在中原十八年》，载《长在中原十八年》，人民文学出版社，2016，第 4 页。

③ 周大新：《关于历史文化答栗振宇问》，载《你能拒绝诱惑》，人民文学出版社，2016，第 358 页。

前周庄村口（村子入口的楹联为周大新撰写，所题内容为：
塘秀水清田野流金地生福，花繁叶茂家园如画人有志）

千万人的盆地里东游西逛。我见过很多的死人和活人，我同好些
个男人和女人交谈，我到过乡村、小镇、县城和州府，我进过茅
屋、砖瓦房、洋楼、礼堂，我爬过山、涉过河、翻过丘……"①，
南阳盆地的山川河流、人情世态、人文历史、精神气质、情感思
绪、文化心理等早已如血液一样流淌在他的生命中。周大新认为
"南阳盆地"就是他的"文学领地"和"艺术星空"，他反复强调
"人必须和自己生活的土地联系起来，才有可能深刻"。

---

① 周大新：《圆形盆地》，载《周大新散文》，人民文学出版社，2022，第76
页。

1954年　3岁

1月，知侠的长篇小说《铁道游击队》由新文艺出版社出版。路翎的小说《初雪》刊于《人民文学》第1期。

3月，《光明日报》的学术副刊《文学遗产》创刊。

4月27日，中国作协主办的文艺普及刊物《文艺学习》创刊。

6月，杜鹏程的长篇小说《保卫延安》由人民文学出版社出版。

9月11日，政务院发布征集补充兵员的命令。命令规定，在兵役法公布前，从1954年11月1日到1955年2月28日，在年满18周岁到22周岁的男性公民中征集补充兵员45万人，服役期限为陆军3年、空军4年、海军5年。这是国家兵役制度改革，由志愿兵役制过渡到义务兵役制的开端。

是年6—9月，长江、淮河流域发生百年未遇的大水灾。灾区党委和政府迅速动员，组织群众转移，开展以工代赈、生产自救，取得抗洪斗争的胜利。

10 月 30 日，河南省省级领导机关迁至郑州，以郑州为河南省省会。

是年 居邓州市构林镇冯营村前周庄。

在故乡十八年生活的前三年，"是在懵懵懂懂过日子，会哭，但不记得苦和恼；会笑，但不记得欢和乐"，"黑，尤其是夏天出了汗，又黑又滑像泥鳅；胆小，怕黑，天一黑就不敢乱跑"①，村里的老人喜欢喊周大新"黑蛋"。

---

① 周大新：《长在中原十八年》，载《长在中原十八年》，人民文学出版社，2016，第 3 页。

1955 年　4 岁

2 月 21 日，国务院发布《关于发行新的人民币和收回现行的人民币命令》。

3 月 10—23 日，中共河南省委召开全省财经会议，讨论实行粮食定产、定购、定销问题，并制定河南省粮食统购统销、棉花预购、油料增产、油脂经营、生猪生产以及对城乡私营商业的安排和改造等项工作方案。

5 月 25 日，全国文联、中国作协主席团联席会议扩大会议通过决议，开除胡风中国作协会员会籍，撤销其担任的中国作协理事、《人民文学》编委等职务。

7 月 27 日，《人民日报》发表《坚决地处理反动、淫秽、荒诞的图书》，提出要禁止租赁淫秽、荒诞的旧小说、旧唱本、旧连环画、旧画片等。

是年　居邓州市构林镇冯营村前周庄。

这一年，留下的人生刻痕是与奶奶有关的两件事：一是"奶奶把白馍掰碎泡在碗里，放点盐末和香油喂我，我记得那东西很好吃"；二是"奶奶去世入殓时，我被人抱起去看奶奶躺在棺材里的样子。只听见一个人说，娃子太小，看了怕会做噩梦"。"那一年我模糊地感觉到了，我可以依靠的亲人会和我分离"。①

　　跟着母亲下地时，学母亲的样子把锄掉的草捡回家晒干，用来烧火做饭。

---

　　① 周大新:《长在中原十八年》，载《长在中原十八年》，人民文学出版社，2016，第 4 页。

1956 年　5 岁

1月，文艺领域开始进行"社会主义改造"，主要是将各种民营剧团、书店、出版社改为公私合营或国营。

1月27日，中共中央发出《关于文字改革工作问题的指示》。

1月28日至2月1日，河南省教育厅、团省委联合召开省农村扫除文盲积极分子大会。

2月9日，中国文字改革委员会发表《汉语拼音方案（草案）》。

4月28日，毛泽东在中共中央政治局扩大会议总结讲话中指出，艺术问题上的百花齐放，学术问题上的百家争鸣，应该成为我们的方针。

9月，《人民文学》发表何直（秦兆阳）的论文《现实主义——广阔的道路》、王蒙的小说《组织部新来的青年人》。

11月22日，中央决定从四川、湖南、湖北、广西、江西、贵州、甘肃等省调运115亿公斤粮食支援河南省灾区。

是年　弟弟周荣新出生。

5 月　参加舅舅的婚礼，当"童子压轿"，被轿夫弄得左右乱晃，拒绝继续坐轿而被训。

是年　开始记事，每天总是吃红薯而出现人生第一个理想——"此生不吃红薯"。对于坐牛车出行，感觉省力舒服，"心里实在快活"①。

这一年开始和大人们去附近 3 公里外的构林镇赶集，看见商店里有许多没有见过的好东西，能看耍猴、喝胡辣汤、啃甘蔗，偶尔因为父亲卖出鸡蛋和土鸡而吃到包有玻璃纸的糖块，觉得"外边的世界比村子好"。

听母亲分派活儿，牵羊到村边的河埂上吃草。

---

①　周大新：《行的变迁——我与新中国·庆祝中华人民共和国成立 70 周年》，《人民日报》2019 年 5 月 13 日第 20 版。

1957 年　6 岁

2 月 12—21 日，中共河南省委召开全省农村工作会议。会议确定 1957 年农村工作的基本任务是：贯彻执行全国农业发展纲要，全面发展以粮棉为主的农业经济，努力完成农业生产各项任务。

3 月，中国科学院文学研究所的《文学研究》（季刊）创刊。1959 年改名为《文学评论》（双月刊）。

4 月 25 日，第一届中国出口商品交易会（简称"广交会"）在广州举行。

4 月 27 日，中共中央发出《关于整风运动的指示》。在整风过程中，极少数右派分子乘机向党和新生的社会主义制度发动进攻。6 月 8 日，中共中央发出《关于组织力量准备反击右派分子进攻的指示》。6 月，运动的重点开始由党内整风转向反右派。到 1958 年夏季，整风运动和反右派斗争完全结束。

5 月，钱谷融的《论"文学是人学"》发表在《文艺月报》第 5 期。

7月，李国文①的《改选》、宗璞②的《红豆》、丰村的《美丽》等小说发表在《人民文学》第7期。

8月9日，中共河南省委发出《关于在农村开展社会主义教育运动的指示》，要求各级党委结合生产，立即在农村开展一次大规模的社会主义教育运动，批判党内的右倾思想和农村的资本主义思想，打击不法地主、富农的反革命言行。

9月，曲波的长篇小说《林海雪原》由作家出版社出版。

10月27日，《人民日报》发表《建设社会主义农村的伟大纲领》的社论，要求"有关农村和农业的各方面工作在十二年内都按照必要和可能，实现一个巨大的跃进"，提出"跃进"的口号。

11月，梁斌的长篇小说《红旗谱》由中国青年出版社出版。

12月7日，中共中央转发中共河南省委《关于当前农业生产新高潮的情况简报》。河南省有1500万人参加抗旱种麦，大兴水利和大搞积肥为中心的冬季生产运动，农村经济出现了"大跃进"的局面。

---

① 李国文（1930—2022），男，生于上海，祖籍江苏盐城，曾任《小说选刊》主编，代表作长篇小说《冬天里的春天》（首次出版于1981年）获首届茅盾文学奖。

② 宗璞（1928— ），原名冯钟璞，祖籍河南唐河，著名哲学家、教育家冯友兰（1895—1990）次女。周大新在"贺宗璞老师八十华诞——在冯钟璞文学创作六十年座谈会上的发言"中说，"在我们南阳，冯友兰、冯沅君、冯钟璞这三个名字……唐河冯家人，多年来成为南阳人劝子孙们读书时使用得最多的例子"。

是年 居邓州市构林镇冯营村前周庄。

9月 开始每天步行2公里去河湾小学读书。发完疟疾，坚持上学，常常被同校高年级的堂姑背着走一段路。

农村进入大炼钢铁时期，全村开始吃"大锅饭"，和小伙伴们边吃饭边一起玩。

1958年　7岁

1月，周立波的长篇小说《山乡巨变》开始在《人民文学》连载。6月，由作家出版社出版。

1月，杨沫的长篇小说《青春之歌》由作家出版社出版。

2月26日至3月7日，中共河南省委推广登封县全面"大跃进"的经验，提出很多不切实际的目标和口号，使全省浮夸风和生产上的瞎指挥风开始泛滥。

3月18—22日，中共河南省委召开全省钢铁工业会议，动员钢铁生产战线"大跃进"，提出"县县、乡乡、社社办铁厂"等脱离客观实际的规划，全省出现"大办钢铁"的热潮。

4月22日，人民英雄纪念碑在天安门广场建成。

7月11日，《河南日报》报道全国浮夸典型西平县和平农业社小麦亩产7320斤的消息。23日，《人民日报》予以转载，造成极为严重的不良影响。

7月15日，河南省新闻广播出版局成立。

8月17—30日，中共中央政治局扩大会议在北戴河召开，会议确定一批工农业生产的高指标。

9月2日，中国第一座电视台——北京电视台正式开播。1978年5月1日改称中央电视台。

11月2—10日，中共中央主席毛泽东在郑州召集有部分中央领导人、大区负责人和部分省、市、自治区党委书记参加的工作会议（即第一次郑州会议），讨论人民公社问题。

11月，李英儒的长篇小说《野火春风斗古城》发表在《收获》第6期。12月，由作家出版社出版。

是年　居邓州市构林镇冯营村前周庄。

这一年，开始正式干活，暑假照看弟弟，割青草喂养家里偷偷养的山羊。寒假时，去田地里拾玉米秆、棉花根子，把搂树叶干草弄回家当柴火。村里的食堂"已半死不活，吃饭差不多要靠自家做了"。有了人生第二个理想：天天能吃臊子面和葱油饼。

村里开始出现橡胶轮的平板车，成为当时南阳农村农民最喜欢的交通工具。

按：大锅饭、大炼钢铁和浮夸风等带来的生活影响，留在了周大新童年时期的记忆里，并以文学创作的形式在其部分小说中有不同程度的反映，比如早期未发表的剧本《诬告》、中篇小说《向上的台阶》等。

1959 年　8 岁

1 月 21 日，中共中央转发中共河南省委《关于防止形式主义和铺张浪费的几项规定》。其中规定：现有人民公社的干部食堂应该一律取消；人民公社不要过早修建办公大楼、大礼堂及大量兴建新住宅。

8 月 2—16 日，中共八届八中全会在庐山召开。会后，"反右倾"斗争开始。

是年　父亲周海龙病逝。

这一年，"饥馑突然到来了"，"这场饥馑让我体验到了绝望的滋味：当我看到娘再也没有东西下锅站到灶前发呆时，我小小的胸腔里都是慌张、疼痛和恐惧"。"村里开始饿死人，我也全身浮肿，所幸国家的救济粮到了，我得以活了下来"①。饥馑带来的深刻记忆，让周大新在余生都养成"储粮备荒"的生活习惯。

---

① 周大新：《长在中原十八年》，载《长在中原十八年》，人民文学出版社，2016，第 6 页。

1961 年　10 岁

1 月 13 日，中共河南省委发出指示，要求各级党委和人民委员会领导群众战胜严重春荒，保人、保畜、保生产。

1 月，吴晗编剧的《海瑞罢官》刊于《北京文艺》第 1 期。

2 月 25 日，中共河南省委制定《关于迅速压缩劳动力，加强农业生产的紧急措施》，决定"除了保证恢复生产外，其他工业、交通、文教、商业等战线均必须从各方面压缩劳动力，下放农村，支援农业"。

11 月，罗广斌、杨益言的长篇小说《红岩》开始在《中国青年报》连载，12 月，由中国青年出版社出版。

是年　居邓州市构林镇冯营村前周庄。

1959—1961 年三年困难时期，和母亲掐草芽儿、掘草根维持生存。在此期间，母亲李大女为了养活兄弟俩，改嫁丈夫周海龙的亲弟弟周占龙，维持家庭生计。

读初小期间的暑假，割草交给生产队喂牛，以此挣些工分换口粮。夏夜，村中老碾盘旁的大空场上，聚集着村民一起听大鼓书艺人冯秀成说书。每户出一碗苞谷粒作为听书的酬劳。秀成说的鼓书内容有两类：一类是武打的，如"赤壁大战""杨家将""林冲上山"等。一类是言情的，如"西厢记""樊梨花""守寒窑""闹洞房"等。"常常忘了月亮、忘了星星，忘了夜风，完全沉浸在他所渲染的砍杀搏斗里，沉浸在他所讲述的悲欢离合中。"① "就是这些故事，使我那穷困、枯燥的童年和少年时代的生活，变得有惊有喜有滋有味起来。"②

最早接触到的文学作品是残本《西游记》，"小学没有毕业，识字不多的我便找来《西游记》，开始磕磕巴巴地读起来"③。

幼时和伙伴们玩打仗游戏，把土揉成土蛋蛋向对方投射，"那时以为打仗就是这样好玩，能给我们带来快乐和欢笑……懵懵懂懂的我们哪里知道，真正的战争和战场是另外一个样子。会不会是因了幼时常玩这种游戏，便在我心里种上了最初的当兵的念头?"④

夏季 在河湾小学初小毕业，考上距离前周庄 3 公里远的构林镇高小。

① 周大新:《夏夜听书》，载《长在中原十八年》，人民文学出版社，2016，第 86 页。
② 周大新:《漫说"故事"》，载《你能拒绝诱惑》，人民文学出版社，2016，第 14 页。
③ 周大新:《公开的"情人"》，载《摸进人性之洞》，人民文学出版社，2016，第 94 页。
④ 周大新:《当兵上战场》，载《周大新散文》，人民文学出版社，2022，第 109 页。

秋季　带着花布缝的书包和几个杂面馍，去构林镇高小报名读书。

1963 年　12 岁

1 月 15 日，《河南日报农民版》创刊。

2 月 11—28 日，中共中央工作会议召开。会议决定在农村开展以"四清"（即清理账目、清理仓库、清理财物、清理工分）为主要内容的社会主义教育运动，在城市开展反对贪污盗窃、反对投机倒把、反对铺张浪费、反对分散主义、反对官僚主义的"五反"运动。"四清五反"运动在 1966 年上半年结束。

3 月 5 日，《人民日报》刊登毛泽东的题词"向雷锋同志学习"，全国掀起学习雷锋先进事迹的热潮。

3 月 25 日，中国作协书记处决定成立农村读物委员会。

4 月 11 日，贺敬之长诗《雷锋之歌》发表于《中国青年报》。

7 月，姚雪垠①的长篇历史小说《李自成》第一卷由中国青年出版社出版。

---

① 姚雪垠（1910—1999），原名姚冠三，河南邓州人，现当代著名作家。代表作长篇历史小说《李自成》于 1982 年获首届茅盾文学奖。

12 月 12 日，毛泽东在中宣部文艺处的一份关于上海举行故事会活动的材料上，作了对文学艺术的第一个批示。

是年 在构林镇高小走读。

早晚步行上学回家，中午将从家里带的红薯面饼在学校食堂笼屉里加热，和着捣碎的咸辣椒当午饭。

少年时代的周大新

在构林高小的两年学业，遇见两位语文班主任，一位叫范荣群，一位叫郑恒奇。因为作文写得好，常常被语文老师讲评表扬，并把作文推荐到学校节日特刊发表，两位教师的"表扬和看重，满足了我的荣誉心也刺激了我学习语文的兴趣"①。在完成学业之外，会抽空写一些作文，"大概是我最早的散文写作练习"。

---

① 周大新：《在构林》，载《长在中原十八年》，人民文学出版社，2016，第81 页。

从这时起，开始读课外书，最早阅读的小说是高玉宝①的自传体长篇小说《高玉宝》。

夏季 因为小学毕业证上需要照片，第一次到构林镇上的那家小照相馆拍照。当时的构林镇，店铺稀少，有一个百货店、两家土产杂品店、两个饭馆、一家照相馆、一个邮电所和一个粮管所，还有一个很少开门的戏院。但是，比村庄与河湾小学要大得多，新奇热闹。

因为"村里的大人一再教导我：你娃子只有考上大学才能当官，只有当官才能吃香的喝辣的，你只有吃香的喝辣的才能让你爹娘跟着享福"②，周大新在学校学习十分刻苦，"暗下了考大学当官的决心"。

---

① 高玉宝（1927—2019），山东黄县人，出生于辽宁瓦房店孙家屯村。自学成才，被称为著名的"战士作家"。1954年进中国人民大学工农速成中学读书，1962年毕业于中国人民大学新闻系。《高玉宝》为其自传体长篇小说，作者、人物、书名为同一名字。高玉宝带着自己25万字的小说书稿，得到当时《解放军文艺》编辑部荒草（原名郭永江，1916—1993）的指导和修订，定稿压缩到20多万字，由罗荣桓最后确定书名为《高玉宝》。小说第九章为"半夜鸡叫"，曾被选入小学课本，成为家喻户晓的"周扒皮"故事。

② 周大新：《长在中原十八年》，载《长在中原十八年》，人民文学出版社，2016，第7页。

1964 年　13 岁

2 月 10 日，《人民日报》发表通讯《大寨之路》，并同时发表社论。此后，全国农村掀起"农业学大寨"运动。

5 月，《毛泽东语录》出版。

10 月 16 日，中国第一颗原子弹爆炸成功。

是年　在构林镇初中住校读书。二弟周荣体出生。

秋季　以优异的成绩考入邓县三中（在构林镇），入学就在班里当了学习委员。母亲为其准备了一床大棉被，父亲用麦秸织了铺床的垫子和高粱秸席，住进容纳 40 个男生的大寝室。寝室里有大木尿桶，供学生起夜使用。由于家庭经济困难，没有钱在学校饭堂吃一日三餐，最初在学校附近亲戚家中凑合，后来在学校旁边村子里借熟人家的灶房自己做饭。用几块土坯支起小锅，家里送来柴火、面条和苞谷糁，以及洗净的红薯。后来，有 12 个远乡的同学凑在一起搭伙吃饭，是学校附近一个孤独老汉为有口饭吃而免费给他们做饭。后来，随家境好转，才在学校吃起了食堂。

初入学时，每月才能回家一次，夜里总做梦想家。

初中时，结识周喜来等好友。

构林镇中学有一个藏书两万余册的图书馆，还有阅览室，每个学生可以办一个图书借阅证。初中三年里，周大新在图书馆里借阅了一大批著作。"我在这座图书馆里读到了《红楼梦》《青春之歌》《红旗谱》《暴风骤雨》和《林海雪原》。《红楼梦》我读不太懂，曲波的《林海雪原》读懂了。"①"我那时无钱买小说，便四处借，这里借到半部《三国演义》，那里借到一本撕去了许多页的《二十年目睹之怪现状》，我如饥似渴地把书上的生字、熟字一齐吞到肚里，我被书中的故事所吸引，我对小说家生出了钦佩。"②"我要能写一本书那该多好"的企望就是在这当儿像豆芽一样从心里拱了出来。但是，"大批作家被划为黑五类让我感到了当作家的可怕"③。

---

① 周大新：《公开的"情人"》，载《摸进人性之洞》，人民文学出版社，2016，第94页。

② 周大新：《漫说"故事"》，载《你能拒绝诱惑》，人民文学出版社，2016，第14页。

③ 周大新：《在构林》，载《长在中原十八年》，人民文学出版社，2016，第82页。

1966年 15岁

6月1日，《人民日报》发表社论《横扫一切牛鬼蛇神》，"文化大革命"开始。文联、作协等机构瘫痪，大批作品、作家受到批判。

8月1—12日，中共八届十一中全会召开，作出《中国共产党中央委员会关于无产阶级文化大革命的决定》。

9月10日，河南全省大部分地区干旱缺雨。中共河南省委召开地委书记紧急会议，根据中共中央中南局指示，决定地直机关的"文化大革命"运动暂停，集中力量抗旱种麦。

是年 在构林镇初中住校读书。

9月 和同学们一起去"破四旧立四新斗争牛鬼蛇神"，看见有同学给一位离过婚的女教师脖子上挂了一双破鞋，"把民国和民国以前的所有东西都视为旧东西，把一些好瓷器砰砰砸碎"①。

10月 "大串联"开始,和同学们乘车去了武汉、南京、上海和郑州。

12月 第二次"串联",和同学们步行沿襄樊、荆门、荆州、沙市、公安、益阳、湘阴、株洲、湘潭,参观了毛主席的故乡,回来又去了长沙。这两次"串联",是"我第一次出远门,第一次看见构林镇以外的世界"。

"大串联"回校后,周大新迷上了拉胡琴和打篮球。"文化大革命"在读初中时突然爆发,"我的大学梦只做了一小截"。

----

① 周大新:《长在中原十八年》,载《长在中原十八年》,人民文学出版社,2016,第7页。

1968年　17岁

3月26日，《河南日报》发表《坚决杀退为"二月黑风"翻案的反革命妖风》的社论，在全省范围内掀起批判所谓"右倾翻案风"高潮。

12月22日，《人民日报》发表毛泽东的指示："知识青年到农村去，接受贫下中农的再教育，很有必要。"全国掀起知识青年上山下乡的高潮。

是年　在读书和干农活之间交替。

学校完全"停课闹革命"之后，回家干了一段时间农活。干农活的单调时光里，读浩然①的长篇小说《艳阳天》，在当时"深深地吸引了我"，"原来被砸断的那个想写一本书的嫩芽，又

---

①　浩然（1932—　），天津宝坻人，原名梁金广，20世纪50年代做报刊记者、编剧工作，1956年开始发表短篇小说。代表作有长篇小说《艳阳天》《金光大道》《苍生》等。

一点一点地从心里挺了起来"①。

下半年 复课闹"革命"，被推荐到构林镇邓县三中读高中，学习时紧时松，经常到乡下学农，在拖拉机站学会开东方红链轨式拖拉机犁地。

---

① 周大新：《在构林》，载《长在中原十八年》，人民文学出版社，2016，第83页。

1970 年　19 岁

4 月 2—12 日，河南省革委召开第五次全会扩大会议，讨论"以阶级斗争和路线斗争为纲"，深入开展"一打三反"运动，搞好"斗、批、改"，要求贯彻以粮为纲组织生产新高潮。

4 月 24 日，中国第一颗人造地球卫星发射成功。

5 月 15 日，河南电视台开始试转中央电视台节目。全省农村已普及广播网，98%的生产队和院户接通了广播线路。

是年　半农半学的人生状态。

"穷困使我迫切地想离开农村"，"我渐渐地看明白，这辈子要想不当农民，靠上学读书是不行了，必须另想法子"。[①]　"如果没有别的办法，我这辈子就开拖拉机为人犁地算了。"[②]

---

① 周大新：《在构林》，载《长在中原十八年》，人民文学出版社，2016，第 83 页。

② 周大新：《中学时代》，载《长在中原十八年》，人民文学出版社，2016，第 104 页。

12 月　山东某炮兵部队到构林镇征兵，周大新以应届生的身份报名，负责招兵的李连长见"我身高一米七八，又胖又有力气，而且球技不错，就坚决要我"。

12 月下旬　同学周喜来征兵去了北京。"我的军旅生涯"也开始了，乘坐闷罐火车赴山东 67 野战军第 200 师炮兵团新兵营接受新兵训练，驻地在泰安地区肥城县城郊。

初入军营时的周大新

新兵住的军营由平房组成，排列得特别整齐，营院十分干净，山墙上写满了黑板报，"用水泥板做成的一长溜乒乓球台和沙土铺的篮球场在营区的中央，汽车停得整整齐齐"①。常看的电影是《南征北战》《英雄儿女》，看见战场上死人的场景，有点小慌张，在备战训练中慢慢地将打仗的害怕抛到一边，"青春的血开始燃烧"。

①　周大新：《亲爱的军营》，载《周大新散文》，人民文学出版社，2022，第 97 页。

1971 年　20 岁

4 月，周恩来接见受邀访华的美国乒乓球队。

10 月，第 26 届联合国大会通过决议，恢复中华人民共和国在联合国的一切合法权利。

是年　山东 67 野战军第 200 师炮兵团战士。

3 月　结束新兵训练，分到炮兵团指挥连测地排当战士。认识第一任班长何班长（四川南充人）。不久，从邻排的班长那里偷偷拿到当时的"禁书"——列夫·托尔斯泰的《复活》，带着有罪的感觉悄悄读完，留下很深的印象。

4 月　第一次走上岗位夜哨巡察时，误将一头牛犊当作敌人而射杀，"那个因过于紧张而失去正确判断的夜晚"一直留在记忆里。

9 月　当测地排副班长。

夏末秋初　到位于泰安市的师司令部作训科绘制兵要地志图，在泰安火车站的天桥上拍照留念。

秋季 参加连队组织的篮球比赛，意外鼻软骨受伤，担心住院太久影响训练，在师医院治疗一个月后出院回连队。

1972 年　21 岁

1 月 19 日，河南省革委决定，全省高等院校分期分批招收新生。这是从"文化大革命"开始以后高等院校第一次招生，实行"自愿报名，群众推荐，领导批准，学校复审"的办法。

2 月 21—28 日，美国总统尼克松访问中国。中美双方在上海发表《联合公报》，标志两国关系正常化进程的开始。

是年　山东 67 野战军第 200 师炮兵团战士。

3 月　因胃病发作住进泰安 138 陆军医院，遇见"具有古典仕女式的美"的 19 岁叶护士，她的善良美好给周大新留下很深印象，与后来遇见的"几位女性形象常常在我脑中交替出现"，"她们融合在一起，成为一个崭新的我从未写过的女人"①。

10 月　调到连部当文书（班长），管理连队的战士档案和连队其他的文书资料。

---

① 周大新：《夏日琐忆》，载《自在》，中国文史出版社，2019，第 170 页。

12 月　何班长退伍复员，与班长告别，再无见面。

冬季　做连队文书，到沂蒙山区野营拉练，装有炊具的车翻落山沟，有惊无险，"吃了苦、受了累、历了险"。

1973 年　22 岁

3 月 29 日，根据毛泽东的意见，周恩来主持中央政治局会议，决定邓小平正式参加国务院业务组工作，并以国务院副总理身份参加外事活动。

12 月 18 日，《河南日报》头版全文转载《人民日报》12 月 15 日发表的初澜的文章《要重视文化艺术领域的阶级斗争》。

是年　开始进入文学创作实践摸索阶段。

夏季　在测地排当班长，参加海滩野营拉练与实弹射击。

冬季　在山东胶东地区野营拉练；野营拉练"为我们这些年轻人接触和认识中国的底层社会提供了一个机会"①。

---

① 周大新：《当年野营在山东》，载《周大新散文》，人民文学出版社，2022，第 158 页。

1976 年　25 岁

1 月 8 日，周恩来逝世。

7 月 6 日，朱德逝世。

7 月 28 日，河北唐山、丰南地区发生里氏 7.8 级强烈地震，24.2 万多人罹难，16.4 万多人重伤。

9 月 9 日，毛泽东逝世。

9 月 18 日，首都百万群众在天安门广场隆重举行追悼大会。全国各省、自治区、直辖市举行悼念活动。

10 月 6 日，中共中央政治局执行党和人民的意志，粉碎"四人帮"，延续 10 年之久的"文化大革命"结束。

清明节前后　写了不少当时流行的"政治诗"，其中，有一首有些模样的顺口溜《别只说》，诗中写道："别只说上层，也说说普通百姓。别只说思想武器，也讲讲油条大饼。"① 表现出

---

① 摘自周大新 1976 年日记。

对现实的积极关注和思考。同时期，在野营拉练时，负责采访、撰写、编辑、刻板、油印、发行油印小报，于是用几个笔名，分别写诗歌、散文、小说，是最早发表在"报纸"上的作品。

是年 在山东肥城一家书店，买到一本新版的《复活》，实现了"弄到一本崭新的《复活》，我要好好再读一遍"的愿望，"也就是从这时开始，我开始学写小说……书，应该像《复活》那样写"①。同年，尝试写一部反映在台湾的老兵生活的长篇小说，四下寻找资料，断断续续写了一年，很厚一摞手稿，几年后在垃圾堆旁点燃草稿，感觉"在焚烧自己对文学的一份痴情和成吨的无知"②。

是年 创作电影剧本《古榆》，未投拍。该剧本收入《飞鸟》（"周大新文集"电影剧本卷，人民文学出版社，2016 年 10月）。

按一：该剧本以豫西南的韩榆河村为故事背景，讲述 1956年夏天，高中毕业的知识青年肖从铭和高小毕业的二土驾着装满玉米秸秆的牛车在回村的路上，遇见去镇上登记结婚归来的韩雨本和水秀。正在大家憧憬明天的婚礼时，拉着牛车的大黄和二黄在过桥时撞到寻母的两头小牛犊，满载的牛车右侧断裂，即将面临车毁人亡。雨本冲上去顶住牛车，直到其他社员赶来帮忙时才体力不支晕倒在地，雨本被车厢压坏左脚，被玉米秆

① 周大新：《读〈复活〉》，载《周大新散文》，人民文学出版社，2022，第 290 页。

② 周大新：《初约》，载《自在》，中国文史出版社，2019，第 151 页。

戳穿右脸颊，本来俊秀的他变成又丑又残的青年。

善良忠厚的雨本不愿让水秀跟着残疾的自己受委屈，于是撒谎看上别家姑娘而让媒人三奶给水秀退婚。三奶无意中知道雨本退婚的真相，再也不想说媒。雨本的父亲当年也是为了在洪水中多救几个人而意外死亡，他也像父亲一样善良无私。父母双亡的同村青年从铭贪慕水秀的美貌而央求媒人提亲，婚后投奔自己在开封市教育局的舅舅，获得开封师范学院图书管理员的工作，留怀孕的水秀一人在家操持家务。三奶觉得雨本可怜，决定替他求娶村里的哑女柳叶，但是柳叶和二土自幼青梅竹马，二土愿意为了雨本舍弃自己的感情，雨本却说服所有人，成全柳叶和二土的婚姻。

准备到城里待产的水秀来到开封师范学院找从铭，意外发现从铭和年轻时尚的城市女孩相恋，悲愤之下与从铭离婚，回到韩榆河村。雨本因为残疾被村里安排看守苹果园，水秀带着愧疚和悔恨跳入苹果园附近的小水库自杀，被雨本救起送到柳林镇医院，生下女婴后心力衰竭而亡。从铭的情人隐瞒了雨本发给从铭的电报，谎称水秀和孩子都死了，劝阻从铭回乡，以肖从铭的名义回电报要求把孩子送人。

雨本和寡母靠着村邻的帮衬，含辛茹苦地将弃婴韩明洁抚养长大，省吃俭用地供养韩明洁读书，朝明洁考上开封师范学院。雨本送韩明洁到师院读书时，巧遇老弱病孤被弃的肖从铭，便谎称明洁是肖从铭拜托自己抚养的女儿，让他们父女相认。雨本独自回到韩榆河村，巡察果园时发现小水库堤岸漫水，为堵好漫水口而跌入水库溺亡。同时，确诊为尿毒症的从铭在雨本走后，倍感纠结，良心发现，告诉明洁身世的真相，等明洁和从铭赶回村子，面对的是冰冷的尸体。剧本以全村人为雨本送葬结束。

按二：该剧本尽管没有投拍，却能看出周大新后来坚持现实主义文学创作风格的基点——通过展示人性的美好来传递生活的希望。从整体来看，全剧采用豫西南民歌《乡间》为主题音乐，双线交叉叙事，故事情节较为曲折，巧合之处见悲喜，具有浓郁的乡土色彩和地域意识。人物形象塑造带有较强的时代印记，人物明显具有善恶二元对立模式，还罩着"样板戏"的理想主义色彩，带着"三突出"美学原则的影响，主人公韩雨本成了一种本质纯善、"精神净化"的理想化人物。那些围绕在雨本周围的村邻都带着质朴、敦厚的人性光辉，互相理解、互助友爱，人们身上的恶欲都能被雨本身上的无私与善而感化。事实上，人性是非常复杂多变的，并不能时时处处都被趋善的理性光辉而控制。作为善的对立面，从铭的情人，这个无名的女性形象成为恶的载体，已经成为"恶"的抽象化符号，形象单薄且有点概念化。相反，水秀、二土这两个人物形象则更为饱满、生动，具有人的真实和鲜活。此外，人物的名字和人物自身之间带有明显的隐喻意义。尽管是早期的作品，但仍可以看出周大新后来文学创作的整体基调，也即对时代的反思、对故土的眷恋、对人性的关注。

年底 调任到第 200 师政治部宣传科当干事。从 1976 年开始学写小说，但是，"几乎所有的报刊编辑都在给我的退稿信上写道：谢谢你的信任，但作品尚未达到发表标准"①。

---

① 周大新：《公开的"情人"》，载《摸进人性之洞》，人民文学出版社，2016，第96页。

1977年　26岁

8月12—18日，中国共产党第十一次全国代表大会举行。大会宣告"文化大革命"已经结束，重申在20世纪内把中国建设成为社会主义现代化强国。

8月23日，中央军委召开座谈会，邓小平在会上阐述军队要把教育训练提高到战略地位的问题。

9月18日，中共中央发出《关于召开全国科学大会的通知》，要求抓紧落实党的知识分子政策，迅速恢复被撤掉的科研机构，恢复科研人员的技术职称，建立考核制度，实行技术岗位责任制。

10月12日，国务院批转教育部《关于1977年高等学校招生工作的意见》，决定从本年起，高等学校招生采取自愿报名、统一考试、择优录取的办法，恢复"文化大革命"中被废弃的高考制度。

11月，《人民日报》《人民文学》邀请文艺界人士举行座谈会，批判"文艺黑线专政论"。

秋季 在陆军师政治部的宣传科当干事，偶然获得赴中国美术馆参观摄影展览的机会。从山东泰安乘坐火车到北京，第一次来到天安门广场，用别人的相机，留下两张照片。在天安门城楼前久久驻足，"忽然间强烈地感受到了生命的短促"，"看着京城人比较体面的穿着，忽然想起了我故乡的农民，什么时候能让我故乡的人们也能衣食无忧那该多好"①。

1977 年，第一次来到天安门广场的周大新

是年 创作电影剧本《诬告》，未能投拍。该剧本收入《飞鸟》（"周大新文集"电影剧本卷，人民文学出版社，2016 年 10 月）。

按一：该剧本采用顺叙、倒叙、插叙的手法，讲述甄诚、金慧夫妻和陈盼龙、郑芸夫妻两个家庭在 20 世纪六七十年代不同的人生选择和政治际遇。剧本开场就把故事推向高潮，某领导收到一封来自南宛地区的匿名举报信，该地区的革委会副主任陈盼龙因此被抓捕入狱，受到反复的刑讯逼供。陈盼龙被折磨疯后放出监狱，和妻子郑芸、女儿陈颖住进陋巷。另一方面，

---

① 周大新：《走进广场》，载《周大新散文》，人民文学出版社，2022，第194 页。

他的战友、上司龚主任为抓住诬告者、洗清陈副主任的嫌疑而努力追查真正的坏人。农业局的陶机误以为承认诬告是获得上升的途径，就自请入瓮，成为诬告者而在礼堂的"公判大会"上被判处有期徒刑十年。这时，陈颖的未婚夫金剑走上礼堂舞台，向公众宣告是他诬告陈盼龙，拿出证据，讲述两家的恩恩怨怨。

原来，甄诚、金慧、陈盼龙、郑芸以及龚主任，都是历经生死的战友。他们在攻占南宛地区的战争中受伤而留下成为该县的领导，甄诚将县委书记让给陈盼龙，自己做了副书记。金慧是县卫生局局长，郑芸担任县文化局局长。陈盼龙给金慧腹中的孩子取名为甄幸。甄诚在"反右倾"中被撤职而到丰庄村劳动改造，甄幸和姐姐甄玲一起来到农村，受尽欺辱与折磨。甄诚在各种批斗和带病挑粪中意外死亡，金慧被挂着"破鞋"游街羞辱而自尽，留下甄玲和甄幸相依为命。同村青年严江喜欢甄玲，想要和甄玲结婚，帮助他们渡过难关，却遭到严母的粗暴干涉，甄玲在悲愤和绝望中自尽，只剩下甄幸一个人在家人的坟头痛哭。同样被下放到丰庄小学做老师的姚秘书不忍心甄幸痛苦，就将当初他父亲被打成"右派"的真相告诉他。也即，陈盼龙为了升官，用麦秆造假、浮夸小麦亩产的谎言被甄诚发现，同时，郑芸也因公款吃喝浪费财物被甄诚强制私人买单而怀恨于心。因此，郑芸巧舌如簧挑拨陈盼龙诬陷甄诚"右倾"，才导致甄幸一家人的悲惨命运。

甄幸从县、地区、省委到中央，用尽一切努力去上访，得到的只有绝望。他最后买刀子想要自己复仇时，却意外救了陈颖，谎称自己叫金剑，又意外和省军区金司令的儿子同名，获得陈颖父母的认可，两人成为恋人。此后，甄幸寻找时机诱使陈盼龙聊天，借助录音机伪造他辱骂领导的"录音片段"，做邮递员的严江帮助甄幸把诬告信寄到领导面前。

画面转到"公判大会"结束，在监狱里的甄幸打了前来探望他的陈颖，这时，警察送来陈盼龙精神失常之前写给甄幸的信。甄幸才知道，陈盼龙第一眼就认出自己，被抓到监狱后听见"录音片段"就知道是甄幸诬告了他，但是出于愧疚和赎罪的心理，他始终没有拆穿。甄幸读完信晕倒在陈颖怀中，陈颖为向甄幸一家谢罪，也服毒身亡。

按二：《诬告》在叙事手法、人物形象塑造和主题表现深度上都有了很大的提升，内容虚实相生，情节曲折生动，有较为成熟的艺术技巧。与上一部剧作《古榆》相比，故事的结尾带有一种古希腊式的悲剧风格，延续了那种大悲大爱的审美风格。在这个剧本中，很明显地带有现实生活体验的痕迹，比如，"浮夸风"的官场谎言，金慧被挂着"破鞋"游街的场景，不分青红皂白地戴"帽子"批斗打压，等等。作者周大新借助少儿时期甄幸看那些时代闹剧的困惑和愤懑，暗示当时社会环境对个体成长和认知的直接影响，文字背后展露的是周大新那种身在军营、心怀天下的公义之心。

1978年 27岁

5月11日，《光明日报》发表本报特约评论员文章《实践是检验真理的唯一标准》。

5月27日至6月5日，中国文联第三届全国委员会扩大会议在北京召开，大会宣布文联和作协等5个协会正式恢复工作。

10月22—29日，邓小平访问日本。这是新中国成立后中国国家领导人首次访问日本。

12月13日，邓小平发表《解放思想，实事求是，团结一致向前看》讲话，成为随后召开的中共十一届三中全会的主题报告，是开辟新时期新道路的宣言书。

12月18—22日，中共十一届三中全会在北京举行。全会批判"两个凡是"的错误方针，高度评价关于实践是检验真理的唯一标准问题的讨论；停止使用"以阶级斗争为纲"的口号，把全党工作的重点转移到社会主义现代化建设上。

是年，南阳市文联、南阳市作家协会主办的文学刊物《南阳文艺》创刊。

是年，魏巍创作完成抗美援朝题材的长篇小说《东方》。

年初 在山东省泰安市师部机关当宣传干事。

5月初 被调到济南军区政治部宣传部当干事，其间，因编写部队《战士小学教育教材》荣立三等功一次。

春夏之际 恋爱中，"差不多一周就要给对方写一封信，热恋让我忘记了天气的迅速热变，等我被热得夜晚也睡不着觉时，我才知道泉城的夏天来到了"①。

秋季 仔细游览济南，足迹遍布千佛山、趵突泉、大明湖、四门塔、黄河岸边。同时，继续创作之前台湾老兵思念故乡的长篇小说，"越写越不自信"，"越写越没激情"，"这种自我怀疑为这部小说此后失败打下了根基"②。

深秋 随军区机关工作组去青岛出差，住在青岛金口路小招待所，读完列夫·托尔斯泰的《战争与和平》，内心受到极大的震撼。娜塔莎形象在艺术上给了周大新三点启示：一是写好主要的女性角色，使其具有黏合剂作用，让作品具有引人阅读的魅力；二是作家要注意写人物的成长过程，每个人性格、胸怀、气质，都有逐渐形成的过程；三是要写出人物的命运感，才能征服读者。这些启示对周大新此后的创作产生很大的帮助，

---

① 周大新：《美好的开端》，载《长在中原十八年》，人民文学出版社，2016，第184页。

② 周大新：《美好的开端》，载《长在中原十八年》，人民文学出版社，2016，第184页。

"我的很多作品的主人公是女性，像《香魂塘畔的香油坊》里的二嫂，像《湖光山色》里的暖暖，像《银饰》中的碧兰等，可能就是受其影响的结果"①。

12月初　"北京召开一次落实知识分子政策的座谈会，指出对知识分子要充分信任放手使用"②，觉得文学创作没了后顾之忧。

12月下旬　从报纸上读了中共十一届三中全会的报道，意识到"一个新的时代开始了"。

　① 周大新：《认识娜塔莎》，载《周大新散文》，人民文学出版社，2022，第343页。
　② 周大新：《美好的开端》，载《长在中原十八年》，人民文学出版社，2016，第184页。

1979 年　28 岁

1月1日，全国人大常委会发表《告台湾同胞书》，郑重宣示争取祖国和平统一的大政方针。同日，国防部长徐向前发表声明，即日起停止对金门等岛屿的炮击。

2月17日，中国边防部队在广西、云南边境地区被迫对越南侵略者奋起自卫还击。

3月16日，中国人民解放军广西、云南边防部队从越南全部撤离完毕，回到中国境内。

7月，人民文学出版社主办的大型文学期刊《当代》在北京创刊。

10月30日至11月16日，中国文学艺术工作者第四次全国代表大会在北京举行，周扬作了题为《继往开来，繁荣社会主义新时期文艺》的报告。

12月15—28日，全军文化工作会议在北京举行。

12月，宗璞的短篇小说《我是谁?》刊于《长春》第12期。

1 月　在济南军区政治部驻地，与小自己两岁、毕业于武汉大学的恋人杨小瑛结婚。

春季　南部边境战争爆发时，诸多战友上了前线，因而特别关注战况，非常渴望听到前线的消息，"所做的贡献也就是写了一个短篇小说《前方来信》"。直到后来在 20 世纪 80 年代中期，到前线采访，才切身感受到战场的惊心动魄。

3 月 25 日　短篇小说《前方来信》发表于《济南日报》。

按：这篇短篇小说采用书信体方式，以护送援越物资而负伤住院的"我"为第一人称，向未婚妻秀芳讲述自己受伤的经过。作者用故事的形式，展示当时越南政府使用欺骗、恐怖手段诱使普通百姓仇恨中国人，挑起两国边境战争的真相。故事情节曲折，语言清新自然，情感质朴真实，充满时代气息，具有极强的精神感召力。

秋季　从朋友处借到韦丛芜先生翻译的陀思妥耶夫斯基《罪与罚》，第一次阅读陀思妥耶夫斯基的作品，陀氏表现的苦难和描写人物心理活动的奇特能力给了周大新强烈的震撼。通过这次阅读经历，周大新意识到作家必须具备三种能力：一是敏锐的感知社会苦难的能力；二是撬开所写人物内心隐秘之门的能力；三是抚慰人的灵魂的能力。想要写好作品，"必须沉下去，沉到社会的最底层，沉到人物的内心里……才能发现使你的文字变得不朽的物质"①。

---

①　周大新：《难忘陀氏〈罪与罚〉》，载《周大新散文》，人民文学出版社，2022，第 327 页。

11月初 收到妻子临产的电报。

11月4日 休假到家时，儿子周宁已在河南省南阳市出生。

12月初 探亲假结束，离家返回部队。"从离家的那一刻起，我对儿子的牵挂就开始了。"①

年底 跟随济南军区工作组到烟台出差，第一次看见真正的大海，"那一刻被海的阔大和壮美惊得久久无语"②。

---

① 周大新：《育子之路》，载《长在中原十八年》，人民文学出版社，2016，第116页。

② 周大新：《我爱烟台》，载《周大新散文》，人民文学出版社，2022，第187页。

1980年　29岁

9月 中共中央发出《关于控制我国人口增长问题致全体共产党员、共青团员的公开信》，提倡一对夫妇只生育一个孩子。

12月 中共中央、国务院发出《关于普及小学教育若干问题的决定》，要求在80年代全国基本实现普及小学教育，有条件的地方进而普及初中教育。

是年 调动到济南军区政治部。

夏季 妻子杨小瑛带儿子周宁来济南，全家一起游玩济南的景点，在千佛山的一棵树前为其拍照。因为孩子不小心弄洒了桌子上的墨水瓶而打了儿子屁股，之后立刻心疼儿子而后悔自己的行为。

年底 回南阳探亲，给孩子买了积木和塑料玩具。探亲假结束，在火车站离别时难过而流泪。

1982 年　31 岁

5 月，路遥的中篇小说《人生》刊于《收获》1982 年第
3 期。

6 月 19—25 日，中国文学艺术界联合会全国委员会第四届
第二次会议在北京召开，讨论形成《关于文艺工作的若干意见》
（简称《文艺十条》）。

9 月 24 日，邓小平会见英国首相撒切尔夫人，阐述对香港
问题的基本立场。

是年，刘震云①从北京大学中文系毕业，到北京《农民日
报》工作。

是年，《南阳文艺》改名为《躬耕》。

是年，余华②在浙江省海盐县武原镇卫生院做牙医。

---

① 刘震云（1958—　　），男，河南延津人，当代著名作家。代表作《一句顶
一万句》（2009 年）获第八届茅盾文学奖。

② 余华（1960—　　），男，生于浙江杭州，当代作家。代表作有长篇小说
《活着》《许三观卖血记》《兄弟》《第七天》《文城》等。

是年，大型军旅文学刊物《昆仑》诞生，这份杂志致力于发表最具有时代感和探索性的军旅文学作品，使活跃的青年军旅作家和批评家找到了一个重要的精神家园①。

8月　短篇小说《第四等父亲》得到《奔流》杂志编辑涂白玉的积极肯定，发表在《奔流》1982年第8期。

按一：这件事对周大新继续走文学道路带来极大的积极影响。此后，湖南电视台将该小说改编为电视剧《泰山情》，陕西电视台将其改编为电视剧《穿军装的父亲》②，并在中央电视台得到播放，又被河南人民广播电台改编为广播剧，这种积极的反响对周大新鼓励很大。

按二：这部短篇小说取材于当代军人家庭生活的现实，题目《第四等父亲》是来自小说中人物的划分。某师机关宣传科林干事按照父爱程度，将机关大院里当父亲的群体划分为四个等级，第四等是最差等次。主人公秦三全的妻子苑素带着三岁的儿子果果来部队探亲，没有想到果果发烧时，师机关紧急集合要举行野营演习，三全向师长严务清请假被拒绝，在演习中心神恍惚标错了作战地图上的符号，又被师长训斥。三全认为师长对他苛刻报复，没有想到8天演习回来赶到医院才知道，师长安排他妻子一直在医院陪护果果和苑素。在医院里，三全

①　朱航满、西元：《筚路蓝缕的守正开拓之路——军旅文学理论与批评70年》，《中国当代文学研究》2019年第4期。

②　徐莉著：《周大新文学年谱》，《东吴学术》2020年第4期。

才知道严师长在自己儿子宝山 7 岁那年休假探亲，遇到儿子发烧却在送医路上接到部队召回急电，他丢下高烧的儿子匆忙返回部队，导致儿子急性脑膜炎未得到及时救治，成了傻子。当年，严师长匆忙赶回部队，挽救了被困在塌方隧道的 70 名战士生命，代价是自己的儿子变成傻子。三全获知真相，感动流泪，与师长冰释前嫌。

这篇小说塑造了积极正面的严师长形象，表现了父爱与职责、人性与纪律之间的冲突，体现真正的军人"舍小家为大家"的牺牲精神。作者采用欲扬先抑的叙事手法，用细节来塑造人物形象，是生动感人的军旅题材作品，反映了那个时代军人群体真实的生活境遇和精神面貌，洋溢着高尚的爱国主义情怀。

年底 获取考大学的机会，为投考中国人民解放军西安政治学院而努力复习。

1983 年　32 岁

2 月 12 日，中央广播电视总台第一届春节联欢晚会正式亮相。

5 月 29 日，《光明日报》头版报道西安第四军医大学 11 位学员在华山上遇见游客滚落而英勇救助的新闻，成为著名的"华山抢险"事件。9 月，解放军总政治部、教育部、共青团中央联合召开"华山抢险英雄集体表彰大会"。团中央授予华山抢险英雄集体"全国新长征突击队"称号，11 名抢险学员被授予"全国新长征突击手"称号。

10 月 1 日，邓小平为景山学校题词："教育要面向现代化，面向世界，面向未来。"

春季　以济南军区总分第一的成绩，被中国人民解放军西安政治学院录取。

3 月　中篇小说《初入营门》发表在《奔流》1983 年第 3 期。

按：这部小说讲述分到测地二班的三个新兵赵河、武玖、卢啼夏和班长景树桩之间的故事。从四个战士的日常生活和军事训练，描述三个新兵在班长的言行影响下提高思想觉悟、逐渐成长的人生历程。主人公景树桩在参军前思想素质低劣，在他人善行的感召下，参军后有了极大的改变。他为救三个新兵，保护价值几万元的测地器材，自己冒着生命危险、还失去了左耳，是一个知错就改、敢于承担责任、诚实正直、不断成长的青年战士形象。

4 月 14 日　在烟台书店买了一本《拜伦诗集》，这是"我读的第一本诗集"①。还买了一本杂志《青春》。

4 月 17 日　出差到山东诸县的车上，构思了一首小诗："海滩上，/太阳的光线渐渐暗淡，/海浪轻轻舔着岸边，/此时三个年轻的少妇，/姗姗走上长岛西南端的海滩。/哟，海上的落日这么壮观！/平静的海面上铺着一层金线，/那身材婀娜的最年轻的一个，/对着大海高声赞叹。/嗨，太阳落山还有什么稀罕？"

4 月 19 日　改写小说《恨有千般种》。

4 月 21 日　开始写作短篇小说《路长三百米》。

秋季　到小雁塔附近的中国人民解放军西安政治学院入学深造，第一次来西安，"没有想到盛唐的都城会成了我的求学之地"②。这时已迷上写作，把课余时间全用在读、写小说上，短

---

① 摘自周大新 1983 年日记。

② 周大新：《西安求学忆》，载《周大新散文》，人民文学出版社，2022，第 232 页。

篇小说《黄埔五期》《街路一里长》和中篇小说《军界谋士》就是这时候写出来的。

在中国人民解放军西安政治学院读书时的周大新

1984 年　33 岁

1月22日至2月17日，邓小平视察深圳、珠海、厦门3个经济特区和上海，充分肯定试办经济特区和对外开放的决策。

8月6日，中国人民解放军总政治部向全军各大单位发出《关于各部队中深入进行彻底否定"文化大革命"教育的意见》。

9月4日，中华人民共和国中央军委主席邓小平发布命令，授予在老山、者阴山地区对越自卫还击作战中战功卓著的人民解放军云南边防部队6个英雄单位和10名个人荣誉称号。

11月1日，中央军委主席邓小平在军委座谈会上讲话时强调，军队工作要服从国家建设这个大局，大力支援国家发展国民经济。

11月24—28日，天津市文联、理论研究室和中国作协天津分会召开"通俗文学研讨会"。

是年，由文化部和中国文联共同创办的中央文学研究所（成立于1950年）几经易名，正式定名为鲁迅文学院。

是年，莫言（原名管谟业）考入解放军艺术学院文学系。

是年　在中国人民解放军西安政治学院读书。读书之余游览大雁塔、钟楼、秦始皇陵和兵马俑、华清池、乾陵。在学校的文化生活比较单调，主要是拔河比赛和每周看一次电影。这一年，妻子杨小瑛和儿子周宁及岳父杨清俊到西安探望周大新，同游西安市内和近郊的所有景点。

2月　短篇小说《呼啸的炮弹》发表在《解放军文艺》1984年第2期。

5月　短篇小说《"黄埔"五期》投稿至《上海文学》，得到该杂志彭新琪编辑欣赏，发表在《上海文学》1984年第5期。这是周大新第一次在有影响力的刊物上发表作品，对他鼓励很大。同年被《小说月报》第7期、《小说选刊》第7期等转载。

7月　短篇小说《街路一里长》发表在《长城》1984年第4期。被《小说选刊》1984年第9期转载。

9月　短篇小说《"大门"被拉开一道缝隙》《三角架墓碑》同时发表在《奔流》1984年第9期。

按：这两部短篇小说都是军事题材，思想主题相似，塑造了为集体利益而牺牲生命的男、女军人形象。《"大门"被拉开一道缝隙》讲述陆七师参加"八三九"战役预演，驻地机关只留下少量兵力留守，三个间谍潜入保密室抢夺有关战役演习内容的"47号"绝密文件的故事。送走野战演习的战友后，怀孕6个半月的29岁保密员温青惠、因为演习而不得不延迟婚礼的26岁保密员纪蓥、17岁的新兵田小蓓三人一起住在保密室隔壁的值班室，半夜被保密室传来的声音惊醒，三个女兵与坏人斗智斗勇，最终用生命和鲜血保护了"47号"绝密文件，英勇牺牲。这部小说开始用外出野战演习的男兵之口说，"……男士，去风餐露宿，尝野战生活之苦"，随着叙事的展开，我们看见三位走进军营的女兵都有各自的人生苦楚，但她们都热爱军营生活，忠诚于国家安全。一方面，说明军营内外都可能遭遇危险，军人应该随时做好牺牲的思想准备；另一方面，女兵面对危险时，以保护国家利益为首要，沉着冷静，不畏牺牲，一样充满大无畏的英雄精神。

　　同期的另一部短篇小说《三角架墓碑》以普通战士邵潭内心深处的价值观认知冲突为暗线，以知识分子家庭出身的邵潭与农村出身的副班长魏仁安之间的日常生活冲突为明线，从邵潭的视角去审视魏仁安的生活态度和自己家人的人生观，塑造了乐观知足、憨厚踏实、敬业无私的农村士兵魏仁安形象。邵潭父母都是大学教授，他一时冲动报名参军，进入炮兵部队做了测地班战士，而留在家中的同班同学们或进单位或读大学都有了显著的成就和名声，这让他懊悔在军营浪费三年多时光。邵潭瞧不起初中毕业的魏仁安早早结婚，生了女儿，什么事都"早点办好"，一副"嘿嘿"傻笑样。某次，外出测地任务中，一根测地杆掉落悬崖边，魏仁安攀爬悬崖拿到杆子却失足滑落，眼看着邵潭要和他一起坠落百米高的悬崖时，魏仁安松开联结两人的打包带，把生存的机会留给邵潭。魏仁安牺牲后，邵潭才知道头两天副班长刚接到家里的来信，获知女儿失足溺死池塘，妻子悲痛欲死，让他复员回家。师部在魏仁安牺牲的地方，用铁制三角架作为该炮控点的永久性观测标志，刻上"史册上查不到名字的贡献者同样是伟大的"。小说以邵潭意识到自己过去所理解的贡献只是"名声"为结尾，副班长的牺牲解决了他自我人生观的矛盾，领悟了真正的人生价值。这篇小说展现了高考制度恢复的改革初期，知识青年面对个人名利与国家利益时产生的思想困惑，敏锐地反映了农村青年和城市青年在人生选择上的局限与差异。

可以说，周大新前期的短篇小说大多数以军旅题材为主，反映当时军营生活、军人思想以及社会风气带给军营的影响等社会现实。在这些小说中，流动着强健坚韧的生命力量，洋溢着昂然向上的阳刚之气，充满雄浑豪迈的爱国主义情感。

1985 年　34 岁

2 月 11 日，《中国作家》双月刊创刊号正式出版发行。

5 月 23 日至 6 月 6 日，中央军委召开扩大会议。6 月 4 日，邓小平在会上宣布：中国人民解放军减少员额 100 万，将在今后两年内有秩序、有步骤地实施。

8 月 6 日，经国务院批准，国家版权局成立，文化部出版局改为国家出版局。

9 月 3 日，首都各界隆重纪念抗日战争和世界反法西斯战争胜利 40 周年。

10 月 27 日，中国人民解放军大军区原有的 11 个大军区合并成为北京、沈阳、兰州、济南、南京、广州、成都 7 个大军区，解放军的官兵比例降低至 1∶3.3。

12 月 17 日，第二届茅盾文学奖颁奖大会在北京举行。李準①《黄河东流去》、张洁《沉重的翅膀》、刘心武《钟鼓楼》三部长篇小说获奖。

1 月　中篇小说《军界谋士》发表在《长城》1985 年第 1 期，获《长城》优秀作品奖。

3 月　短篇小说《瞬间过后》发表在《当代小说》1985 年第 3 期。

4 月　短篇小说《明天进入夏季》发表在《奔流》1985 年第 4 期。

4 月　短篇小说《金桔，隐在夜色里》发表在《城市文学》1985 年第 4 期。

6 月　短篇小说《通过"冲击道路"的速度》发表在《解放军文艺》1985 年第 6 期。

7 月　从中国人民解放军西安政治学院毕业。

9 月　短篇小说《一个女军人的日记》发表在《青年文学》1985 年第 9 期。这篇小说的发表对周大新的人生选择意义重大，当时"正在走仕途还是搞创作的叉路口犹豫徘徊，它的发表，使我搞创作的自信心进一步增强，让我觉得也许我此生能靠写作养活自己，帮助我下了不走仕途的决心"②。

---

①　李準（1928—2000），男，蒙古族，河南孟津人。乳名铁生，本姓木华黎，后改名为李準。著名现实主义作家、编剧，代表作为长篇小说《黄河东流去》，荣获第二届茅盾文学奖。

②　周大新：《我的责编们》，载《历览多少事与人》，作家出版社，2005，第 124 页。

9 月　短篇小说《今夜星儿多》发表在《青年作家》1985年第 9 期。被《青年作家》2011 年第 4 期转载。

冬季　和军区报社的领导、记者一起去老山前线采访，第一次真正地走进战场。在战地医院采访，听见护士长说战斗激烈时，每天要去山坡上掩埋一大篓子手术切下来的战士们的小腿，"战争的残酷由此刻在了我的心里"。这个采访，后来写成短篇小说《汉家女》。在主力师的前沿阵地采访，写出中篇小说《走廊》，是"我创作早期重要的作品"①。

11 月　中篇小说《人间》发表在《长城》1985 年第 6 期。

按：2019 年 4 月，王振滔在《扬子江评论》发表《周大新乡土小说中的灵肉关系论》，指出《人间》可视为周大新乡土叙事结构中"男女两性在精神、肉体两个层面相互契合产生情爱，形成灵肉一元的和谐关系，因为一系列或偶然或必然的因素，和谐、一元的灵肉关系不得不变成

1985 年冬季，在老山前线采访

---

① 周大新：《当兵上战场》，载《周大新散文》，人民文学出版社，2022，第 115 页。

二元、分离的灵肉关系"① 的开端。

年底 调入济南军区创作室从事专业创作。

本年度重要论文：

丁临一②：《周大新："军界道德"的评说者》，《解放军文艺》1985 年第 10 期。

按：1985 年 10 月，丁临一的评论《周大新："军界道德"的评说者》发表在《解放军文艺》1985 年第 10 期，这是第一篇公开发表的对周大新作品进行专业研究的评论。丁临一认为，周大新笔下人物完整的个性形成是在道德情感的发展变化过程中实现的，"通过深入揭示当代军人的道德心理冲突和精神面貌的变化，来发挥作品的道德审美作用"。

---

① 王振滔：《周大新乡土小说中的灵肉关系论》，《扬子江评论》2019 年第 2 期。

② 丁临一（1953— ），安徽肥东人，1972 年入伍，曾任《解放军文艺》编辑、《昆仑》副主编，著有理论批评文集《踏波推澜》，代表作有长篇报告文学《长风破浪会有时》（合著）、《走向未来》（合著）等。

1986 年　35 岁

9 月 5—11 日，首届北京国际图书博览会在北京展览馆举行。

10 月，由中国社会科学院文学研究所等主持的"新时期文学十年学术讨论会"在北京召开。

11 月，路遥的长篇小说《平凡的世界》发表在《花城》第 6 期。

12 月 31 日至 1987 年 1 月 6 日，中国作协和全国总工会联合举办新中国成立以来第三次全国青年文学创作会议，参加会议的有 370 名青年作家代表，其中，有 58 人获全国级文学奖。

是年　济南军区创作室从事专业创作，加入山东省作家协会。

初春　与几位记者在南部边境进行战地采访。

4 月　在北京参加《解放军文艺》举办的"大红门笔会"，见到《棋王》的作者阿城，在开会期间写出短篇小说《汉家女》和《小诊所》，得到《解放军文艺》主编陶泰忠的认可。

4 月 短篇小说《硝烟中的祝愿》发表在《解放军文艺》1986 年第 4 期。

6 月 短篇小说《月涌大江流》发表在《晋江文艺》1986 年第 6 期。

8 月 9—31 日 西行到甘肃采访，到访兰州、武威、凉州、金川、张掖、酒泉、敦煌等地，参观白塔山公园、黄河母亲像、刘家峡水电站、甘肃省博物馆、兰州炼油厂、雷台汉墓、海藏寺、张掖大佛寺、木塔、高台烈士陵园、夜光杯厂、酒泉钢铁公司、敦煌莫高窟、鸣沙山和月牙泉。在回程中，与甘肃省作家和《当代文艺思潮》编辑部的同志们座谈，结识诸多文友。

8 月 短篇小说《屠户》发表在《山东文学》1986 年第 8 期。

8 月 短篇小说《汉家女》发表在《解放军文艺》1986 年第 8 期，获 1985—1986 年度全国优秀短篇小说奖。被《小说选刊》1986 年第 11 期转载。被《山东文学》2009 年第 1 期转载。被《解放军文艺》2020 年第 9 期重刊。被《海外文摘》（文学版）2021 年第 6 期转载。后被导演郑方南、编剧龙秦岭改编为电视剧《汉家女》（1988 年上映），获 1989 年第 9 届全国优秀电视剧"飞天奖"三等奖；在第二届全军军事题材电视剧评奖中获一等奖。

按：短篇小说《汉家女》描述了一位豫西南农村出生的名叫汉家女的女兵故事。汉家女为了摆脱农村苦累贫困的生活，用"小心眼"当兵进了军营，吃苦耐劳、善良泼辣，袒护想生儿子而计划外怀孕的连长家属让自己受"行政警告"，为了争取自己应得的待遇级别留在部队，和先转业到地方的丈夫两地分居，遭遇战争时又服从军令上了前线医院，精心诚意护理伤兵，路见不平敢管闲事，忠诚于家庭，爱丈夫和儿子，却在给前线阵地士兵送药的路上遭遇车祸死亡。作者通过生活细节，客观真实地塑造了一位有血有肉立体饱满的农村女兵形象。

9月1日　回到南阳探亲，产生"少有的激动，他当即意识到，他要写的还是这块故土"①。

10月19日　读完《理想与现实》。

10月20日　到成都参加《昆仑》杂志的笔会，购买人民文学出版社出版的法国丹纳《艺术哲学》一书，"每读一遍，仍然有新的收获"。在宾馆遇见一位女服务员，印象颇深，后写了散文《成都少女》。在成都期间，参观杜甫草堂、武侯祠。

10月27日至11月5日　写作《北半球消失一座军营》。

11月9日　继续写《北半球消失一座军营》，将题名改为《铜戟》。

11月10—19日　修改完《铜戟》。

11月20—21日　修改完《丛林》。

11月22日　看电影《静静的顿河》。

11月26日　读完弗洛姆的《爱的艺术》，开始读美国作家

---

① 崔伟：《崛起中的南阳乡土作家群》，《瞭望》1994年第41期。

库珀的小说。日记中写道："人为克服分离感，必须学会去爱。"

12 月 1 日　构思"关于现实题材军事文学发展前景的一点猜想"。

12 月 2 日　从成都到重庆的途中，开始沿途参观三苏故里、乐山大佛、乌尤寺、青城山。

12 月 7 日　到达重庆，参观白公馆、渣滓洞，日记写道："见识了人类在残害同类时毫不犹豫的铁证。"

12 月 9 日　顺长江而下，游览瞿塘峡、巫峡、西陵峡，经过秭归县城和宜昌葛洲坝。

12 月 29 日　同山东作协的同志一起到北京参加中国作协召开的青年作家创作会议，住在位于丰台的京丰宾馆。

12 月 30 日　在燕京饭店参加解放军文艺出版社举行的午宴。下午，看望了与会的作家张宇、李佩甫①等。

12 月 31 日　在人民大会堂参加全国青创会议开幕式。开幕式上，团中央第一书记王蒙讲话，邵华同志宣读了巴金的书面贺词。

---

① 李佩甫（1953—　），男，河南许昌人，曾任《莽原》杂志副主编、河南省作协主席，代表作有长篇小说《羊的门》《城的灯》，长篇小说《生命册》（2012 年）获第九届茅盾文学奖。

1987 年　36 岁

1 月 28 日，中共中央发出《关于当前反对资产阶级自由化若干问题的通知》。

1 月，余华的小说《十八岁出门远行》发表在《北京文学》第 1 期，贾平凹的长篇小说《浮躁》、马原的小说《错误》发表在《收获》第 1 期。

11 月 24 日，六届全国人大常委会第二十三次会议通过《中华人民共和国村民委员会组织法（试行）》。

12 月 1 日，深圳经济特区启动全国首次国有土地使用权拍卖。

1 月 1 日　日记中写道："今天，又是一年之始了。回首去年，又生几分悲哀。事，终也未干多少！"

1 月 5 日　写散文《篇外闲话》。当晚，在民族文化宫剧院观看《狗儿爷涅槃》。

1 月 13—16 日　修改《小盆地》。20 日，改完《小盆地》。

1月16日　晚上，去话剧团看《汉家女》改编。

1月21—22日　修改短篇小说《小诊所》。

3月　中篇小说《粘土地》发表在《莽原》1987年第2期。后改为《蝴蝶镇纪事》，收入《香魂女》（"周大新文集"中篇小说卷，人民文学出版社，2016年10月）。

按：从这一时期开始，周大新的文学创作开始涉足乡土题材。

4月　短篇小说《小盆地》发表在《山东文学》1987年第4期。

4月　短篇小说《小诊所》发表在《河北文学》1987年第4期，同年被《小说选刊》第6期、《文学大观》第8期转载，获得1987—1988年度全国优秀短篇小说奖。

5月26—30日　《昆仑》杂志、《小说选刊》杂志和济南军区文化联合部举行周大新作品讨论会。

按：参加这次讨论会的有《人民日报》《解放军报》《文艺报》《文学评论》《河北文学》《文学评论家》《作家信息报》和山东师范大学中文系等单位的评论家、作家、记者和编辑，共计三十余人。讨论会由《小说选刊》副总编肖德生、解放军文艺出版社副社长韩瑞亭主持。会议主题围绕《铜戟》《走廊》及其他相关作品展开，人们普遍认为周大新的创作具有明显的现实主义特点，追求民族传统、乡土氛围与现代意识的结合。但是，对情节结构的戏剧性追求导致叙事过于拘谨和雕琢，作品缺乏哲理上的丰厚意蕴①。

5月　中篇小说《滨河地》发表在《长城》1987年第3期。

5月　中篇小说《走廊》和《铜戟》同时发表于《昆仑》1987年第3期。《走廊》被《小说月报》1987年第8期转载，是周大新创作早期重要的作品，为他"此后坚持写作注入了新的信心"②。

按：中篇小说《走廊》讲述了"341"高地的争夺战，以院校毕业负责战略指挥的年轻师长景凌耀、负责防守高地的参战营长曹大栓、"341"高地坚守阵地的高中生士兵潘苏三位人物展开三条交错并行的叙事线索，穿插了富厚副团长、师长夫人曲秋爽、战区投机小贩青凤等人物，整部作品叙事结构精巧、人物形象随着情节发展而不断变化，语言准确，真实生动地再现了人性与私欲、理性与感性在战场上的冲突，展现那种在战火中结成的生死情谊，塑造为守卫国土安宁而浴血奋战、英勇牺牲的当代军人英雄形象。

5月　短篇小说《在母爱的河中筑坝》发表于《山东文学》1987年第5期。后改名为《爱河第一坝》，收入《明宫女》（"周大新文集"短篇小说卷，人民文学出版社，2016年10月）。

7月　短篇小说《风水塔》发表于《解放军文艺》1987年

---

① 《昆仑》《小说选刊》与济南军区文化部联合举行：周大新作品讨论会，昆平整理，《小说选刊》1987年第7期。

② 周大新：《当兵上战场》，载《周大新散文》，人民文学出版社，2022，第115页。

第 7 期。

8 月 17 日 短篇小说《红桑椹》发表于《人民日报》（海外版）。

8 月 短篇小说《武家祠堂》发表于《西北军事文学》1987 年第 4 期。

9 月 进入鲁迅文学院深造。

11 月 短篇小说《牛筋腰带》发表于《青年文学》1987 年第 11 期。

是年 在鲁迅文学院结识人民文学出版社的编辑，和人民文学出版社开始交往，不断收到出版社赠的新书。

本年度重要论文：

王凤胜：《周大新和他的两个世界》，《文学评论家》1987 年第 5 期。

丛正里：《一枝破土而出的新竹——周大新印象记》，《文艺报》1987 年第 5 期。

陈骏涛①：《在"传统"与"现代"之间——周大新小说印象》，《人民日报》1987 年 6 月 16 日。

王必胜：《周大新中篇小说枝谈》，《文论报》1987 年第 21 期。

---

① 陈骏涛（1936— ），男，笔名周柯、平纪，福建莆田人。当代著名文学评论家，曾任《文学评论》杂志社副社长，代表作有《文学观念与艺术魅力》《在传统与现代之间》《文坛感应录》《世纪末的回声》等。

王必胜：《军魂壮歌唱大风——周大新近作二简读解》，《文艺报》1987年第27期。

汪守德：《屈辱灵魂的回光——评周大新短篇〈风水塔〉》，《文学报》1987年第3期。

1988 年　37 岁

5 月 10 日，作家沈从文去世。

7 月 15—20 日，中宣部在北京召开全国文艺工作会议，就进一步繁荣我国社会主义文艺和做好第五次文代会准备工作问题征求意见，希望文艺界促进改革建设和安定团结。

7 月 25 日，中央军委决定将《中国人民解放军进行曲》定为中国人民解放军军歌。

12 月 30 日，中共中央书记处召开会议，讨论党和国家机关在新形势下保持廉洁的问题。

是年　加入中国作家协会。

2 月　中篇小说《家族》发表于《河北文学》1988 年第 2 期，后以篇名《家族也是一个故事》被《中篇小说选刊》1988 年第 4 期转载。

按：《家族》发表后，在学界引起较大的反响。总体上，人们认为这标志着周大新个人创作风格的形成，比如，陈骏涛在

《小盆地的骚动——周大新的〈家族〉及其他》中指出"豫西南有个小盆地"系列小说的六篇：《小诊所》《风水塔》《武家祠堂》《牛筋腰带》《小盆地》和《家族》，正在逐渐形成周大新的个人创作风格。《家族》描写商品经济观念和自然经济观念的碰撞，展现家族的历史渊源和农民自身的文化局限，是一篇"在艺术上刻意求新"的小说，标志着作家进入真正的"文学的自觉"[①] 阶段，具有"淡远蕴藉"的风格。李洋在《寓言：一束陨落的梦想——周大新的〈家族〉的意味》中指出，《家族》这部小说描述周氏家族的惨败和家族精神的失败，意味着古老神话的陨落与毁灭，是一则像马贡多小镇一样的文化寓言。

4 月 短篇小说《泉涸》发表于《当代作家》1988 年第 2 期，同年被《新华文摘》第 7 期转载。短篇小说《暮霭》也发表于《当代作家》1988 年第 2 期。

5 月 昆仑出版社出版中篇小说集《走廊》，收录《"大门"被拉开一道缝隙》《月涌大江流》《军界谋士》《走廊》等四篇小说。

初夏 在南阳，陪何镇邦[②]参观汉画馆，两人讨论了汉画与南阳的文化积淀。

6 月 随笔《圆形盆地》发表于《解放军文艺》1988 年第

---

① 陈骏涛：《小盆地的骚动——周大新的〈家族〉及其他》，《文论报》1988 年第 15 期。

② 何镇邦（1938— ），笔名霄峰、方榕，福建云霄人。1962 年毕业于复旦大学中文系，当代著名文学评论家。

6 期，被《中国现代当代文学研究》1988 年第 7 期转载。

8 月　中篇小说《紫雾》发表于《人民文学》1988 年第 8 期。

按：学界大多数把中篇小说《紫雾》归入周大新文学创作的"豫西南有个小盆地"系列作品，以此为基点去解读该作品的乡土书写、地域意识及复仇情结。

8 月　散文《夏日琐忆：一个形象的生成过程》发表于《写作》1988 年第 8 期。以篇名《夏日琐忆》收入《你能拒绝诱惑》（"周大新文集"散文卷，人民文学出版社，2016 年 10 月）。

10 月　文学随笔《创造属于自己的文学世界》发表于《昆仑》1988 年第 5 期。在文中，周大新谈到自己对乡土小说创作的想法，"倘若自己写作时注意了以下三个方面，是否能使作品走得稍远些？其一，描写的是当代盆地人的真实生活状况……其二，传达的是当代盆地人对生命的热爱……其三，提供的是一种带有盆地特色的独特的审美感受"。

10 月　短篇小说《老辙》发表于《解放军文艺》1988 年第 10 期，后被《小说选刊》1989 年第 1 期转载。这篇小说得到《青年文学》杂志编辑李师东的夸赞，被收入他编选的一部小说集中，给了当时心境不好的周大新很多温暖的精神力量。

10 月　短篇小说《白门坎》发表于《晋阳文艺》1988 年第 10 期。后改为《白门槛》，收入《金色的麦田》（"周大新文集"短篇小说卷，人民文学出版社，2016 年 10 月）。

12 月 长江文艺出版社出版短篇小说集《汉家女》，收录 20 篇短篇小说。

是年 决定开始写长篇小说《第二十幕》第一卷，选择具有韧性的绸缎作为叙述的道具。

本年度重要论文：

陈骏涛：《小盆地的骚动——周大新的〈家庭〉及其他》，《文论报》1988 年第 15 期。

雷达：《周大新小说中的善与恶》，《解放军文艺》1988 年第 3 期。

何西来：《生活的支点和艺术的支点——谈周大新的小说创作》，《河北文学》1988 年第 5 期。

牛玉秋：《小盆地里的道德困惑——谈周大新的〈豫西南有个小盆地〉系列》，《河北文学》1988 年第 5 期。

王必胜：《周大新小说的艺术世界》，《小说选刊》1988 年第 12 期。

刘火：《人在宿命中挣扎——读周大新〈紫雾〉》，《文论报》1988 年第 15 期。

1989 年　38 岁

3 月 2 日，中央军委发布命令，授予老山地区防御作战部队 3 个侦察连"英雄侦察连"荣誉称号。

5 月 16 日，邓小平会见来访的苏联最高苏维埃主席团主席、苏共中央总书记戈尔巴乔夫，中苏关系实现正常化。

5 月，《钟山》杂志从第 3 期开始，开辟"新写实小说大联展"，倡导"新写实小说"。

7 月 31 日，文艺理论家周扬逝世。

9 月 21—27 日，中国第一届电影节在北京举行。

12 月 11—17 日，全军政治工作会议在北京举行。会议产生《关于新形势下加强和改进军队政治工作的若干问题》文件，强调在新形势下要大力加强和改进军队政治工作，保证军队在政治上永远合格。

是年　在济南军区创作室从事专业创作。

1 月　中篇小说《旧道》发表于《时代文学》1989 年第 1

期，获《时代文学》优秀奖，被《中篇小说选刊》1989年第3期转载。

1月 短篇小说《云遮雾绕启明星》发表于《北方文学》1989年第1期。后以《启明星》为题收入《金色的麦田》（"周大新文集"短篇小说卷，人民文学出版社，2016年10月）。

3月 短篇小说《怪火》发表于《小说界》1989年第2期。

4月 中篇小说《伏牛》发表于《小说家》1989年第2期，被《小说选刊》1989年第7期转载。被长春电影制片厂导演于向远改编为电影《痴男怨女和牛》，1994年上映。

按一：中篇小说《伏牛》具有较高的艺术成就，故事主题和20世纪80年代初路遥的《人生》有相似之处，讲述高中辍学的农村知识青年周照进与青梅竹马的女伴"我"、村长的哑女荞荞之间的爱恨纠葛。小说中两条叙事线索交叉并进，一条是奇顺爷叙述有关南阳牛与人之间的各种传说，始终是以牛为主体，讲述有关牛的世界如何对待人类的动物生活准则。另一条是周照进和"我"私订终身，在两人私会时丢失了两家共有的耕牛，失去家庭赖以为生的生产资料。为了贷款买牛，解决生计问题，周照进同意娶村长的哑女荞荞为妻，得到三头牛和五百块钱的丰厚陪嫁。照进以此为本钱，一边暗中折磨荞荞，一边靠自己的聪明才智，借助岳父村长的权势逐渐成为当地著名的企业家，并利用自己的地位和权势使"我"当上村长，实现"我"童年的愿望。在"我"结婚的当夜，照进毒打无辜的荞荞，被心疼荞荞的陪嫁黄牛"云黄"报复，最终荞荞为救照进而与"云黄"一同死去。

按二:《伏牛》发表后,莫言在文章《〈伏牛〉读后与一个"惊天动地的响屁"》中,评价《伏牛》具备"好"小说的一切特征,周大新"靠一砖一石的辛勤劳动最终建成了他自己的宫殿"[1],指出《伏牛》是一篇能够支撑起周氏宫殿一角的重要作品。但是,莫言也直言不讳地指出小说中的人物"照进"过于理想化,"我"的形象不够自然。

按三:《小说家》创刊于1983年,由百花文艺出版社主办,双月刊,以刊登中篇小说为主。自2003年起,改刊名为《小说月报(原创版)》,月刊。

5月29日 日记写道:"思近日国势及军内情况,拟写《五月》或《1989》,站在一个远离京畿小城市民的角度写,但怎么写,未想成熟。"

5月31日 构思《政坛》或《走上政坛》或《挤入政界》,也即"尽头""奋斗""向上爬",拟写提纲。6月9日,开始动手写《挤上政坛》,断断续续,中途搁置,直到1992年再次动手,在创作过程中多次修改篇名。7月13—14日,写《政坛》,思考是否将《政坛》换成《戏台》。7月27日,写《政坛》,思考是否改名为《百年之后再回来》。

按:此处所提的构思,应该是最后公开发表的中篇小说《向上的台阶》。

---

① 莫言:《〈伏牛〉读后与一个"惊天动地的响屁"》,《小说家》1989年第2期。

6月2—8日　写短篇小说《邱爷》。

8月10日　9点左右，邻居之子张乐因肾病综合征医治无效而夭折，年仅8岁，深感悲伤。

8月13日　获知《小诊所》在北京获奖。

8月21日　在北京和平宾馆，参加企业家、新闻记者和作家座谈会。

8月30日　修改短篇小说《巨手》，拟写《儿子》。9月1—2日，修改《巨手》为《挣脱》。9月3日，修改《巨手》篇名为《未来没有限定》。9月4—14日，修改《巨手》为《未来》，再改篇名为《放弃》。开始阅读米兰·昆德拉《为了告别的聚会》。9月15—17日，修改《放弃》为《世事》。11月，短篇小说《世事》发表于《中国作家》1989年第6期。

9月19日　构思小说《马口山铁锅》。

9月20—23日　写《儿子》，改篇名为《养儿子》。

9月23日至10月11日　回南阳探亲期间，某日在街上溜达时闻到家乡小磨香油的奇香，尘封的记忆扑面而来，灵感闪现，几天后一气呵成写出《香魂塘畔的香油坊》，寄给恰好来约稿的《长城》杂志。11月15—17日，再次修改《香魂塘畔的香油坊》。很快，责编赵玉彬来信称，拟发在1990年第2期。

10月20—21日　构思《玉雕〈牛郎织女〉》《铁锅》《最后一季豌豆》或《种薯大师》《稀世珍宝》。

10月22日　写《薯精》，进度缓慢，拟暂停。

10月23日　思考《铁锅》，拟写三个时期：新中国成立前—新中国成立后至"文革"前—"文革"后。

10 月 25 日至 11 月 7 日　写作《铁锅》。

11 月 9—11 日　修改《走出盆地》。

11 月 17 日　构思长篇小说《走过一个世纪》，为长篇三部曲，拟分为三个时期：1889—1919，1920—1949，1949—1989。构思长篇小说《往返天国的路径》，短篇小说《最后一季豌豆》，短篇小说《种薯大王》或《薯王》。

11 月 18—20 日　写《快活王爷》。11 月 21—22 日，修改《快活王爷》，改篇名为《哼个小曲你听听》，后发表于《河北文学》1990 年第 2 期。被《牡丹》2015 年第 3 期转载。

11 月 27 日至 12 月 19 日　修改长篇小说《走出盆地》。

12 月 23—24 日　修改完短篇小说《玉器行》，后发表于《莽原》1990 年第 3 期。

本年度重要论文：

李洋：《寓言：一束殒落的梦想——周大新的〈家族〉的意味》，《当代作家评论》1989 年第 2 期。

张志忠：《逃离土地的一代人——周大新小说创作漫评》，《文学评论》1989 年第 5 期。

潘新宁：《农民意识支配下的自戕——读周大新复仇小说》，《中国现代、当代文学研究》1989 年第 12 期。

1990 年　39 岁

1 月，林默涵、魏巍主编的《中流》杂志在北京创刊。

9 月 21 日，徐向前在北京逝世。

11 月 10—15 日，全国粮食工作会议在北京召开。

11 月 26 日，新中国成立以来在中国大陆开业的第一家证券交易所——上海证券交易所正式成立。

12 月 1 日，江泽民在全军军事工作会议上提出"政治合格、军事过硬、作风优良、纪律严明、保障有力"的军队建设"五句话"总要求。

是年　在济南军区宣传部创作室从事创作。

1 月 2 日　写散文《忘年交》，寄给《西南军事文学》。构思有关南阳绸的写作，拟题为《送你一匹南阳绸》。

1 月 3 日　思考《走过八十九道岗》。

1 月 5—15 日　在平顶山地区调研采访。

1 月 9—14 日　写《花岗暴动》剧本，构思有关"猴戏"

的小说，"玩猴世家，用尽办法，终于没能走出去"。

1月19日　嘱妻子杨小瑛写春节对联：欺人如欺天，毋自欺也；负笔如负民，何忍负之。横批：人间真情在。

1月22日　写短文《旧事重提》《出垃圾的老人》。散文《出垃圾的老人》发表于《萌芽》1990年第5期。

1月　短篇小说《铁锅》发表在《当代》1990年第1期。被改编为3集电视连续剧《铁锅情话》（1995年上映）。

2月2日　构思"玩猴事"小说，"关猴—驯猴—玩猴"。2月25日，开始写小说《玩猴》。受邓州作家窦跃生《猴乡·猴戏·玩猴人》文章的启发，在窦跃生的陪同下，两次深入河南新野的沙堰、樊集、施庵等乡镇采风，最终创作出中篇小说《步出密林》。

2月10—15日　写完《钻透》初稿。

2月15—23日　写短篇小说《最后一季豌豆》，23日修改文体为散文。散文《最后一季豌豆》发表于《散文选刊》1990年第12期。被《中国文化报》2017年12月16日转载。被《南阳晚报》2017年11月17日转载。被《中华活页文选》2018年第4期转载。被《中学生阅读（高中版）》2018年第6期转载。被《羊城晚报》2019年10月29日转载。

初春　长春电影制片厂文学部编辑尹江春翻阅到周大新的《香魂塘畔的香油坊》，向文学部主任推荐该作品，一致认为是"改编剧本的好蓝本"，以1000元向《长城》杂志和作者周大新购得改编电影的版权。

3月2日　写散文《体验》。

3月4—27日　收到长篇小说《走出盆地》清样，修改、校对清样。

3月13日　参加改编自小说《旧道》的电影《旧道》开机仪式。

3月16日　到镇平县某野战军坦克营采访。

3月24日　读完陀思妥耶夫斯基的《罪与罚》。

3月29日　开始写报告文学《古城与兵营》。4月2日，日记中写道："心境不好，进度不快"。4月3日，日记中写道："……《古城与兵营》写不下去。"

3月　中篇小说《香魂塘畔的香油坊》发表于《长城》1990年第2期。被导演谢飞改编为电影《香魂女》，1993年上映，获得第43届柏林国际电影节金熊奖。2000年被姚金成改编为剧本，由李利宏导演，河南省豫剧三团演出，获得第六届中国艺术节大奖。后以《香魂女》为题收入《香魂女》（"周大新文集"中篇小说卷，人民文学出版社，2016年10月）。该小说曾被收入白烨主编的《中国当代乡土小说大系·第2卷（1990—1999）》（农村读物出版社，2012年1月），孟繁华①主编的《百年百部中篇正典》（春风文艺出版社，2018年7月）。

按：《香魂塘畔的香油坊》随着电影改编、豫剧改编的获

---

①　孟繁华（1951—　），男，山东邹县（今山东邹城）人。当代著名的文学研究评论家，代表作有《1978：激情岁月》、《梦幻与宿命》、《中国20世纪文艺学学术史》（第三卷）、《传媒与文化领导权》、《想象的盛宴》。

奖，在国内引起热烈的反响，仅在 1993 年就有六十多篇来自各家新闻媒体报刊发表的有关小说原作和电影改编、豫剧改编方面的作家专访、影视剧改编评论，比如：《电影评介》《大众电影》《电影文学》《电影世界》《中国广播影视》《中国新闻》《文艺通讯》《文学与人生》《中国妇女》《文艺研究》《现代妇女》《电影》《文汇电影时报》《人生与伴侣》等都刊发了与作者、作品相关的文章，有人戏称之为"周大新年"。这些热闹的访谈、报道，反而冲淡了对小说原著的文学评析。

4 月 8—19 日　写《此情绵绵》。

4 月 20—24 日　写《钻塔耸立麦田》。

4 月 28 日　写《烙画馆》。整理目前已使用过的笔名：苦海僧（在《青年早报》的署名）、普度（在《卧龙》《勒》的署名）、牛道（在《南阳日报》的署名）。

4 月　创作谈《〈小诊所〉的创作缘由》发表于《写作》1990 年第 4 期。

4 月　长篇小说《走出盆地》发表在《小说家》1990 年第 2 期。12 月，由百花文艺出版社出版发行单行本。2007 年，解放军文艺出版社再版。2012 年，西苑出版社再版。2016 年，收入人民文学出版社出版的"周大新文集"长篇小说卷。1998 年，被郑方南导演改编为 24 集同名电视连续剧《走出盆地》。

按：春季，送长篇小说《走出盆地》的校样给何镇邦，请其作序。何镇邦在序言中肯定该作品的叙事特色，认为"三个部分里三个神话故事与叙事主线形成一种共鸣照应的关系，因此使本来容易写得单调的故事变得丰富起来"①。

这部长篇小说分三部分讲述农女邹艾"在盆地""走出盆地""回到盆地"的人生历程。整部作品在邹艾人生故事的回忆性叙事中，穿插天宫里三仙女和南阳天将、土地儿媳唐妮与小伙南阳、阎王妃子湍花与仆从南阳相恋的三段神话故事，两条线索彼此映照，具有一种亦真亦幻的色彩。

第一部分为"第一步"，借邹艾和四奶之间的对白讲述邹艾20岁之前的农村生活。邹艾的母亲是新中国成立前"一门双承"（一夫两妻）婚姻习俗的牺牲品，生下邹艾后被迫与丈夫分开，但是思想守旧，不愿再嫁，非常艰辛地与孤女度日。邹艾自幼胆大泼辣，自尊心强，机灵能干，忍受不了学校同学的耻笑而逃离中学，回到农村自力更生。17岁时，邹艾由于绣"忠"字出彩为公社获得荣誉而成为邹庄村妇女主任，她和童年伙伴陈开怀相恋打算结婚时，遭到大队革委会主任秦一可的霸占和遗弃。怀孕的邹艾寻死不成，靠开怀的父亲、村医陈德昭帮助，悄悄堕胎，并跟着陈德昭学医。当陈德昭拒绝开怀与邹艾的婚事时，20岁的邹艾痛苦地选择当兵，逃离家乡。

第二部分为"第二步"，借邹艾和昔日情敌金慧珍的对白，讲述邹艾来到鲁市部队后，如何通过自己的努力获得上流的城市生活。邹艾通过自己的观察和聪慧，学会给护士长送礼，从普通战士变成拿工资的护士，实现第一个人生目标。当她为了

①　何镇邦：《我的朋友周大新》，《时代文学》2001年第4期。

实现第二个目标——成为军医时，意外发现金慧珍在追求军区副司令的儿子巩厚。金慧珍发现巩厚喜欢邹艾后，把她和巩厚的关系告诉前来部队送药的陈开怀，使纠结中的邹艾下定决心要用自己过去的恋爱经验夺走巩厚，成为司令家的儿媳妇。邹艾用尽心思，如愿以偿和巩厚结婚，住进司令家的独栋洋楼，生下女儿茵茵，享受到上层社会的荣华富贵和周围人的恭维讨好。处于人生顶峰的邹艾，利用权势报复金慧珍对自己的蔑视，使其提前从部队转业回地方；还回到村里报复秦一可，令其免职。茵茵三岁时，巩副司令在工作中意外猝死，三个月后家属被搬离别墅，住进三室一厅的公寓楼，生活境遇一落千丈，巩厚也被人恶意从机关排挤到基层部队，在精神抑郁之中开枪自杀。婆婆被巩厚姐姐接走，邹艾和女儿生活困难又处处受到排挤，不得不转业回到故乡的柳林镇医院。

第三部分为"第三步"，借邹艾和读大学的女儿茵茵的对白，用反省式的意识流动回顾了邹艾再次回到柳林镇后的小镇生活。邹艾转业到柳林镇医院，发现秦一可当了副镇长，主管卫生、医疗、文教之类业务，她不甘再度受其凌辱愤而辞职。为了在镇上开诊所养活自己和女儿，她去借高利贷，去免费给镇上流浪的乞丐治疗腿伤，买礼物赠送走乡串户的货郎帮助宣传自己，使计谋要挟县医药公司卖药的职员，用尽一切手段使自己的"康宁诊所"繁荣起来。在这个过程中，她挤掉了镇上桑家诊所和陈开怀的陈家诊所，将他们都收纳进自己的诊所，并通过新闻媒体宣传、政府扶持贷款将诊所扩大为"康宁医院"，还扩建药厂生产中药。她再次主动诱惑陈开怀，当开怀要离婚时，她不得不在开怀妻子凤云和女儿的哀求中断绝与开怀的私情。这时，药厂意外购进假阿胶粉，卖出的药品导致8位女性瘫痪，出了重大医疗事故，药厂被封，邹艾面临坐牢。此时，开怀投案自首揽下过失，自愿替邹艾去坐牢。风烛残年的秦一可良知未泯，找到邹艾，说他知道卖假药材人的下落，还知道是针对邹艾的阴谋，愿意帮邹艾和陈开怀洗清罪名。

故事到此结束，留下开放式的结尾供读者遐想。神话故事与人物命运双线交叉的叙事结构在周大新中篇小说中较为常见。但是，《走出盆地》是周大新早期长篇小说中具有叙事技巧开拓性的一部作品，小说运用多角度的叙事视角，塑造了一位和"汉家女"性格相似、渴望逃离农村生活、饱含生命韧性的女性形象，借助人物命运使其蕴含更多的历史厚度。与邹艾形象相比，男主人公形象开怀和《伏牛》中的"照进"形象一样，比较理想化，缺少人性中的复杂性和矛盾性。

5月7—9日　写《圣诞》评论。

5月13—19日　修改《寨河》。

5月21—31日　继续写小说《玩猴》，修改篇名为《玩猴人家》。读完加西亚·马尔克斯《迷宫中的将军》，以及《山坳里的中国》。

6月3日　开始写《相看白刃血纷纷》。

6月18—19日　写散文《雪阳》。

6月20日　写《走向偏远的乡间》。

6月21—25日　写《乡村教师》。

6月26日　去公园观察猴子的生活习性，继续写《步出密林》。6月27日—7月17日，写作、修改《步出密林》。

按：这里的《步出密林》，也即前文所提的《玩猴人家》，最后出版名为《步出密林》。

7月19日　开始思考长篇小说创作，去南阳丝织厂深入走访。

7月24日　开始思考并写作长篇小说《重返王座的曲径》。8月3日，将其篇名改为《往事》。8月11日，又改篇名为《夹缝》。8月26日，篇名恢复为《重返王座的曲径》。

8月2日　思考中篇小说《委托店》和《判决咨询》的写作。

8月21日　修改完《板块运动》。

8月23日　写散文《超载》。

8月24日　思考长篇小说创作，"一个村庄因为妇女总生怪胎而开始迁徙"。

8月29日　到郑州亚细亚商场采访。9月5—6日，写完散文《亚细亚舞台》。

9月10日　写散文《喜来》，为回忆同学周喜来的记人散文。

9月13—14日　写回忆性散文《成都少女》，发表于《时代文学》1995年第37期。

9月23日　在济南泉城路书店购买关于丝绸织造的资料书

5 本，思考小说《火锅羊肉》。9 月 24 日，读《黄河归故斗争资料选》，开始写《全铜火锅》。

10 月 3—4 日　修改完《猜测历史》和《烙画馆》。

10 月 7 日　继续写《重返王座的曲径》。

10 月 13 日　构思中篇小说《银饰》，关于小匠人与丫鬟，人与社会、人身上闪光的东西。

10 月 15 日　写散文《24 小时》。

10 月 16 日　写散文《月亮刚刚升起》。

11 月 12 日　同南阳市文联同游湖北武当山。

11 月 16—17 日　写散文《深山识刺楸》。

11 月 27 日至 12 月 20 日　思考、写作并修订中篇小说《左朱雀右白虎》。

11 月　中篇小说集《蝴蝶镇纪事》由黄河出版社出版，收录中篇小说 8 篇。

12 月 24—29 日　写作《黄河归故》，看了文化工作站改编自中篇小说《军界谋士》的电视剧《谋士》样片。

是年　第一次拥有自己独立的书房。开始创作长篇小说三部曲。

本年度重要论文：

荣松：《女性的悲哀与希望——读周大新长篇新作〈走出盆地〉》，《宁德师专学报（哲学社会科学版）》1990 年第 2 期。

蔡桂林：《超越具象——周大新近作的象征艺术初析》，《文学评论家》1990年第4期。

何镇邦:《读周大新长篇小说"走出盆地"》,《当代文坛》1990年第5期。

丛芳:《不仅仅是人生的轮回——读周大新的长篇小说〈走出盆地〉》,《文学评论家》1990年第5期。

1991 年　40 岁

1月16日，美国布什总统签署给美军中央总部司令施瓦茨科普夫的国家安全指令文件，命令美军向伊拉克开战。

5月23—26日，中国作家协会在北京举办第四届全国青年作家会议，有300余名代表参加。邓颖超在写给大会的贺信中寄语青年作家"关心人生，关心社会，关心祖国的前途命运，争做跨世纪的文学栋梁，为繁荣社会主义文学事业而团结奋斗"。巴金寄语"说真话，把心交给读者"。王震在开幕式上做了《精神永照千秋》的讲话。李瑞环在闭幕式上嘱托青年作家贴近群众、贴近生活。

11月29日，中共十三届八中全会通过《关于进一步加强农业和农村工作的决定》。指出，要把以家庭联产承包为主的责任制、统分结合的双层经营体制作为我国乡村集体经济组织的一项基本制度长期稳定下来，并不断充实完善。

是年，陈源斌①发表中篇小说《万家诉讼》，后被张艺谋改编为电影《秋菊打官司》（1992 年首映）。

是年 济南军区宣传部创作室专业从事创作。

1月3—12日 继续写《黄河归故》，并改篇名为《母子之间》。去书店购买图书《赫索格》《娇女》和杂志《中篇小说选刊》1991 年第 1 期。

1月6日 给《经济信息报》写记人散文《发祥》。

1月13日 继续思考长篇小说《重返王座的曲径》，修改篇名为《前边还有多远》，是关于一个绸缎作坊的历史，持续写作数月。

1月 短篇小说《猜测历史》发表在《清明》1991 年第 1 期。

1月 中篇小说《左朱雀右白虎》发表在《长城》1991 年第 1 期，被《小说月报》1991 年第 5 期转载。由河南省豫剧三团改编为现代豫剧《红菊》（2005 年）。

2月2日 修改《烙画馆》。

2月11日 哈尔滨评剧院决定，将周大新中篇小说《伏牛》改为评剧剧本《雪春》。

---

① 陈源斌（1955— ），安徽天长人。当代作家，代表作中篇小说《万家诉讼》被改编为电影《秋菊打官司》（1992 年），获得第 49 届威尼斯国际电影节金狮奖最佳影片、第 13 届中国电影金鸡奖最佳故事片、第 16 届大众电影百花奖最佳故事片。

4月2—3日　写作散文《永远快乐》。

4月6—10日　写散文《文字记载》。

4月7日　读夏洛蒂·勃朗特的《简·爱》。日记写道："在我看来，生命太短促，不能用来记恨蓄仇。错误带来悔恨，悔恨是生活的毒药。"

4月14日　关于纵横交错的随想，比如：电线、窗户、时间表、城市水管道、表格、经纬、河流、街道等。

按：这里所构思的也即后来出现在长篇小说《第二十幕》里的纵横交错线符号"▦"。

4月19—23日　《长城》杂志社和《时代文学》杂志社在济南召开《左朱雀右白虎》小说研讨会。4月21日，周大新见到参会的72岁评论家冯牧，得到不少鼓励。会后，陪同冯牧一起参观济南郊区的四门塔和千佛崖。冯牧鼓励周大新要写出"给人一种沉实雄浑"感觉的大作品。

按：冯牧的文章《浓郁的地域特色和社会风貌——读周大新小说的近作》发表于《人民日报》1991年4月17日，后被人大报刊资料中心《中国现代、当代文学研究》1991年第6期全文转载。该文以《左朱雀右白虎》为核心，连带《伏牛》《泉涸》《小诊所》《风水塔》等其他"豫西南有个小盆地"作品，指出这些作品是具有相似地域特征和社会风貌的系列作品。冯牧认为周大新是"怀着一种对自己所生长的故乡人民的善良、敦厚、执着、顽强性格品德的钟爱与关切之情来塑造作品中的人物"①，同时又采取了一种"深藏不露、貌似冷静而客观的手法"。尤其是在《左朱雀右白虎》中，通过古代和现代两条情节线索的交叉发展，描绘了人物身上来自生活深层的朴素美和厚重美。此外，冯牧还指出周大新习惯于用严谨的现实主义笔触写人状物，也会采用一些具有象征性的浪漫主义色彩的手法。

4月28日 CCTV-1开始播放根据中篇小说《军界谋士》改编的电视剧《谋士》。

4月 短篇小说《儿女》发表在《青年文学》1991年第4期。短篇小说《倾诉》发表在《当代小说》1991年第4期。

4月底 写作中篇小说《握笔者》，后发表在《小说家》1991年第4期。

5月8日 整理作品研讨会上各位师友提出的问题，共计54条。

5月13日 审看长篇小说《前边还有多远》第一卷的初稿。

5月18日 应儿子周宁学校老师之嘱而写《谈谈我们应该怎样教育孩子》。

5月22日 为《南阳晚报》写散文《我的业余生活》。

5月 中篇小说《步出密林》发表在《十月》1991年第3期，被《中篇小说选刊》1991年第5期转载。被西安电影制片

---

① 冯牧：《浓郁的地域特色和社会风貌——读周大新小说的近作》，《中国现代、当代文学研究》1991年第6期。

厂潘培成导演改编为电影《人猴大裂变》（1992 年上映），扩大了故事的传播范围和社会影响力。

按：2014 年 9 月 29 日，周大新在接受《河南日报》采访时说，耍猴这个行当也挣不了多少钱，对动物不尊重，野蛮残酷，很不"猴道"。2014 年 10 月 1 日，澎湃新闻发表了一篇名为《河南"新野猴戏"再起争议：是千年陋习还是文化遗产》的文章，文中讨论了一起轰动一时的社会新闻事件：四名新野的耍猴人，因"非法运输野生动物"获罪。2015 年 1 月 24 日，耍猴人涉嫌非法运输珍贵野生动物一案，黑龙江省林区中级人民法院经依法审理后在新野县人民法院进行二审公开宣判，四名上诉人被改判无罪。

张延文由这一新闻事件而分析周大新的《步出密林》，在文章《介入与诗学——论周大新〈步出密林〉》（2015 年）中引入法国哲学家萨特"文学介入生活"的创作观，分析小说中人猴关系演变，指出"步出"应该含有告别原始的、不文明行为的寓意。张延文认为小说用动态美学的观点，用动态的视角打量人类的生存状态，"人性的，人道主义的叙事伦理，支撑着叙事行为的发生和发展，构成了文本的审美基调"①。

6 月 1 日　在南阳梅溪宾馆接待来访的姜文导演和杨晓欣一行人，讨论关于小说《汉家女》的电影改编。

6 月 9 日　为《南阳日报》写散文《平衡》。

---

① 张延文：《介入与诗学——论周大新〈步出密林〉》，《当代作家评论》2015 年第 3 期。

1991年6月，南阳梅溪宾馆，姜文（中）与周大新父子合影

6月24—28日　感冒中，坚持写作有关"张文进"的报告文学，后改篇名为《迎接新世纪：关于针灸学者张文进的采访卡片散缀》，发表于《莽原》1991年第6期。

6月30日至7月4日　思考为《中国作家》拟写的小说《战场》，到底是写《古战场》还是《川籍二嫂》呢？

7月5—24日　写作并修改完小说《川籍二嫂》。

7月18日　到河南省南阳蚕业研究试验厂采访。

7月19日　与友人同登鹿鸣山，遇一山民家中贫困之极，"其贫困之状令人心中十分难受"，下山时"心情颇为沉重"。

7月20日　构思长篇小说《古战场》、中篇《银饰》，彻夜不能入睡。

8月8日　改写散文《故事》。10月13—18日，修改为散文《漫说"故事"》，发表于《文学评论》1992年第1期。

按：这篇散文由年幼时爱听故事谈起，表达了周大新小说创作的最初目的在于向别人分享自己所看、所听、所编的各种各样故事，提出自己对小说的认识——小说中的故事传导作家的情感，故事是小说思想意蕴的负载者。此外，周大新还指出自己"编故事"的三个原则：一是新，讲别人没有讲过的故事。二是深，让故事包含比较深刻的思想意蕴。三是不媚俗，不迎合读者的庸俗嗜好。

8月16日　收到人民文学出版社赵水金老师的赠书《飘》与《聊斋志异》各一套。

8月30日　参加《南阳日报》社新闻学习班结业典礼并讲话。

9月1日　长篇小说《前边还有多远》第二部完成。11月26日，写完长篇小说《前边还有多远》第三部初稿。11月27日至12月6日，修改长篇小说《前边还有多远》第一部。

9月16—23日　参加《小说家》组织的张家界笔会，在湖南张家界参观、采风。

10月初　在南阳接受中国文学出版社小说部编辑郭林祥的采访。郭林祥从国内文学杂志中选出《步出密林》和《香魂塘畔的香油坊》，与《周大新专访》一起刊发于《中国文学》，用英文、法文两种版本向国外读者推荐其作品。

10月18日　决定写小说《瞎爷》。

10月　文学随笔《〈步出密林〉之外》发表于《中篇小说

选刊》1991 年第 5 期。

11 月 4—6 日　给《中国文学》写散文《我刚刚抵达渡口》。

12 月 14—17 日　修改中篇小说《牺牲》。

12 月 24 日　在北京，再次见到冯牧、李国文等作家。

12 月 29—30 日　给《文学报》写《面对希望》一文。

本年度重要论文：

冯牧：《浓郁的地域特色和社会风貌——读周大新小说的近作》，《人民日报》1991 年 4 月 17 日。

张书恒、王志尧：《困惑·思考·超越——评周大新的〈走出盆地〉及其它》，《南都学坛》1991 年第 2 期。

李连泰：《南阳盆地孕育的赤子：记济南军区专业作家周大新》，《文学报》1991 年第 7 期。

黄国柱：《论周大新小说近作的审美追求》，《中国现代、当代文学研究》1991 年第 11 期。

1992 年　41 岁

1 月 18 日至 2 月 23 日，"邓小平南方谈话"指出，判断姓 "社"姓"资"的标准，主要看是否有利于发展社会主义社会 的生产力，是否有利于增强社会主义国家的综合国力，是否有 利于提高人民的生活水平；要抓住时机，发展自己，发展才是 硬道理。

5 月 14 日，聂荣臻逝世。

8 月 23 日，中国首届电影节在长春开幕。

11 月 17 日，路遥去世。

11 月 18 日，国务院发出通知，要求严格制止乱占滥用 耕地。

11 月，余华的中篇小说《活着》发表在《收获》第 6 期。

是年　济南军区宣传部创作室专业从事创作。

1 月 1 日　续写之前的短篇小说《瞎爷》。8 月，开始改小 说《瞎爷》。8 月 27 日，修改篇名为《无疾而终》，后发表于

《山东文学》1993 年第 4 期。被《新华文摘》1993 年第 6 期转载。

1 月 2—5 日 构思并写作散文《我的枕头》。4 月 29 日修改散文《我的枕头》后，发给《河北文学》。

1 月 13 日 剪贴《方城拐河绸》的新闻报道：从宣统年间到 1929 年，是拐河绸的空前兴盛时期，年销售量达到 34 万匹，远销苏联、英国、美国等国，被誉为"日进斗金的金钱窝、小上海"。

按：这篇新闻报道的剪报被贴在当天的日记中，这是周大新在创作《第二十幕》过程中，对地方资料的搜集与相关文献的阅读。

1 月 14—15 日 阅读郭金龙的小说集，为其写序。

1 月至 2 月 23 日 持续修改长篇小说《前边还有多远》。5 月继续修改该长篇小说。

1 月 散文《做父亲》发表于《西北军事文学》1992 年第 1 期。

3 月 8 日 开始考虑"山茱萸"的写作。3 月 9 日，写中篇小说《山茱萸，红溜溜》。3 月 10 日至 4 月 27 日，写中篇小说《山茱萸，红溜溜》，后改篇名为《鲜红的血》。7 月 24—25 日，《鲜红的血》修改篇名为《山茱萸》，并完稿。

3 月 15—17 日 人民文学出版社赵水金、陶良华到南阳，陪同参观武侯祠、烙画厂、玉器厂、医圣祠。

3 月 18—26 日 陪同来访的郭林祥参观南阳、洛阳及开封。日记中写道："上午骑自行车陪同林祥游包公祠和相国寺。"

3月　中篇小说《牺牲》发表于《莽原》1992年第2期。

3月　中篇小说《勒》发表于《天津文学》1992年第3期。

4月2—9日　在南阳市南阳大厦，第一次与导演谢飞见面，陪同考察并讨论改编方案。谢飞在南阳停留六天左右，两人详细交流了关于《香魂塘畔的香油坊》的创作原型、酝酿经过、创作的初衷和契机。① 两人一同走访构林镇、油坊和油厂，体悟原小说中的乡村文化氛围。

4月22—25日　西安电影制片厂潘培成导演一行八人来南阳，陪同去新野县选外景，看猴戏，后到山西选外景。

5月4日　构思散文《死》，表达自己对于死亡的理解。

5月13—17日　谢飞导演及摄制组一行七人来到南阳，住梅溪宾馆，考察取景地。周大新一连数日陪同摄制组奔波在南阳盆地的山山水水，为电影开拍选景采点，最后选在河北的白洋淀。

5月27日　去探望回到南阳的作家乔典运②。

5月28—30日　《河北文学》编辑赵立山来南阳，陪同参观武侯祠、汉画馆、玉器厂、烙画厂等。

6月4日　构思作品：中篇小说《我——恐惧》《官至上

---

① 周熠：《〈香魂女〉：从小说到电影——记周大新与谢飞的合作》，《河南戏剧》1993年第3期。

② 乔典运（1930—1997），男，河南西峡人，曾任河南省作协副主席。多部短篇小说获奖，长篇小说代表作有《贫农代表》《小院恩仇》《美人泪》《问天》。

1992年5月，谢飞导演到南阳为电影《香魂女》选取外景（中间为谢飞，左一为周大新）

校》《银饰》，短篇小说《一句话，这孩子像他》，长篇小说《青春14年/无色的青春》。

6月11日　在济南书店购买《东山魁夷散文选》。

6月22日　开始思考《银饰》写作，下午动笔，但不顺。7月12日至8月22日，写完《银饰》。9月19—29日，修改完《银饰》。

6月26日至7月6日　开始写《官至上校》，持续完成。7月26日至8月6日，修改《官至上校》并完稿。

7月8—10日　到桐柏采访，构思小说《金银洞》《花岗岩》。

7月16—22日　写《黄昏的发明》。

7 月 22—23 日　写散文《桐柏行散记》。

8 月 24 日　上午为儿子周宁改作文《妈妈的泪》，下午修改作文《窗前的小树》。

8 月 28—29 日　写散文《田野》，读完米兰·昆德拉《生活在别处》。

8 月 31 日　收到周熠①送来的刊发散文《平衡》的《南阳日报》，该散文获得全国报纸副刊二等奖。散文《平衡》被《语文教学与研究》2009 年第 3 期转载。

9 月 4 日　天津电影制片厂《香魂女》摄制组到达河北省白洋淀取外景，到 12 月 21 日完成混录双片，通过广电部电影局审查。

9 月 7 日　购买君特·格拉斯的《猫与鼠》。

9 月 8 日　同桂恒彬一起去探望来到南阳的刘白羽。修改散文《田野》。9 月 30 日，修改散文《田野》篇名为《背弃田野》。

9 月 22 日　西影厂《步出密林》剧组在社旗县开始拍摄。9 月 26 日，到社旗县"猴戏耍懒人"剧组探访，与电影女主角"荀儿"的扮演者徐帆结识。后来在散文《新星徐帆》中叙写了这次见面。

10 月 7 日　开始写作长篇小说《挤上政坛》。10 月 17 日，继续构思，决定把篇名改为《政坛之上》或《政界之景》。10

---

① 周熠（1948—2007），男，河南邓州人，中国作家协会会员，曾任南阳作家协会副主席、《南阳日报》主任编辑，获"河南省优秀文学青年组织者奖"，创作小说、散文、诗歌、纪实文学 200 余万字，出版有小说集《杏儿黄熟时》、散文集《遥远的风景》《水之湄》《周熠散文自选集》等。

月25—27日，继续写《政坛之上》。11月4—24日，继续写《政坛之上》。

10月12—13日　审校《前边还有多远》复印稿。

10月18日　应邀到钓鱼台村采访，为他们拟写专题片的解说词。

10月20—21日　写电视台专题访谈《钓鱼台人的脚步》。

10月22—24日　写散文《青春景致》。

10月28—30日　校对长篇小说第一部抄写稿，改篇名为《梦甜好安眠》，也即后来篇名为《有梦不觉夜长》之一。

11月30日　最后校改《前边还有多远》，寄给《十月》。

按：这部从1988年就开始构思创作的长篇小说，第一部出版于1993年11月，书名为《有梦不觉夜长》，第二部以书名《格子网》出版于1996年4月，第三部以书名《消失的场景》出版于1988年4月。后来人民文学出版社以三卷本《第二十幕》（上、中、下）出版于1998年7月。

11月9日　为邓州市笔会的同志们讲课，题为"关于改革文学的一点思考"。

11月25—27日　校对《有梦不觉夜长》第二部复印稿，改完寄给《长城》。

11月28日　为《南阳日报》写散文《没落与昌盛——访汲滩随想》。

12月6—7日　写散文《中义》。

12月17日　日记中写道："生命只是一种无尽的期待，你所期盼着的未来，一刹时已经来到你的背后，再向前望，未来仍在你的前方。"

12月21日 在河南省文联见到作家李佩甫。在书店购买《追忆似水年华》一套。

12月下旬 在南阳参加《南阳日报》举办的笔会。

12月30日 应邀到北京去参加电影《香魂女》试映活动。

12月31日 再次拜访冯牧。在中影公司放映室，观看改编自《步出密林》的电影《人猴大裂变》。

本年度重要论文：

廖开顺、高佳俊：《周大新能走出"盆地"吗？——评周大新的南阳盆地系列小说》，《南都学坛（社会科学版）》1992年第3期。

周岩森：《军旅作家周大新访谈录》，《时代青年》1992年第10期。

1993 年　42 岁

6 月，北京出版社出版贾平凹的长篇小说《废都》。《上海文学》第 6 期刊发王晓明等人的谈话录《旷野上的废墟——文学和人文精神的危机》。各大报刊相继转发，形成世纪末"人文精神大讨论"。

6 月，人民文学出版社出版陈忠实的长篇小说《白鹿原》。

7 月 3 日，南阳地区的西峡盆地，发现世界罕见的恐龙蛋化石群。

8 月 17 日，济南军区通讯连班长徐洪刚①在回云南探家归队途中，挺身而出与 4 名抢劫、侮辱妇女的歹徒进行殊死搏斗，被刺中 14 刀，身负重伤。

11 月，春风文艺出版社以"布老虎"为名注册商标，推出"布老虎丛书"。

---

① 徐洪刚（1971—　），男，云南彝良人，1990 年 12 月入伍，获得"见义勇为青年英雄""全国新长征突击手"称号。1994 年，周大新根据徐洪刚事迹，写作了电影剧本《徐洪刚》。

12月26日，纪念毛泽东诞辰100周年大会举行。

是年，河北省文联主办的资深文学月刊《河北文艺》（创刊于1949年11月，曾先后改名为《蜜蜂》《河北文学》《小荷》）改名为《当代人》。

是年　济南军区宣传部创作室专业从事创作，被评为一级作家。

1月2日　在北京首都体育馆观看俄罗斯明星马戏团的演出。

1月5日　在济南，参加"军区科技干部颁奖大会"，接受颁发的获奖证书。

1月9—10日　陪同《解放军画报》社的陈德通同志去镇平县采访。

1月11—13日　修改《官至上校》并寄出。

1月15日至2月7日　写中篇小说《回望青春》。6月20—24日，修改篇名为《14、15、16岁》。《14、15、16岁——〈回望青春〉之一》发表于《作家》1993年第10期。

1月30日　台湾《联合报》刊发周大新的长篇报道《中国现存唯一的知府衙门》，引起海内外华人对南阳府衙的关注。

2月8—26日　妻子杨小瑛生病住院。

2月23日　去南阳医院给妻子送饭时，被医生告知，当日早上中央人民广播电台广播《香魂女》获第43届柏林国际电影节金熊奖。当晚，周大新在南阳家里的电视机前，收看中央电视台《新闻联播》节目播出的电影《香魂女》获奖消息。

2月24日　南阳电视台记者王郁明来家采访。

2月25日　南阳地委宣传部专门召开祝捷会，祝贺由小说《香魂塘畔的香油坊》改编的电影《香魂女》获金熊奖。

2月27日　导演谢飞从北京打电话给周大新，告知周大新到北京参加广电部召开的庆功表彰会。

3月2日　广电部为《香魂女》影片有功人员召开庆功会，作者周大新，导演谢飞，主演斯琴高娃、伍宇娟等并排出场。

3月上旬　在北京、郑州、济南等地，遇到多家报刊记者们的"围追堵截"。

3月13日　返回南阳，妻子杨小瑛再次入院治疗。3月18日出院。

3月20日　接到北京《中国导报》电话约稿，为其写散文《中年男人》。

3月25日　写创作谈《我们都被偶然左右》。

3月28日　写散文《明天》草稿。

3月　在南阳接受《南阳日报》记者周熠的采访。在采访中，周熠问周大新如何看待商品市场对文学创作的影响，周大新回答："关键是作家要调整好心态，要耐得住寂寞。……作家要有自己的精神品格和文化品格。"①

4月2—5日　写系列剧《李记羊肉汤锅》，后修改篇名为

---

① 周熠：《访青年作家周大新》，《当代人》1993年第12期。

《88 羊肉汤锅》。

4月10—22日　修改、校对《银饰》并寄走。12月，中篇小说《银饰》发表在《小说月报》1993年第12期。被《作品与争鸣》1994年第9期转载。被《文学天地》2004年第2期转载。1995年被译成英文 *For Love of a Silversmith*，由中国文学出版社出版。1996年6月被译为德文出版。2005年被导演黄健中改编为同名电影《银饰》公映，以恋物癖和男同性恋题材而引发关注与争议。

4月24—27日　修改中篇小说《山凹凹里的一片乔木》，后以篇名《山凹凹里的一种乔木》发表于《百花洲》1993年第5期。

按：此文《山凹凹里的一片乔木》应该就是前文（1992年）提到在创作中的中篇小说《山茱萸》。

4月28—30日　修改完《热闹之境》，为《大众时报》写散文《凝视恐惧》。

4月　黄河出版社出版周大新优秀作品选《捧给你们的都是爱》，收录周大新的3篇中篇小说、6篇短篇小说、5篇散文。

4月　华艺出版社出版周大新小说集《人猴大裂变》，夏衍作序，收录12篇中短篇小说。

5月5日　参加邓州市举行的《香魂女》首映式活动，获得市委授予"荣誉市民"称号，把获得的奖金10000元，捐给邓州市希望工程。

5月12—17日　写短篇小说《一线阳光》。

5月23日　为《新生界》写随笔《九十年代小说发展走向之一见》和《自信》。

5月25日至6月9日　写《这阴天》，到白河宾馆探望乔典运。6月9日，继续写《这阴天》，修改篇名为《苍穹之下》。6月19日，《苍穹之下》完稿并寄走。8月30日至9月7日，修改中篇小说《苍穹之下》的篇名为《溺》，后发表于《青年文学》1994年第2期。

5月31日　为华艺出版社整理书稿，收短篇7篇、中篇6部，均与军营生活有关，取书稿名为《红桑椹》。

5月　中国文学出版社出版周大新小说选，书名为《香魂女》，收入《香魂塘畔的香油坊》《旧道》《步出密林》等8部中篇小说。

6月4日　为百花洲文艺出版社整理小说集书稿，收录7篇作品。

6月24日　《中学生阅读》约稿，写散文《读书生涯》。

6月25日　写《我读〈复活〉》。

6月28日至7月19日　写作、修改散文《没有绣花的手帕》。

6月29日　《大众日报》电话约稿，写散文《大众桥》。

6月30日　写散文《英雄山》《肥桃园》。

7月1日　写散文《夏夜听书》。

7月2日　上午写散文《吃甘蔗》，下午去南阳地区社联参加座谈会。

7月3日　写散文《农家美味》和非虚构小说《兼维居士》。

7月4日　写散文《放生》。

7月5日　写散文《羊奶豆》《在构林》。《兼维居士》和《在构林》同时发表在《飞天》1993年第10期。

7月21日　妻子杨小瑛和儿子周宁同往济南。7月29日至8月4日，同游青岛。8月10日，返回南阳。

7月　长篇小说《有梦不觉夜长》发表在《长城》1993年第4期。同年11月，由人民文学出版社出版单行本。后来改名为《第二十幕》（第一卷）。

7月　河南人民出版社出版周大新小说集《香魂塘畔香魂女》，收入中短篇小说11篇。

8月11—12日　修改

三卷本长篇小说第一卷的首版封面

《夏夜听书》和《没有绣花的手帕》。散文《夏夜听书》发表于《南阳晚报》2018年6月22日，被《江城晚报》2022年7月21日转载，被《太原晚报》2022年7月27日转载，被《陇南日报》2022年8月2日转载，以篇名《夏夜听书，最初的文学启蒙》被《大连晚报》2022年7月16日转载。散文《没有绣花的手帕》发表于《散文》1994年第2期。

8月14—15日　写散文《世纪末自白》。后以篇名《癸酉年自白》发表于《都市》1994年第3期。

8月16日　在中州宾馆参加"友兰写作中心"开幕仪式，作简短发言。8月17日，为其学员做讲座，题为"当代小说发展趋向预测"。为《人生与伴侣》写卷首语800字。

8月22—27日　在西峡参加笔会，参观各种生产厂及寺山森林公园。

8月28日　给台湾《联合报》徐淑真、诗人痖弦①回信。

9月5日　乔典运来访。晚读贾平凹《废都》。

9月9日　写散文《西峡的水》《预言》。

9月15日　读陈忠实的《白鹿原》。

9月25日　思考长篇小说《小城世纪末》之创作。9月29日开始写作《小城世纪末》。

9月　台湾洪范书店出版中篇小说集《香魂女》。

10月2日　读完高建群的《最后一个匈奴》，重读加西亚·马尔克斯的《百年孤独》。晚上带儿子周宁看了电影《三毛从军记》，"笑得很痛快"。

10月9日　到北京，参加中国人民解放军总政治部的某电

---

① 痖弦（1932— ），本名王庆麟，河南南阳人，1949年8月随国民党军队撤至台湾，50年代开始创作诗歌，提出"新民族诗型"观点，是当代著名诗人。他曾在北京大学的中坤国际诗歌颁奖会上说："我们把从北大烧起来的中国新诗的火燃到了台湾。"

视剧制作。

10月20日至11月17日　开始为电视剧制作南行采风，到广州、佛山、湛江、北海、南宁等地采访，收集素材。

11月19日　回到南阳。

11月22日　再次来到北京。

11月25—27日　写随笔《失去》，填写南方采访资料卡片。

11月28日　写随笔《辉煌》，读电影剧本《闻所未闻的故事》。

11月29日至12月24日　到沈阳军区调研采访，先后到沈阳、哈尔滨、黑龙江边防站、大兴安岭、公主岭市、鞍山、大连、锦州、绥中等地采风。

12月29日　返回南阳。

20世纪90年代，周大新一家三口在南阳

12 月　散文《奋斗与享受》发表于《人生与伴侣》1993年第 12 期。

12 月　北京师范大学出版社出版小说集《左朱雀右白虎》，收录《伏牛》《世事》《屠户》等 12 篇中短篇小说。同月，华艺出版社出版小说集《红桑椹》，收入《红桑椹》《风水塔》《小诊所》《世事》《铜戟》等 12 篇中短篇小说，冯牧作序。

本年度重要论文：

冯光辉：《香麻油香魂塘香香的南阳：记著名作家周大新》，《文艺报》1993 年第 1 期。

周熠：《〈香魂女〉：从小说到电影——记周大新与谢飞的合作》，《河南戏剧》1993 年第 3 期。

肖思科：《国际影坛旁的绿色作坊：从周大新获大奖看军旅作家的新作为》，《西北军事文学》1993 年第 3 期。

周熠：《访青年作家周大新》，《当代人》1993 年第 12 期。

1994 年 43 岁

2 月 28 日至 3 月 3 日，国务院召开全国扶贫开发工作会议，部署实施"国家八七扶贫攻坚计划"，要求力争在 20 世纪末最后的 7 年内基本解决全国 8000 万贫困人口的温饱问题。

3 月 6 日，新华社报道，中共中央总书记、国家主席、中央军委主席江泽民，国务院总理李鹏分别为徐洪刚题词。江泽民的题词是："向徐洪刚同志学习。"李鹏的题词是："向见义勇为不畏强暴的英雄战士徐洪刚同志学习。"

5 月 2—6 日，现代文学研究会在西安举行年会，会议主题为"现代文学研究 15 年的回顾与瞻望"。

10 月 26 日，新华社报道，国务院、中央军委决定，从 1994 年冬季起对退伍军人安置政策进行重大调整。在安置形式上，由过去按系统分配、包干安置改为有条件的地方可试行供需见面、双向选择、包底安置的办法。在安置渠道上，改为规定股份制企业、"三资"企业、私营企业也有接受安置的义务，同时鼓励城镇退伍军人自谋职业。

是年　济南军区宣传部创作室专业从事创作，被批准享受国务院政府特殊津贴。

1月　中篇小说《向上的台阶》发表于《十月》1994年第1期，获《十月》优秀作品奖。被《中篇小说选刊》1994年第3期转载，获《中篇小说选刊》优秀作品奖。被《小说月报》1994年第6期转载，获第六届《小说月报》百花奖。1996年6月获《小说月刊》优秀中篇奖。1998年被译为法文出版。

按：中篇小说《向上的台阶》发表后，引起学界热议。人们围绕主人公廖怀宝的形象展开讨论，尔龄的文章《略谈〈向上的台阶〉的意蕴》，是最早的一篇评论。尔龄认为这篇小说叙事历史跨度大，多种历史画面交替出现，给人一种极为真实的感觉。在人物刻画上，"随着岁月的流逝和时代的变迁多侧面地写出"主人公的"精神世界和性格特征"。陈永华的文章《一个权力崇拜狂的灵魂悲剧——试评周大新的〈向上的台阶〉》，认为廖怀宝身上充分体现权力崇拜的奴性、虚伪和残酷，他的奴性意识表现为盲目顺从和乖巧的性格特点，廖怀宝在表面上端正、廉洁、有才、全心全意为平民百姓做事谋利益，而在理性解剖之后，其本质是十足的政客，典型的权力崇拜狂。此外，青年学者吕东亮的文章《"向上的台阶"上的"个人悲伤"——周大新和方方的两部中篇小说对读》，把《向上的台阶》与方方的《涂自强的个人悲伤》做了对比，指出廖怀宝在进行选择时充满了痛苦的悲伤，这种悲伤在很大程度上是个人选择导致的真正的"个人悲伤","把历史责任完全推给社会政治体制是不能充分说明问题的，廖怀宝的出处进退也启示我们关注个人在历史中的承担"①。

2月12—19日　写报告文学《用热血冲淡冷漠》。后修改篇名为《热血与冷漠》，发表于《人民文学》1994年第7期。

2月12日　为《胡月99》画册写了一篇散文《砖》。

2月24日　为《福州文化生活报》写短文《我喜欢的》。

2月25日　思考长篇《小城世纪末》写作，晚上与乔典运、周熠相聚。

3月1—2日　写笔记小说《脚下、敌人、作诗》。3月14日，修改篇名为《笔记小说三题》。后以短篇小说《笔记小说三题》发表于《四川文学》1994年第6期。

3月5—6日　写中篇小说《罕见病例》。3月15—16日，修改篇名为《病例1》，寄给《收获》。后以《病例》发表于《中国作家》1994年第5期。被《小说月报》1994年第12期转载。

3月9日　在洛阳，同八一制片厂《徐洪刚》剧组讨论剧本改编问题。

3月13日　在南阳，为《小说月报》写创作谈《关于"台阶"的闲话》，发表于《小说月报》1994年第6期。

3月16日　参加《声屏周报》社与《卧龙论坛》联合召开

---

①　吕东亮：《"向上的台阶"上的"个人悲伤"——周大新和方方的两部中篇小说对读》，《信阳师范学院学报（哲学社会科学版）》2015年第3期。

的讨论会。

3月17日　写随笔《再现昔日风采，吸引八方游客》。

3月22日　参加《河南画报》社召开的座谈会。

4月4日　回到前周庄，为祖坟扫墓。日记中写道："在坟前的麦田里，很想坐下来，从此不再到城市里过喧嚣的生活。返回时看了荣焕新建的楼房……"

4月7日　思考长篇小说写作，日记写道："为采用何种写法而犹豫不决。"

4月11日　看了秦岭写的电影剧本《徐洪刚》第一稿。

4月14—24日　写《徐洪刚》电影剧本，并修改。

4月22日　在北京中国电视剧制作中心与制片人、文学部主任谈《有梦不觉夜长》改编事宜。

4月25—26日　为中国电视剧制作中心写《有梦不觉夜长》的故事梗概。

4月30日　写随笔《留影千山》。

5月初　骑自行车在济南某交叉路口等红灯时，因为自行车前轮超过停车线十来厘米，被交警罚款10元，留下深刻的印象。后来写入散文《我和警察》，发表在《公安月刊》1997年第12期。

5月3—6日　参加山东省第四次作家代表大会。

5月8日　修改于向远导演改编《伏牛》的电影剧本。

5月11日　在济南接受"海峡之声"电台两位记者的采访。

5月17日　为《羊城晚报》副刊写随笔《我们一生能笑几次?》。

5月18日　为《人民日报》写文学随笔《〈艺术哲学〉与我相伴——我最爱读的一本书》。5月20日，修改篇名为《感谢丹纳》，发表于《人民日报》1994年6月3日。

5月26日　应邀为河南省南阳师范专科学校的师生们作了题为"为了人类的日臻完美"的文学讲座。6月2—3日，修改此讲稿。随笔《为了人类日臻完美》发表于《海燕》1995年第2期。

5月　中国文学出版社出版小说集《银饰》，收录《银饰》《溺》《热闹》等6篇小说。

6月14日　在南阳县招待所参加"兰建堂曲艺作品研讨会"。

6月18日　南阳地区档案局局长徐建忠和地区档案馆馆长张怀珍来家，希望能保管周大新个人创作的手稿、作品。因家中地方小，遂整理出八箱图书，四五捆杂志以及书信，被档案馆拉走。

6月19日　与孙幼才①、周熠一同去桐柏，探望在该地拍摄外景的长春电影制片厂《伏牛》剧组成员。

7月4日　与孙幼才一起去车站接待来南阳的法国人柯睿盟和北京人张献民，陪同他们去新野河堰乡采访玩猴人家，供他

①　孙幼才（1930—2000），男，河南内乡人，河南省作协会员。代表作鼓词《滚油桶》在1990年全国曲艺大赛中获二等奖，出版有《孙幼才小说自选集》《孙幼才散文随笔选》。

们拍纪实电影。柯睿盟提出，法国克洛丽亚制作公司取材于周大新小说《步出密林》而摄制纪实影片《耍猴人家》。

7月19—23日　接待八一电影制片厂金栋贤，为其修改剧本。

7月26—28日　南阳市档案馆张怀珍等人陪同周大新到达济南，返回时带走五箱文学档案资料。

7月27日　购买余秋雨的作品《文明的碎片》。

7月31日至8月5日　写短篇小说《一个愚生对一个智者的揣度》。后以《一个愚生对一个智者的揣度》为篇名发表于《小说家》1995年第1期。

7月31日　接受《济南日报》记者采访。8月2日，为《济南日报》写随笔《幸运》。

8月6—7日　写散文《回望来路》，并重读莎士比亚《奥赛罗》《罗密欧与朱丽叶》。散文《回望来路》发表于《城市人》1994年第10期。

8月10日　写散文《也论后裔》。

8月26—28日　写散文《枕畔五本书》，后发表于《书摘》1994年第12期。

9月6日　《南阳日报》记者采访，问及对改善南阳文化氛围的看法。

9月12日　南阳档案馆馆长来访，讨论周大新文学资料分类情况。同日，获悉乔典运病情。

9月14日　参加《莽原》召开的文学座谈会。

9 月 15 日　参加《南阳工人报》庆祝创刊十周年酒会。

9 月 27 日　构思小说《瓦解》。

10 月 25 日　去南阳宾馆探望王蒙。

11 月 5 日　参加南阳金汇交易公司举办的开业酒会，见到嘉宾姚雪垠、韩作黎等人。

11 月 6—8 日　修改《17 岁》给《小说月报》，并为《东方艺术》写散文。

11 月 9 日　到郑州探望刚刚做完手术的作家乔典运。

11 月 20 日　为《东方艺术》写随笔《陪照》，接电话得知中国人民解放军总后勤部文化部已寄商调函至济南军区。

11 月 21—22 日　写散文《世纪遗产清单》。后以篇名《世纪遗产清单（之一）》发表在《东方艺术》1995 年第 1 期。以篇名《世纪遗产清单》被《读者》1995 年第 8 期转载。被《中学生阅读（高中版）》1996 年第 1 期转载。被《语文世界》（小学版）1997 年第 1 期转载。被《杂文选刊》（上半月）2006 年第 9 期转载。被《课堂内外》（高中版）2007 年第 2 期转载。

11 月 28 日　校对散文集《没有绣花的手帕》清样，12 月由黄河出版社出版，收入随笔、散文 83 篇。

12 月 5—13 日　与李存葆、苗长水一起去北京参加长篇小说创作座谈会，作了题为"小说正走向没落"的发言。

12 月 18 日　为社科院文学所蔡葵写《〈墙上的斑点〉读后感》。

本年度重要论文：

张书恒、符君健：《深邃的感性思绪　绵密的理性剖析——周大新散文近作的本文解读》，《南都学坛（哲学社会科学版）》1994 年第 4 期。

胡平：《神话的复归——周大新盆地小说原型分析》，《文学评论》1994 年第 5 期。

尔龄：《略谈〈向上的台阶〉的意蕴》，《当代文坛》1994年第 6 期。

1995 年　44 岁

8 月 1 日，河南省首家省级晚报《大河文化报》创刊。

8 月 24 日，中央军委隆重举行驻京部队老战士座谈会，纪念抗日战争胜利 50 周年。

9 月 3 日，首都各界在人民大会堂隆重举行纪念抗日战争暨世界反法西斯战争胜利 50 周年大会。

9 月 5 日，《中国作家》主编冯牧去世。

是年，钱中文在《文学评论》上发表《文学艺术价值，精神的重建——新理性精神》，引发 20 世纪末期有关人文精神价值的大讨论。

1 月 9 日　在郑州，参加河南省委宣传部召开的"南阳作家群"专题研讨会。

1 月 10 日　在郑州崇山饭店，参加《小小说选刊》召开的"黑珍珠"优秀小小说奖大会，周大新短篇小说《需要》获奖。与会的还有冯骥才、吴泰昌等。接受《文学报》记者采访。

1月15日　到西峡探望作家乔典运。

1月20日　参加"周同宾①散文研讨会"。

1月23日　《文学报》采访作者有关1995年的创作计划，当日亦开始修订已经完稿的长篇小说第一部分。

1月　散文《自序》发表在《小说》1995年第1期。

2月8日　在电影院观看改编自中篇小说《伏牛》的电影《痴男怨女和牛》。

2月23日　接受《山东画报》社记者采访。

2月　修改长篇小说第二部《格子网》。

3月5日　给人民文学出版社寄出长篇小说第二部《格子网》。

3月7日　写随笔《我读小说》。

3月8日　写散文《忘"谈"》。

3月9日　写散文《朋友老乔》。河南电视台来电话谈《有梦不觉夜长》的改编。

3月12日　写短文《盆地之子》。

3月13日　拟写《欢乐与反省》。为刘忠原的作品写评论文章《休说已识骨——〈骨矿与临床〉一书读后感》。

3月15日　修改《哈佛生》。构思中篇小说，关于"一个暴发户因为变态的心理而把一个姑娘害了"。

---

①　周同宾（1941—2021），男，河南社旗人，中国作协会员，曾任南阳市作协副主席，代表作散文集《皇天后土——99个农民说人生》于1998年获全国首届鲁迅文学奖优秀奖，2014年3月获得"2013年度华文最佳散文奖"。

3月17日　为文心出版社整理散文集书稿《村边水塘》。1996年4月由文心出版社出版，收入50篇散文。

3月20日　写中篇小说《俯视与自语》。

3月　散文《辉煌》发表于《散文选刊》1995年第3期。

4月8日　把一箱文学创作资料送到南阳市档案馆。下午写散文《故乡的水塘》。4月10日，修改散文篇名为《村边的水塘》。

4月15—27日　讨论并写作电影剧本《念乡女》。

5月3日　考虑写中篇小说《瓦解》。5月4日，开始写《瓦解》。5月24日，写完《瓦解》并定稿，发表在《大家》1995年第4期，被《中国文学》1995年第6期转载。

5月26日　在山东省体育馆观看纪念反法西斯战争胜利50周年文艺晚会。

5月28日　为中篇小说集《瓦解》作《代跋：给"上帝"的报告》一文，后发表于《当代作家》1995年第6期。

5月30日　写《答梅慧兰问》。

5月31日　参加由《作家报》和明天出版社联合举行的儿童文学创作座谈会。

6月3日　写小说《会晤说》，作废。

6月4日　改写小说《离群》。

6月6—10日　写短篇小说《旧卷宗》。后以篇名《卷宗》发表于《当代人》1995年第8期。

6月14日　应山东电视台之邀，去舜耕山庄拍《文化传真》节目。下午，办理工作调动手续。

6月16日 调动到北京总后勤部创作室，住在总后勤部第一招待所613房间。

6月28日 签订关于延长《银饰》版权的协议。

6月 散文《马老师》发表于《河南教育》1995年第6期。

7月3—5日 写短篇小说《会晤站》，后发表于《山花》1995年第10期。

7月5日 参加在北京的河南作家聚会。

7月6—11日 写小说《刽子手》。

7月17日 写《诱发》。

7月22—24日 写中篇小说《释放》。后发表于《长江文艺》1995年第12期，被《小说月报》1996年第3期转载。

7月25日 为《军营文化天地》写500字短稿《军事文学作品要增加魅力》。

7月28日 给《解放军报》写散文《新立》。

7月 随笔《小说：你我的心灵史》发表于《城市人》1995年第7期。

7月31日至8月21日 写科幻小说《平安世界》，时断时续。8月9日，改篇名为《你可以安心入眠》，又改为《你会得到准确的预报》。10月10日，修改为《平安世界》。11月21日，《平安世界》完稿，发给明天出版社。后改为《平安地球》于2020年6月由中译出版社出版。

8月22日 妻子杨小瑛和儿子周宁来到北京，为周宁转学入读颇费周折。

9月5日　参加《小小说选刊》召开的讨论会，与会的还有王蒙、林斤澜、叶楠、吴泰昌等。

9月6日　修改《走出盆地》，以便重印。

9月11日　改写散文《文学之初》篇名为《初约》，后发表于《解放军文艺》1995年第11期。被《青年文学》2003年第6期转载。

9月20日　参加在八宝山革命公墓举行的冯牧遗体告别仪式。

9月21日　参加天津"中国小说学会第二届年会"，格非、阿城等在场。

9月25日　给美国《书评》寄出《有梦不觉夜长》和《左朱雀右白虎》两部作品。

9月26日　构思短篇小说《教诲录》。

9月29日　接受天津《城市人》李玉林电话采访。

9月　中篇小说《沦陷》发表于《莽原》1995年第5期。

10月4日　收到长江文艺出版社寄来的《瓦解》一书清样。成都峨眉电影制片厂导演谈改编中篇小说《瓦解》一事。

10月19日　在北京师范大学作家班作讲座，题为"提醒，世纪之交作家的一项责任"。

11月1日　"周大新同志文学创作档案资料交接仪式"在南阳市档案馆举行。中国作协、河南省作协、河南省档案局有关负责人和南阳市委副书记王菊梅、市委秘书长李天成、宣传部长褚庆甫、《人民日报》、《文艺报》、南阳市各新闻单位、文学界人士参加了隆重的交接仪式。

11 月 15 日　为中国作家协会寄来的"小作家"张磊的作品《山娃子》写短评。

11 月 22—23 日　为福州谢有顺写短文《我喜欢的几组电影镜头》。

11 月 24—28 日　到江苏泗洪县文艺采风。

11 月 29 日　构思并写作《再吟"同根生"》，为马泰泉的长篇新作《凫镇兄弟》作评。

11 月 30 日　在人民大会堂南厅，参加新闻出版署和天津出版局举行的第六届百花奖颁奖大会，见到史铁生、冯骥才等作家。

11 月　短篇小说《通信二封》（与开顺合作）发表于《小说》1995 年第 6 期。

12 月 2—11 日　写《酒乡新明星》电视专题片剧本，后改名为《酒乡新星》。

12 月 6 日　参加《凫镇兄弟》作品座谈会。

12 月 7 日　收到妻子杨小瑛的工作调动介绍信。

12 月 12 日至 1996 年 1 月 2 日　写作电影剧本《重铸》。

12 月 12 日　下午，在人民大会堂参加《大家》杂志"红河"文学奖颁奖仪式。

12 月 23 日　参加纪念毛泽东诞辰 102 周年座谈会，在座的还有李讷、张玉凤、王平等。下午，阅读《百姓》剧本。

本年度重要论文：

陈永华：《一个权力崇拜狂的灵魂悲剧——试评周大新的〈向上的台阶〉》，《昭通师院学报》1995 年第 1 期。

梅慧兰：《寻找女人——周大新小说创作的潜在精神向度》，《中州学刊》1995 年第 6 期。

1995 年，调动至北京工作的周大新

按：梅慧兰的文章《寻找女人——周大新小说创作的潜在精神向度》是早期对周大新小说中的女性人物形象进行系统阐述的重要论述之一。文中指出，周大新小说中的男性人物形象大多数是一种在场的空缺或活道具，或是每一灵魂或生命的躯壳，或是一种自私卑污不忠不义的小人，而女性世界则绿意盎然充满生机与希望。梅慧兰认为，周大新小说中塑造的女性形象是处于历史夹缝中的女人，具有乡村世风的温情和质朴，这些女性已变成"一种精神的载体，一种从具象到抽象的生生不息地走向世界的生命力量"①。

---

① 梅慧兰：《寻找女人——周大新小说创作的潜在精神向度》，《中州学刊》1995 年第 6 期。

1996年　45岁

2月，王晓明编选的关于"人文精神"讨论的论文集《人文精神寻思录》由文汇出版社出版。

3月24日，中央军委主席江泽民签署命令，发布施行《中国人民解放军保密条例》。

12月16日，中国文学艺术界联合会第六次全国代表大会和中国作家协会第五次全国代表大会在人民大会堂隆重召开。

1月1—30日　讨论、写作电视剧文学剧本《百姓》。

1月2日　写完电影剧本《重铸真情》。

1月4—11日　整理文集书稿，为文集写5篇序言。7月，《周大新文集》（1—5卷）由吉林人民出版社出版。

按：这套文集为五卷本，分为《秘境》《窘态》《猜测》《惊讶》《花园》，共收录周大新中篇小说29部、短篇小说27

篇、电影电视剧本 8 部。邱华栋①在文章《根的谱系——评〈周大新文集〉》中说，《花园》的隐喻暗示了作者对南阳地域的态度，他认为周大新喜欢写悲剧的原因在于两点：一，死亡是人类生存最大的悲剧；二，描写悲剧是对悲剧的抗拒，是为了远离悲剧并减少悲剧。②邱华栋还指出，"对人类苦难与底层生活的关注与体验才是文学家保持尊严的方法"，周大新作品延伸的真正起点是植根于地域文化的底层世界。

1 月 16 日　在北京师范大学图书馆参加李克仁作品《轮回》的讨论会。

1 月 23 日　在中央人民广播电台《今晚八点半》节目直播室接受采访，逐一介绍南阳作家群中的主要作家，并给乔典运点播一首歌曲《祝你平安》，但愿这首歌能给他送去安慰。

2 月 3 日　为李志强的书作序，校改《走出盆地》。

2 月 6 日　写《走出盆地》再版序言。参加中国作协《小说选刊》编辑部举办的颁奖大会。

2 月 7—24 日　写短篇小说《返回家园》，后发表于《小说月报》1996 年第 8 期。

3 月 22—27 日　到济南整理书籍、杂物，搬家至北京。

3 月　长江文艺出版社出版中短篇小说集《瓦解》，收入中

---

① 邱华栋（1969—　），男，生于新疆昌吉，祖籍河南西峡，1992 年毕业于武汉大学中文系。在《中华工商时报》工作多年，曾担任《青年文学》执行主编、《人民文学》副主编，出版有多部长篇小说、中短篇小说集、诗集。随笔集《挑灯看剑》曾获得《上海文学》小说奖、《山花》小说奖。

② 邱华栋：《根的谱系——评〈周大新文集〉》，《东方艺术》1997 年第 4 期。

篇小说 5 篇、短篇小说 4 篇、《序跋》1 篇。

4 月 25 日　整理小说集《风过原野》。

4 月 27 日　修改散文《正午》，后发表在《当代人》1996 年第 7 期。被《军事故事会》2017 年第 3 期转载。

4 月　长篇小说《格子网》由人民文学出版社出版。

5 月 7—8 日　参加姜健摄影集《场景》研讨会，作了三点发言：一是以农村、农民的生活为表现对象；二是叙述的内容真实、准确；三是叙述的心境比较宁静。

5 月 10 日　参加总后勤部第三届军事文学颁奖大会。

5 月 11 日　深圳某公司来商谈中篇小说《释放》改编电影一事。

5 月 22 日　南阳电视台、《南阳日报》社记者来家中采访。

5 月 23 日　参加中国作家协会作家权益保障委员会召开的稿酬改革座谈会。

6 月 15—19 日　在福州，参加《中篇小说选刊》举办的座谈会和颁奖大会，张贤亮、池莉、李佩甫、牛群等亦在场，获奖杯一个。

6 月 21 日　为邓州市王永栓的《家教指南》一书作序。

7 月 7 日　接受《中国艺术报》记者陈宝洪采访。

7 月 12—28 日　和总后勤部的同志乘坐大巴车参加青藏笔会，沿青藏公路前往青海、西藏多地采风。在路上思考小说创作，总结道：一是小说要讲述人性之秘密，以满足读者的窥视欲；二是属于一个作家通向小说王宫的道路只有一条；三是小说的创作成功带有偶然性；四是宁静的心境是写好小说的重要前提。在采风过程中，阅读"关于青藏线官兵的事迹报告"资料，收获很大，拟写小说《第九朵雪莲》和散文《格拉丹冬的雪光》《昆仑新月》《初识唐古拉》。

1996 年，在拉萨布达拉宫前的周大新

8 月 6 日 参加《北京文学》召开的座谈会。

8 月 10—12 日 读马继红、高军二人撰写的电视连续剧剧本《红十字方队》，并提出修改意见。

8 月 15—27 日 写作电视剧本《百姓》。

8 月 16 日 参加中国作协和宏志电脑公司合办的作家换笔大会，购电脑一台。

8 月 20 日 送儿子周宁参加军训。

9 月 2 日 参加《芙蓉》创刊 100 期纪念活动。

11 月 7 日 写完《消失的场景》。11 月 30 日，修改篇名为《方形大坛》，后又定为《消失的场景》，持续修改三个月左右。

11 月 8 日 写散文《格拉丹冬的雪光》，后发表于《青年文学》1997 年第 4 期。

11 月 9 日 写散文《七彩路》。

11 月 18 日 修改散文《体验缺氧》。

11月19—26日　在福建武夷山，参加《当代》杂志召开的笔会。

11月28—29日　写随笔《活着的动力》，发给《太原日报》。

12月15—21日　参加中国作家协会第五次全国代表大会，周大新当选为中国作家协会第五届全国委员会委员。

12月26日　在解放军艺术学院文学系讲课，题为"引发感动，军事题材应该具有的一种魅力"。

12月　明天出版社出版中篇小说集《平安世界》，收入《平安世界》《向上的台阶》《银饰》《紫雾》四部中篇小说。

本年度重要论文：

张志忠：《周大新：在新的台阶上》，《文艺报》1996年第6期。

张德礼、徐亚东：《周大新军旅小说略论》，《南都学坛（哲学社会科学版）》1996年第4期。

按：张德礼、徐亚东在文章《周大新军旅小说略论》中指出，周大新的军旅小说主要分为描绘当代战争和表现和平军营生活这两类题材，认为他笔下英雄的平凡化特征异常鲜明，以《汉家女》为例，将人物身上复杂的人性和崇高而悲壮的不平凡行为交融在一起，消解了过去那种"神化"的英雄形象，"取而代之的是矗立在现实生活的大地上，身披'七情六欲'衣衫的人间英雄"①，而且在英雄平凡化的创作中严格遵循现实主义原则，平凡而不庸俗，铸造出性格各异的当代军人形象。

程玥：《论周大新小说的人物形象内涵》，《理论学刊》1996年第 5 期。

---

① 张德礼、徐亚东：《周大新军旅小说略论》，《南都学坛（哲学社会科学版）》1996 年第 4 期。

1997 年　46 岁

1月28日，为迎接中国人民解放军建军70周年，《中国将军之路》征文活动在京拉开序幕，是新中国成立以来首次以征文形式再现中国将军成长之路的大型文艺活动。

2月14日，著名农民作家、南阳市作协主席乔典运在西峡县病逝。

2月19日，邓小平在北京逝世。

4月1—3日，中宣部在京召开文艺评论工作座谈会，提出坚持为人民服务、为社会主义服务的方向和百花齐放、百家争鸣的方针。

9月18日，广电部电影剧本规划中心成立。

10月26—28日，冯友兰与中国传统文化国际学术研讨会在郑州和开封召开。

是年　在总后勤部创作室从事创作，被聘任为全军文艺奖评委。

1月1日至2月24日　持续修改《消失的场景》，后发表于《十月》1997年第2期。1998年4月由人民文学出版社出版单行本，后更名为《第二十幕》（第三卷）。

1月10日　写散文《秦大姐》，发给《妇女生活》。

1月11日　思考中篇小说《雪莲花》的写作。

1月18日　晚上，柳建伟①来访，谈到镇平县玉雕中有人做仿古玉器，用千年老房上的土，将玉器埋其中，用火煮五六个小时，这样古代的气息就进入玉器，一般鉴别手段难以识别，多仿制明清的如意、笏板。构思小说《明代如意》。

1月25日至2月22日　小弟周荣体陪同父亲周占龙和母亲李大女来北京探亲，周大新陪同父母游览北京各旅游景点。

2月14日　获悉乔典运病逝，发唁电——

"惊悉乔典运先生病逝，十分悲痛。因公务不能亲往吊唁，特致电表示沉痛哀悼。典运先生是我文学上的老师，生活中的朋友，给过我真挚的帮助和支持，他的音容笑貌永留我的心间。典运先生那些描写农民、农村、大地、故乡的作品，是宝贵的文学财产。他的名字和他的作品将会在南阳、河南乃至中国的大地上继续流传，典运先生文名永存。"②

2月19日　邓小平去世。日记中写道："没有邓小平同志，

---

①　柳建伟（1963— ），男，河南镇平人。当代著名编剧、作家，代表作有长篇小说《北方城郭》《突出重围》《石破天惊》。《英雄时代》获得第六届茅盾文学奖。

②　该唁电内容来自周大新日记。

中国人今天过的日子会更糟。"

2月25—26日　写散文《凝望雕像》，后发表于《人民日报》1997年4月3日。构思散文《告别山东》《关于人生的四个阶段》。

2月　百花文艺出版社出版中篇小说集《伏牛》，收入11部中篇小说。

按：这部中篇小说集由雷达作序。在这篇序言里，雷达说要注意周大新作品中两个方向的力："富有生命力的民族美德和民族自身的惰性"，把握住这一点就会发现周大新的作品清晰可亲。

3月1—24日　修改中篇小说《碎片》。后以《碎片》发表于《当代》1997年第6期，被《小说月报》1998年第3期转载。该小说1998年获第四届总后勤部军事文学奖和第三届全军文艺新作品文学类一等奖。

3月25日　开始学电脑，进步缓慢。

3月26日　写《我的中学时代》。

4月4日　写散文《闲话照片》。后发表于《中国摄影家》1997年第3期。

4月21—23日　为青岛出版社出版的新书《东部热土》用电脑写书评，题为《让家园更靓丽》。

4月26—27日　用电脑写散文《和老乔告别》。

5月4—5日　写关于301医院陈乐真教授的报告文学。

5月6日　在中国作协会见罗马尼亚作家代表团成员并座谈

交流。

5月7—8日　写散文《在爱因斯坦的注视下》。5月17—18日，修订该散文。6月9—10日，再次修订，发给《热风》杂志。

5月12—15日　为西安电影制片厂撰写长篇小说《有梦不觉夜长》《格子网》《消失的场景》的故事梗概。

5月20—23日　写小说《关于留学日本的对话》。5月25日，写完初稿。

5月26—30日　参加全军文艺奖评选工作。

6月2—4日　写散文《话说警察》，后以篇名《我和警察》发表于《公安月刊》1997年第12期。

6月5日　拟写中篇小说《青青栗子林》。6月19日，开始写作该小说，修改篇名为《新市民》。6月26日，修改篇名为《府城新市民》。8月24日，定稿，后以篇名《新市民》发表于《十月》1998年第1期。

6月13—18日　为山东文艺出版社整理早期作品，整理目录，写完《一句话》。

6月29日至7月2日　为周同宾的《皇天后土》写书评。

7月8—14日　参加中国作家代表团对外文化交流，出访以色列，执行对外文化交流任务。足迹遍布加利利、死海、耶路撒冷，去了耶稣受难路，后来阅读希腊作家尼克斯·卡赞扎基斯①的作品《基督的最后诱惑》时，才知道这些地方都被卡赞扎斯基写进了小说里，"心里觉得非常亲切"。

7月18日　整理在以色列访问时写下的文字。

7月19日　写散文《第一次上哨》，后发表于《中国艺术报》2012年8月1日。

7月21日　写散文《川籍班长》。

7月28—30日　写短篇小说《边塞传说》，发表于《人民日报》1997年8月26日，被《读者》1997年第11期转载。被《少年小说》2009年第3期转载。该文获《人民日报》"八一颂"征文一等奖。

7月31日　参加中国人民解放军建军70周年庆祝大会。

8月4—11日　全家在北戴河度假，构思散文《北戴河寻古》。

8月27—28日　写散文《住过山东》，发给《天津日报》。

8月29日　听中国科学院周光召教授讲课，讲座着重讲了生命科学和信息科技，"很开眼界"。

8月30日　参加长江文艺出版社在第八届全国图书市场上举行的新闻发布会，在场的还有莫言、哲夫、周梅森、周百义等。

_____

① 尼克斯·卡赞扎基斯（Nikos Kazantzakis，1883—1953），又译为尼科斯·卡赞扎基斯，男，希腊政治家、作家。代表作有长篇小说《希腊人左巴》《基督的最后诱惑》。

9月3日　在中国社科院参加作家王遂河①的小说创作研讨会。

9月5—9日　写作散文《走近佩雷斯》，发给《羊城晚报》。

9月11—17日　为周克玉②的诗选《京淮梦痕》写评论，题为《且说壮士爱》。以篇名《且说壮士爱——读〈京淮梦痕〉》发表于《东方艺术》1997年第6期。

9月18—19日　写散文《走进耶路撒冷城》，后修改篇名为《走进耶路撒冷》。最后以篇名《走进耶路撒冷老城》发表于《散文选刊》1999年第2期。

9月20—25日　写短篇小说《证词》。10月3日，修改篇名为《琉璃瓦覆顶的高楼里》。10月13日，修改篇名为《现代生活》。后以篇名《现代生活》发表于《小说界》1998年第1期，被《小说月报》1998年第4期转载。1998年9月15日，《佛山文艺》开始刊登改编自《现代生活》的连环画。

10月5日　写散文《祈望和平》。后以篇名《祈望平安》发表于《文学世界》1999年第5期。

10月11—12日　修改散文《摇曳的橄榄树》。

---

① 王遂河（1954—　），男，河南镇平人。笔名行者，中国作协会员。著有长篇小说《乱世枭雄》《爱谁是谁——一个青年艺术家的成长史》、散文集《我记忆中的军营》。

② 周克玉（1929—2014），男，江苏阜宁人。曾任中共中央委员、总后勤部政治委员，上将军衔。出版诗集《京淮梦痕》，代表作品有《天方行草——克玉出访日记》。

10 月 17—30 日　在上海第二医科大学、长征医院、南京等地采访。

11 月 6 日至 12 月 30 日　断断续续地修改、校订长篇小说第三部《消失的场景》清样。

11 月 23 日　在中国作协，参加中国作家与以色列作家的座谈会。

12 月 4 日　回南阳探亲，接受邓州市电视台采访。

12 月 23—26 日　校对作品集《明天进入夏季》清样。后于 1998 年 2 月由山东文艺出版社出版。该著作收入周大新早期创作的作品 26 篇。

本年度重要论文：

张达：《周大新的仇恨故事》，《小说评论》1997 年第 2 期。

曹书文：《论周大新小说创作的审美意蕴》，《河南师范大学学报（哲学社会科学版）》1997 年第 3 期。

邱华栋：《根的谱系——评〈周大新文集〉》，《东方艺术》1997 年第 4 期。

1998 年　47 岁

5月26—27日，中宣部在河南郑州举行文艺评论工作座谈会。会议认为，应该理直气壮地强调文艺评论对文艺创作的积极引导作用，以建设之心去推进文艺评论的健康发展。

6月中旬至9月下旬，长江、松花江、嫩江流域发生特大洪水，全国29个省、自治区、直辖市遭受不同程度的洪涝灾害，党中央和国务院领导百万军民，展开抗洪抢险。

12月30日，江泽民主席签署第13号主席令，公布《全国人民代表大会常务委员会关于修改〈中华人民共和国兵役法〉的决定》，将义务兵服役期改为二年，取消超期服役的规定。

是年　在解放军总后勤部创作室从事创作。

1月2日　日记中写道："回首去年，尚有收获，虽不多，但未敢懈怠。"

1月9日　参加柳建伟长篇新作《北方城郭》研讨会。

1月13—14日　校对《格子网》后半部分。观看南京军区话剧团演出的话剧《虎踞钟山》。

1月16—18日　写散文《译林，我的好朋友》，后以篇名《〈译林〉，我的好朋友》发表于《译林》1998年第4期。

1月19—21日　参加中国作协第四届全委会第三次会议。陆文夫致开幕词，李铁映作了经济改革问题的讲话。

2月1—5日　读书，思考中短篇小说创作，有关宋金历史题材及当代生活的边缘群体题材。

2月14日　开始写中篇小说《遍布诱惑》。3月22日完稿。后修改篇名为《宣德年间的一些希望》，发表于《北京文学》1998年第8期，被《小说月报》1998年第10期转载，被《小说选刊》1998年第10期转载。被湖北省楚剧团改编为楚剧《娘娘千岁》，由湖北省地方艺术剧院在2004年9月21日"七夕节"推出，后参加中国艺术界演出并获奖。

2月　北京出版社出版周大新中篇小说集《紫雾》，收入11篇小说。

3月17日　在家接受北京电视台社教部编导许亮与摄像记者的采访。

3月20日　参加总后勤部第四届军事文学奖颁奖大会，《碎片》获奖。

3月23日　写随笔《也说吃》，修改《同赴七月》，4月24日修改完稿。儿子周宁高考前，周大新整天陪着他复习，这一段生活体验使周大新写下了中篇小说《同赴七月》。《同赴七月》发表于《中国作家》1998年第4期，被《小说月报》1998

年第 9 期转载。

3 月 24—25 日　写散文《一个男孩》。

3 月 26 日　写散文《致触摸时间的人》，思考短篇小说《遗忘》的创作。

3 月 31 日　开始写短篇小说《遗忘》，4 月 15 日完稿。4 月 16 日修改篇名为《炮声早已沉寂》，发给《作家》杂志。

4 月　长篇小说《消失的场景》由人民文学出版社出版。即后来《第二十幕》第三卷。

4 月 26 日至 5 月 4 日　写《私房话》，发给《北方文学》杂志。

5 月 9—20 日　为《小说选刊》增刊，缩写长篇小说《第二十幕》。

5 月 21—22 日　写散文《书法新秀鲁德林》。

5 月 27 日　在中国人民大学见到埃及留学生穆赫森·法尔加尼，介绍自己的创作及我国 20 世纪 90 年代的文学发展状况。

6 月 6 日　写散文《热闹的麦场》，后发表于《人民日报》1998 年 7 月 16 日。

6 月 9 日　在加拿大驻华大使馆，参加为"卡罗·希尔兹①访华"举行的宴会。赠送《紫雾》给卡罗·希尔兹。

6 月 12—15 日　为百花文艺出版社整理书稿，即散文集《世纪遗产清单》，后于 1999 年 4 月由百花文艺出版社出版。

---

①　卡尔·希尔兹（Carol Shields），1935 年出生于美国，多以短篇小说为主，关注女性间的友谊和女性的内心生活，代表作有《石头日记》和《莱里的宴会》。

6月18日至7月22日 写中篇小说《金色的麦田》。8月5—6日，改写该小说。8月7—8日，改篇名为《金色的田野》。后以短篇小说《金色的麦田》发表于《钟山》1999年第4期。被《小说月报》1999年第10期转载。

6月20日 接受埃及留学生穆赫森·法尔加尼的采访。

6月29日 参加《北京文学》杂志社召开的座谈会，在座的还有莫言、余华、章德宁等。

7月2日 为人民文学出版社写《关于"▦"符号的理解》。

7月14日至8月4日 应梁晓声之邀，参与讨论《钢铁是怎样炼成的》电视连续剧改编工作，为之写"故事梗概"。

7月21日 为《美与时代》整理"自传"及其他稿子。

7月23日 在埃及驻华大使馆，参加埃及国庆招待会。

7月 近100万字的长篇小说《第二十幕》（上、中、下）历时十年，由人民文学出版社出版。获得1999年第四届国家图书提名奖、第四届全军新作品奖一等奖、2001年第三届"人民文学奖"。导演黄健中、编剧周志方将其改编为49集电视连续剧《经纬天地》，于2010年8月18日在CCTV-8黄金档播出。

按一：这部长篇小说以南阳古城书院督导卓家、手工业者尚家、知府通判晋家、农民栗家四个家族五代人的情感纠葛、福祸兴替为主线，写出南阳丝织世家为复兴家族产业"霸王绸"所做出的百年努力。

上卷从1900年春天的一个早晨开始，讲述尚吉利机房的掌柜尚安业以祖业为由禁止儿子尚达志与百里奚村恋人盛云纬私奔，给儿子娶了顺儿为妻。盛云纬家因为通判晋金存送来的聘礼被穷困潦倒的农民栗温保和肖四抢走，不得不做了南阳知府通判晋金存的三夫人。她一边强颜欢笑侍奉晋金存，一边把栗温保的妻子草绒、两岁的女儿抓进知府做仆人来发泄自己内心深处无法言说的痛苦与愤恨。晋金存向城里百姓商户摊派庚子赔款，尚安业为振兴家业，积蓄被掏空，宁死也不愿儿子尚达志掏钱为自己看病，用破席安葬自己，让儿子俭省度日，买织机织出"霸王绸"光宗耀祖。十年过后，云纬在街头遇见尚达志为了买机动丝织机而用45两银子卖掉的6岁女儿小绫，开始理解尚达志为祖业放弃私奔的行为。达志的好友卓远为民请命，向通判写公开信而被砍掉右手。不久后进入民国，栗温保带着部队占领南阳，晋府变成栗府，晋金存临死前想杀死云纬，云纬却为栗温保所救。云纬为了掩饰自己怀了尚达志的孩子，和栗温保的马夫蔡老黑结了婚，带着儿子晋承银（后改姓蔡）回到百里奚村。草绒因为栗温保另娶妾室紫燕而夫妻感情淡漠，选择怀个孩子与栗温保分居。转眼到了20世纪30年代，尚达志的儿子尚立世和卓远的女儿容容结婚，生了儿子尚昌盛，几年后遭遇日军攻破南阳城，容容为了保护尚达志藏起来的织机而被日军凌辱自焚而亡。

中卷从1941年春末的正午开始，蔡承银做了游击队员，蔡老黑病死，只剩下云纬与儿子蔡承达。栗温保把弃城撤兵的责任都推给肖四，继续做着副司令，想让儿子栗秉正做公署的书记官，被草绒拒绝。承达跟着哥哥承银去了延安，云纬不得不告诉尚达志，承达是他的另一个儿子。栗温保和紫燕的女儿栗丽怀了蔡承银的孩子，却被栗温保强行堕胎。日军逼近南阳，栗丽逼父亲栗温保抗日，尚立世偷偷暗杀日本人为妻子容容报仇，尚达志捐3000套军服支援抗日。战争结束，蔡承银做了南阳市副市长，支持尚达志贷款发展手工业生产，并将母亲云纬再次接进原来的栗府。云纬让承达认尚达志为亲身父亲，却被承达以阶级身份为由拒绝公开父子关系。云纬向两个儿子提出要和尚达志结婚，也遭到拒绝。尚立世和儿子昌盛带着绸缎到苏联展销，获得好评。昌盛和卖葵花籽的宋小瑾结婚，被送回落霞村生活的栗丽为了生活和农民曹冬至结婚，生养儿子曹宁安和女儿曹宁贞。随着公私合营运动，尚吉利织丝厂变成"国营尚吉利织丝厂"。立世带着绸缎到广州展销时，差点被英国人用"美人计"骗走绸缎配方，最后得到来自我国台湾的栗秉正和英国的订单。熬过"大跃进"、三年困难时期，到了"文化大革命"，卓远家传的藏书两万多册都被化为灰烬，尚家三代都被关起来，孙媳小瑾用陪常科长睡三次的代价换了祖孙三人出来，尚达志获悉真相后溺死小瑾生下的男婴。蔡承银在批斗中自杀，逃出来的承达靠尚达志的窝藏活了下来。武斗中，织丝厂房着火，尚立世和续妻尤芽为保护厂子而葬身火海。

下卷从1980年春天的上午开始，栗丽的女儿曹宁贞在安留岗桑园挖地时意外挖到汉代古墓。昌盛到深圳参加绸缎展销会却染上性病，传染给妻子小瑾。96岁的尚达志拿出家里私藏的金条，让孙子昌盛再度办厂，栗温保的孙子栗振中和妻子美国人艾丽雅来到南阳探亲，参观尚吉利丝织厂。尚达志织出白绸子，才知道云纬已经去世，17岁的曹宁贞也来到丝织厂应聘做工人。栗丽的儿子曹宁安在村头租房开了"田园酒家"，承达的长子尚天给他出主意，让宁安雇用漂亮的姑娘为服务员，招徕顾客。昌盛收到邀请到日本展销绸缎，遇见栗振中夫妇，约定让其在美国代销尚吉利绸缎。随着生产规模的扩大，春风得意的昌盛看见宁贞聪明漂亮又勤奋努力，想借出差机会占有宁贞，却被宁贞对他的赞美与感激而激醒良知，决定做个真正德才兼备的企业家。尚吉利集团业务蒸蒸日上，昌盛却意外发现小瑾在舞厅和异性出轨，尚达志获悉真相后以集团利益为重禁止昌盛离婚。适逢20世纪80年代末期，栗振中夫妇害怕自己的绸缎代销业务受到社会风潮影响，再次来南阳洽谈业务。在尚达志提议下，尚吉利综合大学开始运行，为了家传祖业后继有人，达志唆使昌盛弄哑一心想唱歌的曾孙尚旺的嗓子，留下让子孙织出"霸王绸"的遗愿死去。昌盛拜托在北京当处长的承达次子尚穹联络绸缎展销事务，尚穹从中作梗导致展销会失败，并以尚吉利集团遗产继承人的身份打官司要分割祖业。这时，栗振中夫妇回到南阳打算向尚吉利集团投资一千万美元，公司却因为遗产分割官司濒临解体。正在准备自己婚礼的宁贞为了帮助集团渡过难关，伪造了尚穹强暴自己的现场，迫使尚穹撤诉，挽救了尚吉利集团，因此遭到尚穹的报复，宁贞被未婚夫抛弃，又被昌盛误会，最终在安留岗悲愤自杀。

按二：该作品和改编的电视剧《经纬天地》（2010年），一直都备受关注，评论不断。评论主要集中在三个方面：一是围绕《第二十幕》的作品研究，包括地域性、人物形象、思想主题、叙事特征等；二是围绕小说原著与影视改编之间的比较；三是《第二十幕》与其他国内外长篇小说的比较研究。

围绕小说《第二十幕》展开的代表性研究：

1. 张鹰的文章《〈第二十幕〉：二十世纪中国的史诗》，分析四个家族的兴衰演变，认为《第二十幕》是一部二十世纪中国宏伟壮丽的史诗。

2. 林为进的文章《百年沉浮：读周大新〈第二十幕〉》，指出"第二十幕"就是表现发生于波澜壮阔、悲悯沉郁的历史长河中第二十个场景的多幕故事①，作者周大新发挥讲故事的长处，写出了一部历史蕴含和审美力量能在相当长时间内存在的小说。

3. 韩瑞亭的文章《家族小说的新变——读周大新的〈第二十幕〉》，指出小说的叙述基调淡远平实，尚家五代人始终无法实现自己家族织出"霸王绸"的夙愿，来自尚家治家立业传统观念中的保守与僵硬，这种特定生存环境中形成的家族弱症，使尚家始终未能出现独立的经济力量代表，"只有伴随着社会变革的深入和国民性改造的彻底，才有可能建立起真正的现代工

---

① 林为进：《百年沉浮：读周大新〈第二十幕〉》，《东方艺术》1999年第3期。

业文明"①。因此，这部小说是从社会经济的视角来演示百年中国的生活历史，叙说传统的作坊式经济向现代的市场经济转变的时代进程。

4. 白烨的文章《以小见大的长篇巨制——读周大新的〈第二十幕〉》，指出，"《第二十幕》以对工业文明的本族文化集中而深刻、准确而生动的描绘，弥补了在题材、主题和人物诸方面长久以来存在的一个不应有的空缺"②，"尚吉利"的历史正是近代中国历史的一个有意味的浓缩。

5. 周政保的文章《命定的磨难与再生——关于长篇小说〈第二十幕〉》，指出《第二十幕》是一部充分体现现实主义精神的小说，但具有写实和诗性的双重品格。其诗性就体现在隐含于作品中的历史底蕴，还体现在贯穿于作品中那种充满现实感的、源于现实思考又极具想象余地的"弦外之音"。诗性的实现通过"尚吉利"所走过的坎坷道路和充满题旨象征的"格子网"方式呈现。

6. 靳明立的文章《民族织业的痛史　女性命运的悲歌——读周大新〈第二十幕〉》另辟蹊径，从小说中尚达志与诸多女性人物的关系和命运入手，指出该作品关注女性问题，"用艺术形象展示了百年来中国妇女的悲剧命运，更在于小说写出了百

---

① 韩瑞亭：《家族小说的新变——读周大新的〈第二十幕〉》，《文学评论》1999 年第 3 期。

② 白烨：《以小见大的长篇巨制——读周大新的〈第二十幕〉》，《文化月刊》1999 年第 4 期。

年来中国女性在极不公平的境遇之下，仍然依自己的力量撑起历史的半边天空"①。

7. 洪治纲的文章《虚弱不堪的"史诗"写作》指出，"史诗"是由希腊文"叙事"演变而来的概念，"强调作家必须对某种具有重大社会意义的历史事件和历史过程进行全面的反映，必须真正地把握并再现出社会演进的历史本质，体现出创作主体极为高超的历史驾驭能力"，但是许多作家的长篇创作陷入"史诗"怪圈，并不具备"揭示历史的本质"的艺术修养和精神力量。同时认为周大新的《第二十幕》比其他一些长篇"史诗"性作品成熟一些，但也不具备深远的思想内涵。

8. 武新军的文章《多维空间中的人性探索——评周大新长篇小说〈第二十幕〉》，指出小说中存在三条叙事线索，第一是尚家五代人实现丝织业称霸全球的家族梦想，第二是以晋金存、粟温保、蔡承银等人构成的百年政治权力的反复更迭，第三是以卓远为代表的追求思想自由的知识分子命运。这三条线索的交织叙事"完成社会历史分析和国民精神分析的双重使命，达到审美性与历史反思的统一"②。

9. 王黎君的文章《原型与召唤——评周大新〈第二十幕〉》，以原型批评和接受理论为视角，把"格子网"作为小

---

① 靳明立：《民族织业的痛史　女性命运的悲歌——读周大新〈第二十幕〉》，《济宁师专学报》2001 年第 4 期。

② 武新军：《多维空间中的人性探索——评周大新长篇小说〈第二十幕〉》，《中州学刊》2003 年第 3 期。

说文本的接受客体和原型，解读这一象征符号的多元意义和象征意象，认为这种"难以跨越盆地的宿命预言，使小说中多次出现了原始图腾、神话传说、风俗梦境等积淀着人类文化传统的原型意象，昭示着人物命运的慷慨悲歌和小说文本的情节演进"①。

10. 武新军、袁盛勇编选了《聚焦二十世纪：周大新〈第二十幕〉评论选》，收录1998—2003年的《第二十幕》研究的29篇论文、2篇访谈和1篇作品讨论会发言，2003年8月由人民文学出版社出版。

11. 贾艳艳的文章《穿行在历史潜流中的家族精神——读周大新的〈第二十幕〉兼谈与〈白鹿原〉的比较》，指出《第二十幕》借"尚吉利"一个世纪的坎坷历程，以家族意志映现出民族精神的重审，从人物性格与命运中透射出文化剖析。"尚吉利式的家族意志构造着个人生存与民族奋进所需要的一种发展的精神和理想，甚至于类似信仰的力量"②，在历史理性和人文关怀上都比《白鹿原》有着可贵的探索，折射出作者整体上进步、发展的历史观。

12. 张静芝的文章《家族精神的高扬与自我意识的失落——论周大新的家族小说〈第二十幕〉》，指出小说中高扬的

---

① 王黎君：《原型与召唤——评周大新〈第二十幕〉》，《当代文坛》2003年第5期。

② 贾艳艳：《穿行在历史潜流中的家族精神——读周大新的〈第二十幕〉兼谈与〈白鹿原〉的比较》，《中州学刊》2004年第6期。

家族精神，导致了人的自我意识的失落与民族工业发展缓慢的悲剧。

13. 樊洛平的文章《格子网图案：巨大而神秘的文化象征——对周大新长篇小说〈第二十幕〉的一种解读》，该文认为格子网符号构成一种隐性结构和潜在话语，使小说产生巨大的张力和多重意义。格子网图案的纵横交织至少包含三种意义：一是寄寓着书中各色人物对于世事人生的理解；二是格子网图案的每次出现，都连缀社会政治时局的风云变幻，成为世事演变的神秘预言和征兆，是一种对社会命运的解读；三是格子网图案上无尽的经纬线，伸向古代历史和南阳地域文化，成为玄妙神秘的文化符号①。

14. 马德生的文章《20世纪90年代以来家族小说民族国家想象的路径探求——以〈白鹿原〉〈第二十幕〉〈金山〉为例》，把民族国家想象的路径分为三类，《白鹿原》是民族精魂重铸型想象，而《第二十幕》属于家族精神反思型想象，《金山》是海外移民跨域型想象。该文认为，《白鹿原》从民间宗法制社会变迁揭示民族历史的深层意蕴，探究民族文化命运，《第二十幕》则是从社会经济视角，展示中国民族工商业从传统向现代工业转型的艰难历程，重新审视家族精神在民族国家现代化进程中的影响和作用。

---

① 樊洛平：《格子网图案：巨大而神秘的文化象征——对周大新长篇小说〈第二十幕〉的一种解读》，《河南师范大学学报（哲学社会科学版）》2016年第1期。

15. 姜汉西的文章《周大新〈第二十幕〉中的平衡法则及其意义建构》，指出乡间知识分子卓远扮演了启蒙者的角色，对尚达志的人生形成一种指引，是一种智慧的生存法则和生命体验。这种平衡法则是类似于中国传统文化中阴阳互补的机制和规律，幸福和磨难就是阴和阳的体现，两者之间泾渭分明却保持着稳定的平衡。

16. 魏华莹的文章《〈第二十幕〉与1990年代史诗性作品的接受问题》，对《第二十幕》的创作过程、手稿版本的不同修改，指出历史资料和地方文化的融入增强了周大新《第二十幕》的朴实雄厚，也受到卡尔维诺和丹纳的影响。同时，联系20世纪90年代文坛对史诗性写作的重视，以及"作家人到中年'没有美文''垫棺作枕'的焦虑和思考民族精神的写作雄心"，加上周大新对地域性、民族性的提炼，"以自己的方式重塑20世纪中国的历史图景，丰富了长篇小说的世纪末繁华"①。

17. 付兰梅、周妍妍的文章《周大新小说〈第二十幕〉的空间叙事解读》，从叙事学视角对《第二十幕》"中国套盒式"和"圆圈式"的空间叙事结构进行分析和解读，认为作品中设置了两个极具代表性的空间，一个是经历了四次被毁、三次易名的尚吉利织丝厂，另一个是经过五次政权更迭的南阳通判府，展现了南阳女性，甚至南阳人走不出命运怪圈的生存困境。总之，在这部现实主义巨著中，"运用空间叙事手法，打破时间的

---

① 魏华莹：《〈第二十幕〉与1990年代史诗性作品的接受问题》，《当代文坛》2021年第5期。

约束，自由调配着过去、现在和未来的事件，将个人化的历史认知和对文化的解读组织进叙事之中"①，勾画出一个可供想象的历史文化空间。

8月17日 日记中写道："长江大水让人忧心。"

8月28日 参加以色列驻华大使馆的宴会，南月明女士待人周到慈祥，留下很深印象。拟写散文《南月明大使印象》。

8月31日 在中央电视台"精品欣赏"节目组参拍关于中央电视台举办的"赈灾晚会"座谈场景。

9月5日 送儿子周宁去西安通信学院读书。

9月21日 参加总政治部召开的抗洪题材创作会。

9月 《周大新小说自选集》由河南文艺出版社出版。收入长篇小说1部、中篇小说3篇、短篇小说7篇。

10月2—10日 写散文《关于列夫·托尔斯泰的劝告》。后以文学随笔《列夫·托尔斯泰的劝告》发表于《世界文学》1999年第1期。

10月13—27日 随中国作家代表团出访罗马尼亚、瑞士等国。

10月29日 收到《文学报》朱小如发来"关于长篇小说《第二十幕》的采访提纲"。

11月6—11日 写短篇小说《接引台之忆》。11月15日，修改篇名为《亡夜》。12月23日，修改该小说。看美国影片

---

① 付兰梅、周妍妍：《周大新小说〈第二十幕〉的空间叙事解读》，《长春理工大学学报（社会科学版）》2022年第2期。

《拯救大兵瑞恩》。

11月28日 为《作家报》写《第二十幕》创作谈。

11月30—31日 写散文《又见"美丽"》。

12月3日 在北京解放军总后勤部机关大院接待南阳市档案馆人员的来访，移交近年的各类手稿、著作、信件、录像带、获奖证书、奖牌以及刊载其作品的期刊、报纸等文学创作档案三大箱、四包、八捆。

12月7—8日 写散文《邓州那个地方——由粮篓到粮仓》。12月16日完成。以篇名《粮篓与粮仓》发表于《人民日报》1998年12月24日。

12月10日 人民文学出版社和中国作协创研部联合举办的"周大新长篇小说《第二十幕》作品研讨会"在中国作协召开，会议由中国作协书记处书记陈建功和人民文学出版社副总编辑高贤均主持，会议讨论由李明生整理①。到会的作家、评论家和新闻界人士有五十多人。

12月15日 在中国文联会见罗马尼亚文化基金会代表团。

12月18—21日 写散文《享受生活》。

12月24日 在鲁迅文学院为作家班学员讲自己的创作经历和体会。主要谈了四个创作体会：一是要克服自我怀疑的心理，保持一种自信心；二是要选择比较熟悉的题材创作；三是确定适合自己的叙述方式；四是抵制外界的各种诱惑。

---

① 武新军、袁盛勇主编：《聚焦二十世纪：周大新〈第二十幕〉评论选》，人民文学出版社，2003，第275—283页。

12月28—31日　再次校对《第二十幕》。

12月　创作谈《对人的生存境遇进行思考——军旅作家周大新谈〈第二十幕〉》发表在《文学报》1998年第12期。

是年　改编自长篇小说《走出盆地》的30集同名电视剧（郑方南导演）在河南电视台播出。

本年度重要论文：

张德礼、徐亚东：《周大新盆地小说论》，《南都学坛（哲学社会科学版）》1998年第2期。

高昌：《〈第二十幕〉：中国的〈百年孤独〉：近访作家周大新》，《中国文化报》1998年第25期。

石曙萍、贾鉴、汤拥华：《面对百年历史的沉思：关于长河小说〈第二十幕〉的对话》，《文论报》1998年第26期。

张忠：《百年梦寻——周大新〈第二十幕〉简评》，《人民日报》1998年12月18日。

1999 年　48 岁

1 月，李洱①的中篇小说《葬礼》发表在《收获》第 1 期。

2 月 28 日，冰心逝世。

4 月 16—18 日，中国社科院文学研究所当代室、北京市作协、《诗探索》及《北京文学》杂志在北京市平谷县盘峰宾馆联合召开"世纪之交：中国诗歌创作态势与理论建设研讨会"。

4 月 29 日，姚雪垠逝世。

8 月，陈继会主编《文学的星群——南阳作家群论》由河南文艺出版社出版。

10 月，德国作家君特·格拉斯被瑞典文学院授予 1999 年诺贝尔文学奖，表彰他以《铁皮鼓》为代表的文学作品"以黑色的戏谑语言揭示历史被遗忘的一面"。

---

① 李洱（1968—　），男，河南济源人。曾任《莽原》杂志副主编，当代著名作家，代表作有长篇小说《花腔》《石榴树上结樱桃》，长篇小说《应物兄》（2018）获第十届茅盾文学奖。

是年　解放军总后勤部创作室主任。

1月4日　在中国社会调查所，参加陈咏慷①作品讨论会。

1月11—12日　为《北京晚报》写没有结尾的短篇小说《午夜时分》。

1月13—14日　写散文《欢欢喜喜过个年》。发表于《农业发展与金融》1999年第2期。

1月16—17日　为《家庭》杂志写短文《平抑爱的激情》。

1月18日　写关于译林出版社的"现当代外国文学名著丛书"书评。

1月26日　写散文《"新粮"上市，清香四溢》。

1月　《香魂女：汉英对照》由中国文学出版社、外语教学与研究出版社出版。

2月3—13日　写短篇小说《亡夜》。2月20日至3月26日，《亡夜》完稿，修改回篇名《接引台之忆》。以《接引台之忆》发表于《十月》1999年第5期。

2月17—19日　写散文《情切切，爱深深——读周熠〈散文自选集〉》，后修改为《散文中的生活美：浅评周熠散文创作》，发表于《文学报》1999年第8期。

2月23—24日　写创作谈《我依然迷恋小说写作》，后发表于《当代》1999年第4期。英文版发表于《中国文学》（英文）1999年第4期。

————————————

　①　陈咏慷（1947—　），笔名咏慷，男，广东东莞人。代表作有《红色季风》《二月兰》等。

3月10日　参加《中国作家》杂志社和《小说月报》杂志社联合举办的武汉作家胡发云长篇小说《老海失踪》座谈会。

3月15日　在解放军艺术学院文学系作讲座，谈关于自己创作经历、对创作的认识及小说创作情况。

3月18—20日　参加中国作协全委会会议。

3月27—29日　写散文《你理解我吗?》，发给《解放军文艺》杂志。

3月30日　写散文《学习，我们面临的紧迫任务》，发给《今晚报》。

3月31日　写散文《第一次走近广场》，发给《中国摄影》杂志。

4月7—20日　写《我在看着你们》。5月6—16日，继续写《我在看着你们》。

4月12日　在上海，参加"周庄旅游艺术节"开幕式。

4月13日　在上海申江大酒店，探望作家田中禾①。

4月23日　参加柳建伟的长篇小说《突出重围》研讨会。

4月25日　为武警部队文学进修班的同志作讲座，题为"小说与地域文化"，讲了三个问题：一是小说与地域文化的关系；二是作家在创作中对这种关系的处理；三是地域文化小说容易被读者接受的心理原因。

4月28日　写散文《住在雅西好幸福》。

---

① 田中禾（1941—2023），原名张其华，男，河南唐河人。当代著名作家，代表作有长诗《仙丹花》，长篇小说《匪首》《父亲和她们》《十七岁》。

4月29—30日　为《文学世界》写《〈平安世界〉创作谈》。

4月　散文《耶路撒冷在祈祷》发表于《城市博览》1999年第4期。

4月　百花文艺出版社出版散文集《世纪遗产清单》，分为"凝视恐惧""正午自白""圆形盆地""边塞传说"四辑，收录42篇散文。

5月17—18日　写散文《鞠躬，我的责编们》，后发表于《青年文学》1999年第8期。

5月20—21日　写小说《关于战争最后消失那天庆贺仪式的安排》。8月30—31日，修改短篇小说《关于战争消失那天庆贺仪式的安排》。以篇名《关于战争消失那天庆贺仪式的设计》发表于《百花园》1999年第12期。被《中华文学选刊》2001年第12期转载。被《书摘》2001年第6期转载。同时，写随笔《笔亦神秘》。

5月24日　在中国作家协会会见罗马尼亚作家代表团。

5月25日　写散文《闲说神秘》。后以篇名《闲说"神秘"》发表于《作家文摘》2001年第59期。

5月26日　开始写"留学日本"的小说——关于民族问题的思考。6月9—11日，写小说《留学日本》。6月12日，修改《留学日本》的篇名为《遥远的爱情》。6月13—24日，修改小说《遥远的爱情》篇名为《围墙重生》。6月28日至7月13日，写小说《围墙重生》，修改篇名为《家庭秘密》。7月14日至8

月 4 日，再次修改该小说篇名为《疯癫》，持续写作。8 月 23—28 日，修改小说《疯癫》。2000 年 2 月 15—17 日，修改小说《疯癫》，篇名改为《遥远的疯癫》。2001 年 1 月，中篇小说以篇名《旧世纪的疯癫》发表于《大家》2001 年第 1 期。被《小说选刊》2001 年第 4 期转载。被《北京文学（原创版）》2001 年第 11 期转载。

5 月 29 日至 6 月 6 日　在西安第四军医大学采访。

6 月 8 日　修改短篇小说《俯视者自语》。8 月 5—6 日，再次修改《俯视者的自语》。2001 年 4 月 30 日，修改《俯视者的自语》，改篇名为《如果上帝在》。2001 年 5 月 2 日，修改完稿。以短篇小说《如果上帝在》发表于《山花》2001 年第 7 期。被《作家与争鸣》2001 年第 12 期转载。

6 月 22 日　在北京市牛街派出所参加《牛街的故事》作品讨论会。

6 月 25—27 日　为张天星的文集《寸心集》写序。

7 月 17 日　讨论《新市民》改编的剧本问题。

7 月 21 日　在中央实验话剧院，参加话剧《生死场》讨论会。

7 月　短篇小说《后裔》发表于《解放军文艺》1999 年第 7 期。

7 月　与作家刘恒、高建群、晓白等参与《北京文学（原创版）》1999 年第 7 期的"世纪留言"栏目。周大新的"世纪留言"为：

把人类的聪明才智用到正经地方，别用到互相杀戮上。二十世纪的两次世界大战和无数次局部战争造成了几千万人的死亡，小心这些亡魂的眼泪会造成地狱发水，漫溢到阳间来，淹死杀戮制造者的后代。

谁杀人的本领再高强，上帝都不会给他褒奖。

我们渴望阳光灿烂，但对那些阴云低垂的日子不应该忘记。

也许还会有坏天气。①

8月10—11日　为《肖春雨诗百首》作序。

8月18日　阅读美国冯古内特的小说《五号屠场》。

8月22日　陪同《中篇小说选刊》副主编章世添，到河北石家庄参加河北作家座谈会，讨论关于现实主义创作的问题。

8月28—29日　为译林出版社写书评《对"人世"的又一种定义》，后发表于《解放军文艺》2000年第4期。后以篇名《"人世"定义》收入《你能拒绝诱惑》（"周大新文集"散文卷，人民文学出版社，2016年10月）。

9月5—8日　写《水底墓猜想》。

9月10—14日　在浙江省宁波采风，同行的有《十月》编辑、梁晓声等人。

---

① 周大新等：《世纪留言》，《北京文学（原创版）》1999年第7期。

9月16日　构思"最后陈述——对'疯癫'父亲的'犯罪'问题"。

9月17—22日　写短篇小说《登基前夜》，发表于《文学世界》2000年第1期。

9月19日　会见越南作家代表团，了解越南作家当前的创作情况。

9月27日　收到湘泉集团关于在湘西召开笔会的邀请。

9月30日　开始写关于《第二十幕》的创作谈。

10月4—8日　写完散文《有关韧性的记忆》，以篇名《有关"韧性"的记忆》发表于《光明日报》1999年11月25日。同时，写《另辟新的文学园地——贺"东方21世纪网"开通》。

10月9日　写散文《永远的魅力》。收到舒婷寄来的书《柏林———一根不发光的羽毛》。

10月13日　听外交部部长助理关于当前国际形势的报告。构思长篇小说"锦绣川"。再读川端康成的作品《雪国》。

10月15日　在人民大会堂吉林厅参加立延、亦林合著的长诗《回眸红岩》讨论会。

10月18日至11月3日　筹备、主持"第五届总后勤部文学奖"颁奖会和笔会。

10月21日　接受湖南电视台关于《第二十幕》创作情况的采访。

11月7日　购《铁皮鼓》《人·兽·鬼》《六大观念》三本书。

11月8—10日　写小说《养女》。11月11日，修改《养女》篇名为《你有一个现成的妻子》。11月19日，写《养女》，修改篇名为《多想朝你叫哥哥》。

11月13日　为南阳谷建成的作品集写序。

11月28—29日　写散文《又见"主人"》。

11月30日至12月2日　写散文《文学：一种药品》，后发表于《莽原》2000年第2期。

12月3—8日　在郑州，参加"中原突破：文学豫军长篇小说研讨会"，在讨论会上作了发言。与刘震云、刘庆邦、朱秀海、成一、蒋韵、柳建伟、邢军纪、张生、鲁枢元、耿占春等人，一起被聘为河南省文学院院士。

12月11—12日　写散文《但愿和平能长久》。

12月13日　给《文学报》发散文《我永远怀念那个浙江人》。

12月15日　为《北京青年报》写的世纪留言：

我们曾经活过

我们活着时

看见过炮灰

但愿我们的后代

在新世纪里

能活得平安快乐

12 月 18—19 日　为《基督的最后诱惑》写评论。后以《我们会拒绝诱惑？——读〈基督的最后诱惑〉》发表于《文学报》2000 年第 27 期。后以《你能拒绝诱惑？》收入《你能拒绝诱惑》（"周大新文集"散文卷，人民文学出版社，2016 年 10 月）。

12 月 20—31 日　思考并修改电影剧本《新市民》。

12 月 24 日　参加《北京文学》杂志社召开的座谈会，到会的还有莫言、刘震云、刘庆邦、徐坤等。

12 月 31 日　出差到山东泰安，看了电影《荆轲刺秦王》，观看迎新千年庆典仪式。

本年度重要论文：

张德礼：《周大新小说的地域文化特色》，《南都学坛（哲学社会科学版）》1999 年第 1 期。

张鹰：《〈第二十幕〉：二十世纪中国的史诗》，《小说评论》1999 年第 2 期。

蔡葵：《历史·命运·人性：〈第二十幕〉和周大新的艺术世界》，《当代》1999 年第 3 期。

韩瑞亭：《家族小说的新变——读周大新的〈第二十幕〉》，《文学评论》1999 年第 3 期。

林为进：《百年沉浮：读周大新〈第二十幕〉》，《东方艺术》1999 年第 3 期。

白烨：《以小见大的长篇巨制——读周大新的〈第二十

幕〉》，《文化月刊》1999 年第 4 期。

张学昕：《世纪风景的沉重演绎——评长篇小说〈第二十幕〉》，《南方文坛》1999 年第 6 期。

周政保：《命定的磨难与再生——关于长篇小说〈第二十幕〉》，《当代作家评论》1999 年第 6 期。

2000 年　49 岁

2 月 2 日，李準逝世。

3 月，江泽民在参加九届全国人大三次会议解放军代表团全体会议时宣布，到 1999 年底，党的十五大提出的裁军 50 万的重大任务已经完成。

3 月 20—25 日，《文学评论》编辑部和海南师范学院主办"中国现代文学史编写研讨会"。

10 月 25 日，首都各界纪念中国人民志愿军抗美援朝出国作战 50 周年大会在人民大会堂隆重举行。

是年，《中国作家》由双月刊改为月刊，作品内容在保持固有特色前提下，向小长篇、大散文和厚重报告文学作品倾斜。并在四川宜宾举行"中国作家蜀南竹海笔会"。

是年　解放军总后勤部创作室主任。

1 月 3—8 日　修改豫剧剧本《香魂女》。

1 月 11 日　在鲁迅文学院为长篇小说研讨班学员作讲座，

主要讲三个问题：一是对长篇小说文体的认识，二是写长篇小说的经历，三是写长篇小说的几点感受。

1月12日　参观天津河西监狱。1月15—16日，为河西监狱写了散文《把爱灌进他们的心胸》。

1月13日　构思电影剧本《新市民》的改编。1月25日至2月13日，修改完《新市民》剧本。

1月14日　在中国人民对外友好协会，参加"纪念罗马尼亚伟大诗人埃米内斯库①诞辰150周年"酒会。

1月15日　看了CCTV-6的美国电影《痛苦与狂喜》，讲述米开朗琪罗在西斯廷教堂绘制壁画的过程，在日记中写道："很久没有看到这样的好影片了，我真高兴。什么样的作品才能不朽？我看完影片后再一次问自己——那必须是呕心沥血之作。"

1月30日　购村上春村的作品《挪威的森林》。

1月　作家出版社出版周大新中短篇小说集《同赴七月》，收入13篇小说。

2月3—10日　在邓州市构林老家过春节，在乡间听到很多乡民的人生遭遇，返回北京，"上车时极其拥挤，其纷乱之状况令人吃惊"。

2月19日　开始写小说《漫长的日子》。

2月23日　在中国版的电视剧《钢铁是怎样炼成的》开播

---

① 埃米内斯库（1850—1889），罗马尼亚浪漫主义诗人。

前，接受《生活时报》记者庞永厚的采访，谈谈自己心中的保尔。周大新说，"保尔是在特定背景下成长和成熟的一位英雄，他的生命中有极其平实的一面，像他和冬妮娅的爱情就曾深深打动了我。同时，他又是一个意志非凡的人。我们每个个体生命都可能遭受意外，在命运打击面前，他是一面镜子，从他的身上可以汲取一种精神力量"①。

2月24日　参加中华文学基金会举行的"首届冯牧文学奖颁奖仪式"。

2月25—29日　收到译林出版社寄来英国作家安东尼·伯吉斯的《发条橙》译本，阅读后写书评《奇妙的〈发条橙〉》，发表于《中华读书报》2000年3月29日（第29期）。阅读该作品时日记中写道："好小说必须突破现有的禁忌，必须让人大吃一惊。"

3月1日　写关于朱秀海②的文学随笔《笔底起波涛》。4月2—9日，写完该文。以篇名《我熟悉的朱秀海》发表于《河南日报》2000年6月16日。后以散文《钟情军旅的朱秀海》发表于《军营文化天地》2001年第4期。

3月3日　在郑州，观看河南省豫剧三团排练豫剧《香魂女》。

---

① 庞永厚：《采访万方、梁晓声、周大新眼中的"保尔"》，《生活时报》2000年2月28日。

② 朱秀海（1954—　），男，满族，河南鹿邑人。当代作家、编剧。代表作有长篇小说《波涛汹涌》《客家人》，散文集《行色匆匆》，编剧作品代表作有《乔家大院》《天地民心》，曾获第二届冯牧文学奖。

3月6—8日　与朱秀海到北京市公安局警队采访，向崇文分局副局长王令振了解侦破银行抢劫案的经过和个人从事刑侦的经历。写电视剧《北京大案》剧本第一集。3月31日，电视剧剧本《北京大案》第一稿写完。

4月4—5日　为河南文艺出版社准备关于文集的资料。

4月10日　为祁荣祥的诗集《一路有你》写评论。4月14日，写完评论《关于〈一路有你〉——情满诗行》。

4月15—16日　为焦随东的《兵歌行：焦随东抒情歌曲100首》作序。为南阳李春山的作品写序。

4月17日　思考创作长篇小说《家庭秘密》。

4月18日　思考创作长篇小说《谁发明的这场游戏》。4月21—26日，写《谁发明的这种游戏?》。6月2日，修改篇名为《游戏》。

4月20日　在后勤指挥学院作讲座"小说创作漫谈"。

5月14—25日　接待著名诗人痖弦，陪同参观圆明园、天安门、故宫、景山公园、天坛、北海公园，探访卞之琳家，游览长城和十三陵，后送痖弦去香港。

5月30—31日　写散文《闲说窥视欲》，后以篇名《简论"窥视欲"》收入《你能拒绝诱惑》（"周大新文集"散文卷，人民文学出版社，2016年10月）。

6月4—6日　写小说《金银汇大厦》。6月8日，修改小说篇名为《金色大厦》，持续写作。6月28日，修改《金色大厦》篇名为《远东大厦》。7月11日，修改小说《远东大厦》为

《新世纪大厦》。7月14日，修改《新世纪大厦》为《21世纪大厦》。7月15日，修改小说篇名为《21大厦》，持续写作。10月9日，拟定长篇小说《21大厦》写21世纪初人们的生存状态和心态，持续修改直至是年年底。

6月27日 在301医院参加《名医手记》发行仪式。

6月29日 参加新华出版社为王宏甲的新书《智慧风暴》举行的首发式活动。

7月1日 写文学随笔《描剑画魂说人生——评〈张爱萍传〉》。

7月20—21日 为兰州周建广的长篇小说《边关情花》写序言。

7月25—27日 写《倾听》。

8月8日 参加吴国荣散文集《遥远的辉煌》研讨会。

8月 短篇小说《暖流》发表于《文登市报》2000年8月1日。姚金成根据周大新中篇小说《香魂塘畔的香油坊》改编的剧本《香魂塘畔的女人》发表于《剧本》2000年第8期。

9月2—3日 写随笔《五十岁》，后发表于《书摘》2001年第1期。

10月7日 写散文《迷人的草》。10月9日，修改篇名为《地上有草》。后以散文《地上有草》发表于《散文选刊》2001年第4期。被收入《中华活页文选》2010年第5期。被《小品文选刊》2020年第19期转载。被《中学生阅读（高中读写）》2021年第7期转载。

11月5—13日　参加长沙的"湘泉之友"笔会，在长沙、常德、吉首、湘泉酒城、凤凰古城、芙蓉镇等地参观采风。

11月15—16日　写散文《难忘湘西美》。

11月16日　写散文《我与人民文学出版社》。11月18—19日，修改篇名为《一流的"产房"》。

11月21日　获知南阳孙幼才先生去世，发唁电。

11月26日　参加"王永民五笔数码"科技发明新闻发布会，与会的有王光美等。

11月27日　在中国儿童艺术剧院观看郑州市豫剧院演出的现代豫剧《老子·儿子·孙子》。

12月7日　构思散文《实验品——孙老师的一生》，修改为《一直挺立着》或《始终挺立着》。12月9—10日，写纪念孙幼才的文章《挺立一生》。后以散文《挺立一生——为一位忘年交朋友而作》发表于《散文选刊》2001年第10期。被《中外期刊文萃》2001年第22期转载。被《大众文摘》2002年第3期转载。被《源流》2002年第8期转载。

12月21—22日　参加空军模拟训练中心的长篇小说座谈会。人们讨论了几种有关长篇小说的说法，颇值得一记，比如"长篇小说就是要把时代的痛苦告诉后人，就是要说出时代的心灵病症；长篇小说是人的精神历程和心灵秘光的披露；写作长篇小说要在枯燥的军营生活中发现浪漫和传奇"①。

---

①　摘自周大新2000年12月21日的日记。

本年度重要论文：

梅惠兰：《历史的生命感与生命的历史感——评周大新的长篇新作〈第二十幕〉》，《中州大学学报》2000 年第 4 期。

2001 年　50 岁

4 月 23—26 日，中国作协召开第五次全国青年创作会议，指出要以邓小平理论和"三个代表"重要思想为指导，加强青年作家队伍建设、繁荣文学创作，推进社会主义文学事业进一步的繁荣和发展。

4 月 24 日，在北京举行中央军委授予王伟同志"海空卫士"荣誉称号命名大会。

7 月 13 日，中国北京申办 2008 年奥运会成功。

9 月 11 日，恐怖分子劫持的 3 架民航客机撞击美国纽约世界贸易中心和华盛顿五角大楼。

10 月 7 日，美国总统乔治·沃克·布什宣布开始对阿富汗发动军事进攻。

12 月 11 日，中国正式成为世界贸易组织成员，中国对外开放进入新的阶段。

1 月 1 日至 3 月 5 日　写作并修改长篇小说《21 大厦》。3

月 22 日，修改《21 大厦》的结尾。6 月，长篇小说《21 大厦》由昆仑出版社出版。7 月，发表于《钟山》2001 年第 4 期。2001 年 9 月 3 日至 10 月 24 日，《寿光日报》连载长篇小说《21 大厦》。2004 年，中国电影集团公司第三制片分公司与广西北海合作摄制 20 集情感电视剧《21 大厦》，由袁军导演，后改为《哭也不流泪》，于 2007 年首播。该长篇小说 2005 年 6 月由中国和平出版社再版。2009 年 1 月由安徽文艺出版社再版。2012 年 9 月西苑出版社再版。

按一：这是一部都市生活题材小说，以第一人称"我"为叙述视角，讲述了"我"在这座飞鸟型的 21 大厦五个楼层打工的经历。这座大厦的外形造型像展翅欲飞的鸟，每一层楼都嵌着一副站在笼子里的大鸟——"黑雉"的壁画。小说开始，野战部队退役侦察兵的"我"离开农村，来到 21 大厦应聘月收入 400 元的保安。刚开始，我被分到 4 楼餐厅警卫岗亭，负责维持餐厅的用餐秩序，并注意到 447 号用餐的 20 岁单身母亲梅苑，346 号的中尉和他在餐厅做社会学调查的恋人虞悠。在某次火警警报误触事件中，"我"救了梅苑和她的婴儿而受到嘉奖，被调到 58 层高级宿舍区去执行保安任务。

在 58 层，有四位住户，"我"和同事崔发负责轮流值班。5801 号的住户宋晶明是生物学博士，把自己的研究成果卖了 300 万元，买了这套房子，成为艾伯伦特公司的技术总监。宋晶明与多个男子有过情感纠葛，第一个追求她的男子潘进省，被她拒绝了；第二个是夺走她初贞的男子魏东汉，当她准备和他结婚时意外发现魏东汉的出轨；第三个是追求她说爱她的学弟马奔，当她以为遭遇爱情才发现马奔拿她的房子抵押还债，是一场阴谋与欺骗；第四个是征婚中挑选的男子郭堰，当两人甜蜜交往时却被郭堰的妻子找到公司门口。情感创伤一个接着一个，公司还紧逼要求研制出新产品，宋晶明开始失眠，不再相信男性，用自慰工具解决生理需求，对人生感到悲观绝望，精神逐渐衰弱，最终在和一个梁姓男子做爱后跳楼自杀。5803 的住户是高官沈部长和情人彭仪的隐居之处，彭仪是出身贫寒的大学生，成为沈部长的情人后为自己存够积蓄，想要摆脱年老的沈部长而写了匿名信举报，最终受到牵连被判有期徒刑两年，在 21 大厦地下 2 层的服务队监外执行劳动。5802 的住户是邱总，他购买下出事的 5801 和 5803，想要找个保姆照顾女主人，"我"向他们推荐了梅苑。两个月后，"我"意外看见梅苑与邱总在大厦 18 层的宾馆开房。5804 的住户是师生，专门画男人的老画家吴慈和他的青年学生阿童，"我"拒绝了做裸体模特的请求，无法理解吴慈为何亲吻抚摸光着身体的阿童。吴慈找了一个男模特写生，遭到模特抢劫受伤，"我"和崔发因此以失职被处罚，调到地下 2 层做车库保安员。

地下 2 层的车库有四个保安员和三个打扫卫生的人员，其中就有彭仪。梅苑因握着邱总与她私情的照片和录音资料而躲在地下 2 层，但我不想再看见梅苑。某个春天，"我"在与偷车贼搏斗中受伤，得到 500 元奖金，被调到大厦 32 层写字楼工作。

大厦 32 层有三家公司，见到在亚东信息公司工作的虞悠，又认识了在金萝娜化妆品公司工作的总裁助理吴发硕，再次见到已成为"尔爽"保健品公司老板的梅苑。"我"救了晕倒在电梯门口的虞悠，虞悠被意外查出得了"艾滋病"，被中尉男友怒而抛弃。虞悠让"我"转交给中尉一份诀别信和三所医院检查的处女鉴定结果，就消失了。后来才知道虞悠在救助一个被遗弃孩子的过程中感染了艾滋病，中尉非常后悔，发誓一定要找到虞悠。吴发硕无法忍受五十多岁的总裁茜蒂小姐性骚扰，最终辞职。而我也被 43 层 A431 号的雇主聘请为私人保镖，雇主就是梅苑。

在 43 层，"我"为梅苑保管钱和合同，照顾家人和孩子，并和梅苑睡在一起，暗自憧憬着和她结婚时，却发现梅苑花钱雇了抛弃她的前男友来提供性服务。当"我"愤怒打那个前男友时，梅苑说"我"只是保镖和提供性服务的人，"是一件供我这个女人使用的东西"，在愤怒和震惊中，"我"提着行李离开梅苑的 A431，来到走廊尽头，打开窗户感受外面的新鲜空气，决定离开 21 大厦，回到乡下老家。

整部小说由"自序"和"4 层"、"58 层"、"地下 2 层"、"32 层"、"43 层"五部分构成，以"我"的视角客观地讲述十类不同个体的人生故事，从底层的保安员、打工夫妻、画家、知识分子、公司白领、高官、大老板、打工妹、创业知识青年、大龄高知女性等个体的生活，折射出不同社会群体在同一时空却千差万别的人生共相。

按二：2001 年 8 月 28 日，昆仑出版社在北京举办长篇新作

《21 大厦》作品研讨会，讨论纪要发表于《中国文化报》2001年第18期，被人大报刊复印《中国现代、当代文学研究》2001年第12期转载。在研讨中，与会专家何镇邦、雷达、李敬泽、白烨、汪守德等人作了不同的评价。

1月17日　写散文《车的遐想》，发给《交通与社会》杂志。

1月22日　在人民大会堂参加"首都春节文艺晚会"。

1月24日　在北京图书大厦购买有关北京的史料书籍7本。

1月　与马泰泉合编的《天使的微笑》一书由解放军文艺出版社出版。

3月7—8日　写散文《摸进人性之洞》，发表于《时代文学》2001年第4期。

3月10日　写短文《神奇·惊险·美丽》，向少儿推荐译林出版社"译林少儿文库"18本。

3月23—24日　写随笔《酒在军中》。

3月25—30日　写散文《回眸罗马和平》，以篇名《回眸"罗马和平"》发表于《花城》2001年第6期。

3月28日　在中国现代文学馆参加"庆祝人民文学出版社创立50年"并第三届"人民文学奖"颁奖大会，《第二十幕》获"人民文学奖"。参会有400多人。

3月30日　写散文《二战三将帅》。4月5—6日，写完初稿，修改篇名为《将帅们》，发表于《山花》2001年第6期。

4月9日　在军事科学院，参加《文艺报》举办的"中国作家论坛",讲"作家当前面临的几个问题",主要包括:一是人类知识更新速度太快,二是社会生活变化迅速,三是几代人生活方式差异大,四是作家应付生存压力变大。4月22日,《文艺报》刊发周大新的发言,题为《关于文学在道德建设中能起的作用》。

4月10—14日 写散文《奖赏欺骗》,发表于《解放军文艺》2001年第10期。被《读者》2002年第24期转载。

4月12日 随笔《上天赐给少儿们的特权》发表于《光明日报》2001年4月12日。

4月17日 在中国作协参加"以法治国与文学"座谈会。

4月19—22日 写散文《父与子》。4月21日,修改篇名为《育子之路》。与电子图书公司人员交流,了解电子图书问题。

4月23—29日 阅读卡尔维诺的作品,写文学随笔《卡尔维诺的启示》,发表于《国外文学》2001年第3期。被《中国新闻出版报》2001年第8期转载。

4月 短篇小说《我想摇一下警铃》发表于《小说选刊》2001年第4期。

5月3—8日 写散文《一种深情——冯牧与汉画像石》。后以篇名《冯牧先生》发表于《解放军文艺》2002年第7期。

5月9—17日 校对《21大厦》的清样,与中央电视台国际中心签订关于《第二十幕》的改编合同。

5月11—12日 河南省豫剧三团在北京长安戏院成功演出

《香魂女》。

5月18—26日　在河南信阳采访、作讲座。日记写采访过程中的思考："一是作品主题抵达的深度，二是艺术鉴赏的方法，三是创作的内驱力种类。"

5月28日　写随笔《神奇的虚构》，以篇名《神妙的虚构》发表于《山花》2001年第7期。

5月30日　在中国作协参加王宏甲①《智慧风暴》作品研讨会。

5月31日至6月3日　为沈阳出版集团整理散文书稿。

6月4日至7月16日　改编《第二十幕》电视剧本，完成1—10集。7月25日至11月5日，持续写作电视剧本，完成1—20集，交给中央电视台国际中心。

6月10日　在中国作协接受以色列《国土报》主编采访，内容十分广泛。

6月15日　在爱尔兰驻华大使馆，参加纪念乔伊斯写作《尤利西斯》的活动，王蒙在现场作了讲话。

6月17日　接受武警北京总队石一龙②访谈，题为《飞离与栖落》发表于《青年文学》2001年第11期。

按：该访谈分为六个部分，主要探讨周大新的乡土题材创

----

① 王宏甲（1953—　），男，福建建阳人。当代作家，代表作有长篇小说《洗冤》、报告文学《无极之路》《走向乡村振兴》《中国天眼：南仁东传》《中国精神》《世界需要良知》等。
② 石一龙（1976—　），原名石龙，安徽宿松人，1996年12月入伍至四川武警总队，2000年7月毕业于解放军艺术学院文学系。

作情况，关于《第二十幕》的创作灵感、创作动机、构思过程及象征符号的产生，作品中的神秘因素和读书、创作经验。

6月25日　在军事博物馆参加总后勤部美术、书法、摄影展，在展后的座谈会上发言。

7月26日　评论《最后一次揭竿》发表于《光明日报》2001年7月26日。

7月27日　接受《中国青年报》沙林采访。

7月31日　接受《长春晚报》记者就《21大厦》所做的采访。收到冯骥才寄来的作品《俗世奇人》。

7月　创作谈《我为什么写作》发表于《满族文学》2001年第4期。

按：是月，何镇邦写了随笔《我的朋友周大新》，发表于《时代文学》2001年第4期；行者（本名王遂河）也写了散文《大新真好》，发表于《时代文学》2001年第4期。

8月3日　评论《"十年磨一剑"的收获》发表于《人民日报》2001年8月3日。

8月17日　评论《严谨谋篇，从容落笔》发表于《河南日报》。

8月3—8日　携带妻子杨小瑛一起到庐山采风，并游览景德镇、九江、南昌等地。

8月13—17日　写散文《上校跃飞》。以篇名《上校军代表》发表于《人民日报》2001年10月11日。

8月29日　在北京与二月河父女见面交流。

9月4日 与中国电影集团影视策划部签订关于《21大厦》改编电影的合同。在中国作协与澳大利亚作家戴维·阿玫尔座谈，收到赠书 *MILES*。

9月6—13日 在安徽合肥，参加"城市文联工作会议暨金秋庐州文艺座谈会"开幕式，作了简短发言。在会上见到陕西作家陈忠实。此行参观了包公祠、清风阁、李鸿章故居，并登黄山游览。9月12日晨，获悉美国发生重大恐怖惨案，"甚为震惊"。

9月17日 首都部分作家、评论家，以"都市生活与现实主义创作"为主题对《21大厦》展开研讨，认为这部小说在写作方法、技巧、文体、语言、结构、叙述等方面都有追求的新创造，尤其是象征的使用更具艺术价值。

10月3—5日 在山东省安丘市，考查安丘市博物馆汉画像石。

10月5日 在书店购《中国通史》一套27卷。

10月20日 在中国现代文学馆参加"中国小说50强"研讨会。

10月19日 写短文《争做有产者——河南青年人的生活散记》。

10月22—25日 写散文《飘荡在中原上空的呼声》，后修改篇名为《飘飞在中原上空的口号》。后以散文《飘飞在中原上空的口号》发表于《中华文学选刊》2002年第5期。

10月31日 读《中国通史》明清部分，思考长篇创作问题，拟以"土木堡之变"为中心展开故事。

10 月　时代文艺出版社出版"中国小说 50 强"系列周大新卷《左朱雀右白虎》，收入短篇小说 8 篇。

11 月 5—16 日　参加中国军事文学作家代表团出访俄罗斯，执行对外文化交流任务。先后到访莫斯科市、卡鲁加州、圣彼得堡三个地区。

2001 年冬天出访俄罗斯时在莫斯科

11 月 20 日　写《中国军事文学作家代表团出访俄罗斯的情况报告》。

11 月 27 日　在中国作协，参加外联部组织的与罗马尼亚作家访华团的会谈。

11 月　散文《去看战场》发表于《清明》2001 年第 6 期。被《畅销书摘》2002 年第 7 期转载。

11 月　散文《不许妖魔化河南人》发表于《新闻周刊》（后改刊名为《中国新闻周刊》）2001 年第 42 期。被《河南画报》2002 年第 3 期转载。

11 月 29 日至 12 月 3 日　为南阳市档案馆整理近年的文学创作资料，并由馆长张怀珍等自北京带回南阳。

12 月 11—15 日　写关于朱向前①的文章，题为《羡慕向前》。

----

① 朱向前（1954—　），男，江西宜春人。当代军旅文学评论家。

12 月 15—22 日　在北京，作为代表参加中国作家协会第六次全国代表大会，在会上当选为中国作家协会第六届全国委员会委员。

本年度重要论文：

林为进：《展示多层面的人生世态——读周大新〈21 大厦〉有感》，《现当代文学文摘卡》2001 年第 3 期。

王必胜：《漫说周大新》，《时代文学》2001 年第 4 期。

曹禧修：《周大新小说论》，《常熟高专学报》2001 年第 4 期。

葛伟：《心灵的探寻——周大新小说中的女性形象琐议》，《周口师范高等专科学校学报》2001 年第 4 期。

靳明立：《民族织业的痛史　女性命运的悲歌——读周大新〈第二十幕〉》，《济宁师专学报》2001 年第 4 期。

2002 年　51 岁

2 月 16 日，为缅怀邓小平去世五周年，凤凰卫视特别推出大型专题片《永远的小平》。

3 月 20 日，北京遭遇十年以来最为严重的沙尘暴。

4 月 6 日，第三届冯牧文学奖在北京颁奖。郜元宝、吴俊、李建军获青年评论家奖，雪漠、周晓枫、孙惠芬获文学新人奖，周大新、李鸣生、苗长水获军旅文学创作奖。

12 月 14 日，国务院发布《退耕还林条例》。

是年　被总政治部任命为全军文学界高级职称评委会主任。

1 月 9 日　写完《第二十幕》电视剧剧本 21—25 集。持续到 2 月 1 日，写完 26—28 集。2 月 26 日，写完最后一集。

1 月 10—12 日　为新华社港台部赵新兵的书写序言。

1 月 12 日　参加辽宁教育出版社举办的座谈会。

1 月 13 日　参加《解读中原》（张向持，2002 年）一书的宣传策划会。1 月 20—21 日，为《解读中原》写书评。以散文篇名《深情激昂唤富强——读〈解读中原〉》发表于《中华读书报》2002 年 4 月 17 日，被《传媒》2002 年第 5 期转载。

1 月 24—26 日　写关于母亲的散文《乡下老人》。以散文篇名《乡下老人》发表于《作家文摘》2002 年第 63 期，被《老人世界》2008 年第 4 期转载，被《河南商报》2023 年 4 月 21 日转载。

1 月　人民文学出版社出版"中国当代作家选集丛书"《周大新》，胡平作序，收入短篇小说 8 篇、中篇小说 6 篇、散文 8 篇。同月，解放军文艺出版社出版周大新散文集《去看战场》，收入散文 40 篇。

2 月 2 日　在郑州，参加《解读中原》研讨会，南丁①、李佩甫等在场。

2 月 5 日　为季宇的小说写评论《真实再现与文化审视》，发表于《中国青年报》2002 年 2 月 5 日。

2 月 22—24 日　写《请记住往日的战争》，发给《环球》杂志。

2 月 23 日　接受新浪网文化部采访，"关于河南人的形象问题"。

2 月 25 日　接受《河南画报》孟静采访。

2 月 26 日至 3 月 11 日　为"中国作家档案书系"整理书稿。5 月，由新世界出版社出版的"中国作家档案书系"《旧世

---

① 南丁（1931—2016），原名何南丁，男，安徽蚌埠人。曾主持创办《莽原》《散文选刊》《故事家》《文艺百家报》等众多文学期刊。

纪的疯癫》，收入周大新 2000 年后的新作《旧世纪的疯癫》《如果上帝还在》《关于战争消失那天庆贺仪式的设计》三篇，处女作《前方来信》，成名作《香魂塘畔的香油坊》，代表作《向上的台阶》，影响或争议最大之作《紫雾》《银饰》，林为进的访谈《平民周大新》，与吴君、石一龙的对话录《答二君问》。

2 月　散文《恰似心的形状》发表于《今日文摘》2002 年第 2 期。

3 月 12—15 日　在山东青岛，参加文学创作规划会。

3 月 17 日　写短文《暂锁库门，再去淘金》。

3 月 21—29 日　阅读毛姆的小说《没有被征服的女人》，写文学随笔《〈没有被征服的女人〉的魅力》。

3 月 22—26 日　写散文《美好的单相思》。

3 月 25 日　接受 CCTV-7 记者采访。

3 月　散文《母亲的三个画面与三个告诫》发表于《军营文化天地》2002 年第 3 期。

4 月 4 日　随笔《军事文学大有作为》发表于《解放军报》2002 年 4 月 4 日。

4 月 6 日　在北京，参加第三届"冯牧文学奖"颁奖大会，获军旅文学创作奖。获奖评语为：

二十年来，周大新在密切跟踪现实军营生活的前行步履和当代军人心灵变化轨迹的同时，又时时深情回眸远逝的童年时光和乡里故事，他在两条战线上左右开弓，得心应手。他以勤勉坚韧的精神、秀丽灵动的笔触和沉着稳健的风格，分别创造出了军营和乡村两个小说世界，充分显示了他同时植根于军营和乡土两方文化厚土的优势，以及与时俱进的创作实力，成为在中国文坛上持续活跃并且愈来愈受到大众关注的军旅小说家。虽然他的三部曲《第二十幕》代表了他目前的最高文学成就，但是我们在清点新时期以来军旅文学成果的时候，仍然无法忘怀他早期完成的《"黄埔"五期》《汉家女》一类新颖、别致、精巧并产生了广泛影响的中短篇小说。因此，我们有理由期待周大新为军旅文学持续写出更加厚重的黄钟大吕之作。

4月7—9日　写散文《在拿破仑退却的道路上》。

4月10日　写《梦里南阳》。

4月12—18日　在陕西电视台演播大厅录制直播采访节目。

4月20—23日　写短文《繁华再现》，修改篇名为《繁华再现——青春二度》，后改为《青春二度》。

4月24日　写散文《一盅茶》，发给《北京日报》。

4月26日　写小说《平静的日子——月色朦胧》，断断续续写作。5月23—24日，修改篇名为《月色朦胧——平静的日子》。5月26日至6月14日，写《平静的日子》。6月15日，修改篇名为《无风起浪》。6月16日，修改篇名为《顺风起浪》。6月17日，修改篇名为《浪进船舱》。后以中篇小说《浪进船舱》发表于《北京文学》2002 年第 9 期。被《中华文学选刊》2002 年第 11 期转载。

4 月 28—30 日　写散文《关于生活》。

5 月 4 日　在中央党校为当代文学研究会举办的文学研讨班作讲座，题为"我们的'私人生活'"。同日，CCTV-7 播出 20 分钟专题片，介绍作家周大新。

5 月 7 日　接受《生活周末》报记者的采访。

5 月 15 日　参加解放军总后勤部纪念毛泽东"5·23 讲话"发表 60 周年大会和总后勤部第六届军事文学奖颁奖大会。

5 月 16 日　在河南电视台演播大厅为香港凤凰卫视拍摄电视节目：《纵横中国——河南篇》。

5 月 24 日　在外文局新世界出版社参加"中国作家档案书系"新闻发布会。

5 月 25 日　上午，与林希、梁晓声、何立伟、毕飞宇等在王府井新华书店签名售书。下午，与林希一起在中国作协会见加拿大作家代表团。

6 月 21 日　写评论《一座陵园——读书〈丽影萍踪〉》。7 月 4—5 日，修改篇名为《骨架美了也诱人——读〈丽影萍踪〉》，发表于《中华读书报》2002 年 7 月 31 日。以篇名《春夏阅读笔记》被《山东文学》2002 年第 11 期转载。开始构思长篇小说《战争传说》。

6 月 22—28 日　为文化艺术出版社"走向诺贝尔"丛书校阅书稿。9 月，文化艺术出版社出版《走向诺贝尔·周大新卷》，收入长篇小说 1 篇、中篇小说 6 篇、短篇小说 2 篇。

6 月 29—30 日　为"走向诺贝尔"书稿写序言。

7 月 1—3 日　写散文《一个军人与一座陵园》，后以叙事散文《一个军人和一座陵园》发表于《传记文学》2002 年第 10 期。

7 月 6 日　写《关于〈罪证〉的读后感》。

7 月 11—16 日　读刘正义的小说集《纪念》清样，并为之写序言。

7 月 16—24 日　修改《第二十幕》电视剧剧本。

7 月 26 日　为第二炮兵部队山泉的作品《秋蘭泉声》写序言。

7 月 29 日　写长篇小说《遥远的战争》，持续写作，修改篇名为《战争传说》，直到 2003 年 6 月 29 日定稿。

8 月 7 日　在北京人艺小剧场观看河南话剧院演出的话剧《福兮祸兮》。

8 月 21 日　获悉编辑高贤均去世，日记写道："痛惜。"

8 月 24—25 日　为湖南省衡阳市作家胡仲明的小说集写序言。

9 月 16—28 日　跟随中国作家代表团出访加拿大，出席在加拿大首都渥太华召开的"国际作家节"。9 月 22 日，在渥太华国家图书馆，依次由周大新、迟子建、徐小斌作了演讲。周大新的演讲题目为"道教文化对中国文学的影响"。后以文学随笔《道教文化对中国文学的影响》为题发表于《作家》2003 年第

1 期。

9 月 29 日　在中国作协会见日本中国文化交流协会代表团。

10 月 8 日　为军旅作家史霄的新作《血火人生——张轸将军传》写了评论，以篇名《气势磅礴贯苍穹》发表于《团结报》2002 年 10 月 8 日。

10 月 16 日　参加《中美战争——朝鲜决战》一书的研讨会，作了发言。

10 月 24 日　CCTV-7《农家女》栏目编导一行三人来周大新家里采访。2003 年 1 月 21 日，CCTV-7 播出采访周大新的节目《农家女》。

10 月 26 日　在全国政协礼堂观看名家名角表演的"京剧专场晚会"，有《盗仙草》《打龙袍》《铡美案》《三家店》《四郎探母》《楚宫恨》《贵妃醉酒》等京剧节段。

10 月 28 日　接受《社科新书目》记者采访。

10 月　散文《战争与和平》发表于《公安月刊》2002 年第 10 期。

11 月 5—13 日　阅读黄国荣①的"日子"三部曲，写评论《黄国荣与他的"日子三部曲"》，发表于《中国文化报》2002年第 7 期。

12 月 7 日　观看影片《战争艺术》（2000 年）和《海上钢

---

①　黄国荣（1947—　），男，曾用笔名箫簧、秋野，江苏宜兴人。曾任解放军出版社副社长，代表作有长篇小说"日子"三部曲——《兵谣》《乡谣》《街谣》。

琴师》（1998 年）。

12 月 18 日　在河南省文学院作讲座，题为"我们的个人生活"。

12 月 26—27 日　为《故事会》写叙事散文《一种药》，后发表于《新世纪文学选刊》2003 年第 6 期。后改为篇名《一剂药》收入《长在中原十八年》（"周大新文集"散文卷，人民文学出版社，2016 年 10 月）。

本年度重要论文：

赵朔：《忧伤的祈祷——读周大新的散文集》，《文艺争鸣》2002 年第 6 期。

洪治纲：《虚弱不堪的"史诗"写作》，《北京日报》2002 年 12 月 1 日。

2003 年　52 岁

3 月 20 日，美国开始对伊拉克首都巴格达进行大规模轰炸。

4 月 20 日，非典型肺炎在多个省份蔓延，国务院提出及时报告和公布疫情。

10 月 8 日，在古城西安，陕西电视台郭敬宜策划并与长安老子文化国学研究院、金庸华山论剑文化学会，联合举办首届金庸华山论剑大揭秘文化高峰论坛。

是年，上海文史专家金文明（1936—2023）在《石破天惊逗秋雨》中指出余秋雨在《文化苦旅》《山居笔记》和《霜冷长河》三本散文集中的 126 处差错，7 个有待商榷之处，每一处指正都有史料佐证，全书约 22 万字，引用古籍高达 170 种，成为年度文化热点。

是年　在总后勤部创作室从事创作。

1 月　散文《人生尽头的盘点》发表于《海燕》2003 年第 1 期。

1月2日 接受记者李蒙的采访，就周大新大部分文学作品被改编为影视剧这一现象而探讨文学作品的影视改编问题，采访文章题为《风从两山间吹过——周大新谈文学作品的影视改编》，发表于《传记文学》2003年第4期。在采访中，周大新提到"写剧本时的思维方式无形中也会带到小说创作中来"[①]，自己写小说时脑海里首先出现的是画面，可以改编为影视剧的作品不一定是好作品。周大新认为文学创作与影视创作有根本的区别，小说是文学语言，影视是镜头语言，作者尽量不去参与或干涉别人改编自己的作品，自己的主要兴趣还是在小说和散文创作上。在问及面对如何处理影视对文学创作的影响时，周大新说："文学应该高于影视，而不能让影视牵着鼻子走。"作家应该潜心写小说，影视制作留给编剧导演们去做。对于改编文学作品的编导要求，周大新指出，编导应该有一定的文学功底，在充分理解文学作品的基础上有所提升，镜头叙事要兼顾故事性和艺术美感，要注意影视作品的艺术品位和完整性。

1月2日至6月29日 持续写作、修订长篇小说《战争传说》。7月18—19日，为《战争传说》补"附录"。长篇小说《战争传说》发表于《大家》2003年第6期，并节选为《北京之战》发表于《芙蓉》2003年第6期。2003年12月，长江文艺出版社出版单行本，将该作品收入颇有影响的"九头鸟长篇小说文库"中。2009年1月由文化艺术出版社再版。2012年9

---

① 李蒙：《风从两山间吹过——周大新谈文学作品的影视改编》，《传记文学》2003年第4期。

月由西苑出版社再版。

按：学界大多数评论都将这部作品，纳入周大新军旅小说中的战争题材进行讨论与分析，比如王治国、郭海玉的文章《民间视角下的人性探寻：周大新军旅小说的战争之思》（2011年）。还有王治国、刘同兵的文章《战争语境下的人性叩问》（2008年）。这两篇论文对周大新的战争题材小说进行梳理和分析，认为作者早期的军旅小说对战争本质的表现是温情阐释主流话语。随着20世纪80年代末期思想解放运动，周大新从五个维度展开对战争的反思：军人角度看战争的血腥与残酷，关注战后军人残伤心理问题，历史角度看战争的荒诞与冷酷，反思战争的文化侵略性，审视战争反人类本质。21世纪的《战争传说》则标志着他对战争思考进入一个成熟阶段，立足于民间视角对战争进行人性透视，回避了土木堡战争属于国家内部的民族之争，用具有地域色彩的民间传说和女性视角讲述故事，用普通人的人性觉醒来反思战争根源，都是该作品独有的鲜明特征，但是，仅从人性的角度挖掘战争的根源又显得单薄①。

最详尽的研究是刘海燕的文章《新艺术视角下的人性和战争：重读周大新的〈战争传说〉》（2015年）。该文章指出，《战争传说》这部作品有两大贡献，一是把"传说"这种艺术形式引入古代历史战争题材，使文本获得了开放性的艺术空间，开拓了军事文学艺术的表现形式；二是避开了对战争场面的正

---

① 王治国、郭海玉：《民间视角下的人性探寻：周大新军旅小说的战争之思》，《当代文坛》2011年第3期。

面描写，采用民间化或平民化的视角，关注史书中所没有记载或无法承载的战争中普通人生活。正是由于作者采用爱一切人的立场，"在尊重真实人性的表述中，完成对于权术生活的审视和批判"①，在战争题材中传递引领人类进步的爱与和平理念。

3月12—16日 在武汉，参加全军创作室主任会议，在会上建议把军中小说创作分为三个部分加以扶持：一是面向青年干部、战士，二是对军队生活、社会生活有一定思考的所谓"问题小说"，三是对人类未来命运进行关注和追问。

4月4日 在人民大会堂，参加南阳市政府召开的"丹江情"南水北调汇报会。

4月14日 参加CCTV-7《农家女》栏目的策划座谈会。

4月16—24日 参加重庆市作家协会举行的笔会。在笔会中作了题为"关于人的内心世界问题"的发言。

5月9—11日 与陈建功、池莉、谢有顺、唐韵参加《人民文学》"非典感悟"特稿栏目《非典时期的精神生活》，后随笔《地依旧，人已新》发表于《人民文学》2003年第7期。

6月11日 在北京阜外医院，探望来北京做心脏搭桥手术的南阳老友周熠。6月25日，周熠做了心脏搭桥手术。

7月26日 参加"大地画派"电视专题片《大地颂》首映活动。

8月6—8日 写散文《当年野营在山东》。

---

① 刘海燕：《新艺术视角下的人性和战争——重读周大新的〈战争传说〉》，《解放军艺术学院学报》2015年第2期。

8月12—13日 写散文《藏书的地方》，后发表于《人民日报》（海外版）2005年4月15日。

8月19—25日 为中国青年出版社整理散文集书稿。

9月16—21日 在浙江杭州，参加文学笔会。

9月23日 在山东青岛，参加"王蒙文学创作国际学术研讨会"，写了题为"将文字制成集束炸弹"的发言稿。

9月28日至10月2日 写散文《天下湖多性不同》，后发表于《山花》2003年第12期。

10月3—6日 写散文《想起范仲淹》。以篇名《想起范仲淹》发表于《人民日报》2003年10月22日。被《中学生阅读（高中版）》2009年第3期转载。被《青涩枝叶上的阳光》2011年第1期转载。被《妙笔（阅读经典）》2011年第7期转载。被《河南日报》2014年5月10日转载。被《南阳晚报》2017年12月15日转载。

10月7—8日 写散文《我的阅读经历》。

10月9日 在中国作协会见南非作家代表团。

10月10—12日 写散文《自由的阅读》，推荐"最值得阅读的十本书"，发表于《中国审计报》2003年11月19日。

10月11日 写电视剧《381特工队》剧情设计。

10月22日 思考电视剧《书商——"人生路长"》的写作。

10月25—26日 应甘肃省天水市之邀，写短文《十二属相说》。

10月27—28日　为译林出版社写书评《摆脱飘荡状况的努力——推荐奈保尔的〈毕司沃斯先生的房子〉》。

10月　为蒋泥的小说《在喊叫中融化》写评论文章《好看的小说》，发表于《中华工商时报》2003年10月31日，被《北京日报》2003年1月25日转载。

11月4日　《周大新讲述〈战争传说〉》发表于《文艺报》。

11月7日　学会收发电子邮件，"值得高兴"。同日，记者钱玥对周大新的专访，以题为《周大新：拿战争说事儿》发表于《人民日报》（海外版）2003年11月7日。

11月11日　写散文《古都飞出的艺术精灵》。

11月20日至12月31日　写电视剧剧本《人生这本书》。

按：本年最重要的评论是梁鸿的文章《周大新小说论》，发表于《小说评论》2003年第5期。梁鸿在文中从周大新的整体创作上谈及四个问题：一是由于20世纪50年代出生作家的人生阅历所限无法摆脱乡村生活带给自身的自觉体验，周大新的小说在揭示八九十年代中国城市和乡村之间的紧张关系时，是以乡村的目光来观望城市，使他笔下的城市境象"显得枯燥、丑陋，人物处于极大的精神焦虑和生产困境之中"①。二是小说中的人物总是被置于城市边缘人的"窥视者"立场，总是处于农民身份和城市文化差异的冲突与磨合中。三是周大新的作品中

---

① 梁鸿：《周大新小说论》，《小说评论》2003第5期。

渗透着对至善的追求和信任，笼罩着温情和宽容的佛性，原因在于他把"理想中的传统伦理的'善'同现实中的乡村伦理道德的'恶'进行较量，最后，总是'善'占了上风"①，善与恶在他的作品中呈现出辩证的动态转换。四是作家的性格会对创作心态造成影响，周大新过于善良的生活性格使他不由自主地"把自己的情绪、判断"带进创作，直接传达给作者，导致作品可以开放、广阔、多元的思维引向"善"的单一结构。

本年度重要成果：

武新军、袁盛勇主编《聚焦二十世纪——周大新〈第二十幕〉评论选》，人民文学出版社，2003 年。

武新军：《多维空间中的人性探索——评周大新长篇小说〈第二十幕〉》，《中州学刊》2003 年第 3 期。

梁鸿：《周大新小说论》，《小说评论》2003 年第 5 期。

张志忠：《建设"充分的现实主义"——世纪之交的社会生活新变与作家的自我更新》，《文艺评论》2003 年第 5 期。

王黎君：《原型与召唤——评周大新〈第二十幕〉》，《当代文坛》2003 年第 5 期。

蔚蓝：《历史的个体民间化叙述：评周大新的长篇新作〈战争传说〉》，《文艺报》2003 年第 16 期。

李卫国：《盆地上空的飞翔——读周大新〈第二十幕〉》，

---

① 梁鸿：《周大新小说论》，《小说评论》2003 第 5 期。

《当代文坛》2003 年第 6 期。

袁盛勇：《〈第二十幕〉：对历史、文化与人性的复杂书写》，《理论与创作》2003 年第 6 期。

2004 年　53 岁

6 月 1 日，豫剧表演艺术家常香玉在郑州逝世。

8 月 13 日，中国作协在北京举行首都文学界纪念邓小平同志诞辰 100 周年座谈会。

9 月 1 日，"湖南王跃文状告河北王跃文"案在长沙市中级人民法院开庭审判，这是全国首例同名著作权侵权案。

9 月 3—5 日，以"全球化与中华文化"为主题的"2004 年文化高峰论坛"在北京举行。

9 月 19 日，首届"北京文学节"在北京开幕。

10 月 1 日，解放军报网络版正式升级，更名为"中国军网"。

是年　在总后勤部创作室从事创作。

1 月 1 日　日记写道："五十多岁了，凡事都要以旷达的眼光去看才对。"1 月 1 日至 2 月 5 日，写电视剧本《人生这本书》第一稿。

1月8日　在北京，参加"长江文艺出版社首都发行所暨海南出版社重点选题推介会"，刘震云、邱华栋等在场。

2月11日　在《人民日报》社的网络中心接受采访，回答网友提出的二十余个问题。

2月28—29日　写散文《难忘当年情》，后发表于《解放军文艺》2004年第9期。

3月29日　为钟法权①小说集写序言。

3月30—31日　为河南电视台《首播》杂志写短文《亲爱的电视》。

4月18—26日　在西安第四军医大学参加小说创作讨论会，张颐武讲了"全球化与中国文化"，孟繁华讲了"中国当前的三种文化"，贺绍俊讲了"当代小说的精神内涵"，周大新讲了"关注人的精神财富"。此行，参观了雁塔广场、法门寺和乾陵等。

4月29日　参加《解放军文艺》出刊600期纪念活动，在会上代表作家发言。

5月6—8日　写散文《关注人类的历史生活》，后发表于《青年文学》2004年第9期。

5月13—14日　参加"全军文艺座谈会"。

---

①　钟法权（1966—　），男，湖北荆门人。当代军旅作家，有小说集《行走的声音》《脸谱》，长篇小说《浴火》《重生》，长篇报告文学《那一年，这一生》《废墟上的阳光》《陈独秀江津晚歌：一个人和一家人》《雪莲花开》《最先到达的长征》《张富清传》《人间飞虹》等十余部。其中，《张富清传》获第八届鲁迅文学奖报告文学奖。

5月16日　接受大连《新商报》记者关军采访。

按：2019年9月，大连《新商报》更名为《老友时代报》。

5月24日　写散文《昨日琴声》，后发表于《中学生阅读（初中版）》2004年第9期。被《语文教学与研究》2010年第12期转载。被《半月选读》2021年第9期转载。

6月1日　为李保国摄影集《奇山秀水》写序。

6月11日　散文《我的一位创造美的老乡》发表于《人民日报》（海外版）。

6月12日　在太庙三殿为北京市文学研修班学员讲课。构思长篇小说：关于乡村矛盾、妇女要再生一个孩子、信息的来源、当代主要的精神矛盾。在西单图书大厦购图书十余本，其中有南非库切的作品五本、李煜的词集等。

6月23日　在中国作协会见罗马尼亚作家代表团一行五人，陈建功、何建明等在场。

7月18日　在现代文学馆，参加第七届"小天鹅杯"中小学生作文比赛颁奖大会。

7月19日　拟写散文《南阳乡间行》；小说《东岸》，其出走的儿子又已回来，要盖度假村。8月7日，构思长篇小说创作：一个青年学者来南阳看长城，一个驾船打鱼的人变成开游船的船主，导致这一家、这一村形成度假社区。8月9—12日，继续构思长篇小说创作。8月15日，开始写长篇小说《东岸》，持续写作。9月20日，修改长篇小说《东岸》篇名，改为《西岸》，持续写作到12月31日。

7月21日　写散文《中原看长城》，后发表于《都市美文》2004年第12期。被《海燕》2004年第12期转载。

7月22日　写散文《南阳乡间行》，后发表于《人民日报》2004年9月2日。

7月30日至8月4日　写散文《悠悠丹水情》，后发表于《光明日报》2004年10月20日。

8月13日　在现代文学馆，参加"首都文学界纪念邓小平百年诞辰座谈会"，金炳华、陈建功、何建明、秦晋等在场。

8月20日　在文化活动中心主持召开"郭继卫长篇小说《赌下一颗子弹》研讨会"。

8月26日　给周艾民①的小说《天使嘎丽娅》写"序言"。

9月21日　湖北省地方艺术剧院在"七夕节"上推出楚剧《娘娘千岁》，改编自周大新短篇小说《宣德年间的一些希望》，获文化部第十一届文华新剧目奖。

9月25日　在北京人民艺术剧院，参加北京文学节颁奖大会，王蒙、刘恒、白先勇等人获奖。

9月　文化艺术出版社出版中篇小说集《银饰》，收入中篇小说4篇。

10月16日　阅读《中国通史》中有关楚史部分。

---

　　①　周艾民（1956—　），男，原名周爱民，山东牟平县（现山东烟台牟平区）人。民间文艺工作者，代表作有《艾民小说集》、长篇小说《百年旗镇》、大型纪实文学《日落胜哄山——日本关东军满洲国境筑垒揭示》《"东方马其诺防线"大揭秘——侵华日军伪满洲国境要塞群实录》。

10 月 26 日　在中国戏曲学院大剧院，观看河南省曲剧团新编传统剧《王宝钏》。

11 月 5 日　整理散文集《青春往事》书稿。

11 月 23—24 日　为邓州写《花洲书院重修记》。

11 月 26 日　为郭洪林①文集《寂寞不冷》（暂定书名）书稿写序言。

12 月 26—27 日　修改演讲稿《关于人的内心世界》，后以散文《人的内心世界》发表于《北京文学》2005 年第 4 期。该文获"第三届老舍散文奖"。

本年度重要论文：

武新军：《乡下人眼中的都市生活——读周大新〈21 大厦〉》，《天中学刊》2004 年第 1 期。

王永贵：《人性的谛视——周大新小说论》，《解放军艺术学院学报》2004 年第 3 期。

徐亚东：《周大新小说创作的"变"与"不变"》，《南都学坛（人文社会科学学报）》2004 年第 4 期。

周熠：《周大新的小说叙事魅力何在?:〈战争传说〉与红楼梦的"烟云模糊法"》，《文学报》2004 年第 5 期。

贾艳艳：《穿行在历史潜流中的家族精神——读周大新的〈第二十幕〉兼谈与〈白鹿原〉的比较》，《中州学刊》2004 年第 6 期。

---

① 郭洪林（1963—　），男，笔名水木，山东莘县人。军旅作家，代表作有诗集《水韵无痕》、作品集《阳光三叠》。

2005 年　54 岁

6 月 26 日，第三届鲁迅文学奖在深圳市举行。

10 月 17 日，巴金逝世。

11 月 26—27 日，由深圳市文联、宝安区委宣传部联合主办召开的"打工文学创作实践与未来发展"全国学术研讨会在深圳举行。

12 月 29 日，十届全国人大常委会第十九次会议决定，全国人大常委会于 1958 年 6 月 3 日通过的《中华人民共和国农业税条例》自 2006 年 1 月 1 日起废止。在中国延续两千多年的农业税正式成为历史。

是年　在总后勤部创作室从事创作。

1 月 2—6 日　在哈尔滨，参加《人民文学》组织的采风活动。1 月 5 日，为《人民文学》"太阳岛·红楼杯"文学创作征文赛获奖作家颁奖。

1 月 9—13 日　写散文《冰》，发给《人民文学》。

1月14日　接受《黑龙江日报》采访。本次访谈主要围绕作家本人及作品的"平民性"、文艺作品的影视化与作家本人对写作题材和作家的人生感悟展开。

1月14—15日　为军旅作家史霄（本名史德泉）的散文集《大塘荷韵》写序。

1月18—19日　为《人民日报》副刊写散文《美梦重温》。以篇名《美梦重温》发表于《人民日报》2005年1月24日。被《作文周刊（高中版）》2006年第21期转载。

1月21日　写长篇小说《西岸》。断断续续地写作，9月8日，修改小说篇名为《湖光山色》。10月27日，开始修改《湖光山色》。12月27日，修改并打印长篇小说《湖光山色》，发给作家出版社。

1月24日　为"邓州市新世纪作家文库"写总序。

1月　小小说《需要》发表于《百花园》2005年第1期（下）。

2月27日　开始学开车。

3月3日　参加中篇小说《银饰》改编的同名电影《银饰》在北京的首映式，该影片饱受争议，被誉为"2005年度中国最具震撼力的悲情电影"。

3月4—7日　写关于画家梅振荣的文章——评论《绘形传神铸香魂》，后以篇名《绘形传神铸香魂——梅振荣和她的牡丹花》发表于《文化月刊》2005年第6期。

3月8日　接受《新华书目报》记者电话采访。

3月9—17日　校对《历览多少事与人》清样。6月，作品集《历览多少事与人》由作家出版社出版。分五辑：《美梦重温》《下笔波涛起》《我们会拒绝诱惑?》《摸进人性之洞》《天下湖性多不同》，收入85篇散文与文学随笔。

4月12日　在中国社科院外国文学研究所，参加德国作家施图伯尔的新作《图—134》、福尔霍茨的新作《菩提树下的莉莉》座谈会，叶廷芳、梁晓声、张悦然、邱华栋等在场。

4月17—22日　在天津，参加天津军事学院笔会与文学采风活动，陈发智教授讲"军事交通对国防建设和战争准备的作用"，还有陈建功、蒋子龙、陈晓明等也作了讲座。

5月28日　在CCTV-3《文化访谈》栏目拍摄节目，谈地域歧视问题。

6月1日　与冯骥才、梁衡等，积极参与中州古籍出版社、河南先进文化传播有限公司等单位在郑州金水区纬五路第一小学举办的《河南礼赞》大型赠书仪式。

6月2—12日　在河南省焦作市参加总后勤部军事文学创作笔会，游览云台山等地。

6月14日　写报告文学《九个假想》，修改篇名为《四个假设》。6月21日，修改篇名《四个假设》为《假设之答》。6月24日，修改为《面对"假设"之答》，6月29日修改完稿。

6月18日　在先锋剧场观看现代音乐话剧《玩偶》，"觉得颇有意思"。

6月24日　在保利剧院观看河南舞剧院演出的《风中少

林》，朱秀海、李洱等在场。

7月1—3日　在郑州文学采风。

7月14日　构思小说《鬼妻》：村子小伙子自杀，父亲为其娶在外打工车祸而死的女孩为鬼妻。

按：*这一构思情节出现在长篇小说《湖光山色》中。*

7月19日　在保利剧院观看"纪念世界反法西斯战争胜利60周年诗歌朗诵音乐会"。

7月27日　构思小说《西岸》：暖暖，开田，遭冷遇—怒—打压，资本与权力的结合，对暖暖不屑一顾。

7月　儿子周宁由解放军信息工程大学硕士毕业。

8月19日　参加河南省豫剧一团召开的《红菊》和《常香玉》的新闻发布会。

8月26日　参加郭洪林作品集《阳关三叠》的座谈会。

8月　与北京大学新闻传播学院教授师曾志一起接受《中国质量万里行》记者唐哲主持的《质量会客厅》栏目采访，针对当年的"雀巢碘超标"事件和"肯德基涉红"事件进行访谈，访谈结果以《热炒洋品牌的冷思考》为题发表于《中国质量万里行》2005年第8期。在访谈中，周大新认为应该冷静、理智地看待这些洋品牌问题，在向市场经济转轨中人们心理状态很复杂，媒体应该负起责任，理智应对，不要借一点事而制造大的情绪激荡，影响社会的安定和谐。

9月10日　在全国政协礼堂观看根据中篇小说《左朱雀右白虎》改编的豫剧《红菊》。

9 月 12 日　参加周克玉主持召开的新四军研究会刊《铁军》座谈会。

9 月 25 日　在中国书店购图书《屈原评传》。

9 月 28 日　准备回老家邓州探亲时，获知儿子周宁在观看国庆文艺演出的过程中晕倒在礼堂。

9 月 29 日　周宁在 301 医院做脑部 CT，检查结果显示为脑部胶质瘤，"顿觉晴天响霹雳，彻夜未眠"。

10 月 8 日　周宁在医院接受脑部胶质瘤切除手术。

10 月 27 日　开始修改长篇小说《湖光山色》，日记写道："重新打开电脑，恍然已经一个月过去，心里的世界已是两个样子了。这一个月，过得如此艰难，真是难言心中感受。"

11 月 30 日　收到德国歌德学院圣诞夜晚会的邀请。去 301 医院探望徐怀中①先生。

12 月 31 日　写作家手记——关于《湖光山色》的随笔。

本年度重要论文：

罗宗宇：《论周大新"南阳小说"的文化审美价值》，《理论与创作》2005 年第 2 期。

---

　　①　徐怀中（1929—2023），男，原名许怀忠，河北邯郸人。曾任解放军总政治部文化部部长，当代著名作家。代表作有《我们播种爱情》《底色》，长篇小说《牵风记》获第十届茅盾文学奖。

2006 年　55 岁

1 月 11 日，"当下中国自由撰稿人状况"研讨会在中国作家协会鲁迅文学院召开，讨论 20 世纪 90 年代以来市场经济条件下出现的新文化现象。

4 月 15 日，中共中央、国务院印发《关于促进中部地区崛起的若干意见》。

7 月 5 日，《光明日报》头版发表评论家雷达《当前文学创作症候分析》一文，引发极大反响。

8 月 30 日，第四次"全国国民阅读与购买倾向抽样调查"正式公布，结果显示，6 年来我国有网上阅读习惯的人数比例正在以每年递增 40% 的速度增长。

11 月 2—5 日，中国当代文学研究会与四川师范大学文学院主办的"中国当代文学研究会第十四届学术年会"在成都召开，会议围绕"从新时期文学到新世纪文学"展开热烈的讨论。

是年　在总后勤部创作室从事创作。

1月3—9日　写作家手记——关于《湖光山色》的创作。

1月11日　思考长篇电视连续剧《十里洋场》的故事梗概。1月15—18日，写《十里洋场》的故事梗概。2月26日，为电视剧《十里洋场》的写作而到上海实地考察，先后到大世界、百乐门、荣家旧宅、上海外滩等，并在上海书城购买有关上海的书籍16本。3月1—9日，修改电视剧《十里洋场》故事梗概。4月1—3日，修改《十里洋场》故事大纲。4月6—9日，继续修改《十里洋场》故事大纲。

1月19日　随笔《生活的提炼与升华》发表于《光明日报》2006年1月19日。

1月23日　收到孟繁华写的关于《湖光山色》的评论。

2月5—7日　写随笔《四不读》，后发表于《文艺报》2006年4月5日。被《读书文摘》2012年第1期转载。被《新阅读》2012年第4期转载。

2月9—12日　写随笔《电与新战法》。

2月13—15日　收到译林出版社出版的本哈德·施林克《朗读者》（第3版），并写书评。

2月23日　在上海，参加中国作家协会第六届六次全会。当晚，观看上海马戏团表演杂技《时空之旅》。

2月28日　写小说《旁观者》，重读埃尔佛里德·耶利内克①的小说《钢琴教师》。短篇小说《旁观者》发表于《北京文学》2010年第4期。

3月9日 作家二月河赠国画一幅，写散文《感动》。

3月10日 思考电视剧本《张仲景》的创作。3月13—31日，写电视剧本《医圣张仲景》。4月10日，签订关于《医圣张仲景》的合同。4月24日至5月13日，断断续续地创作《医圣张仲景》电视剧本，写完其故事梗概。5月19—25日，写电视剧本《医圣张仲景》。8月24日，审读剧本《医圣张仲景》，作细部修改。

3月16日 接受上海《书城》杂志的电话采访。

3月 长篇小说《湖光山色》发表于《中国作家（小说版）》2006年第3期。被《长篇小说选刊》2006年第5期转载。4月，由作家出版社出版。获2008年第七届茅盾文学奖，收入"共和国作家文库"。2014年收入"茅盾文学奖获奖作品全集"，由人民文学出版社再版。2017年由长江文艺出版社再版，同年6月，由中译出版社再版。2019年6月，由河南文艺出版社再版。2019年9月23日，入选"新中国70年70部长篇小说典藏"。此外，该作品被于向远导演改编为同名电影《湖光山色》，由河南影视集团、昊太文化公司联合出品，于2008年上映。被牛建荣导演改编为24集同名电视连续剧《湖光山色》，由河南电影电视制作集团出品，2011年3月16日开始在CCTV-8

---

① 埃尔弗里德·耶利内克（1946— ），女，奥地利作家，代表作有《做情人的女人们》《美妙的年代》和《钢琴教师》，为2004年诺贝尔文学奖获得者。

电视剧频道首播。

  按：《湖光山色》是周大新最为重要的小说之一。作品采用第三人称叙事，分"乾卷"水、土、木三章，"坤卷"金、火、水三章，共六部分。小说以亚洲最大水库丹江口水库为背景，以曾进城打工的乡村女青年楚暖暖为主人公，讲述她回到家乡楚王庄之后自立自强，不断开拓进取，通过乡村旅游带领全村脱贫并坚持不被权钱腐蚀的故事。

  故事以高考失利的农村姑娘楚暖暖在北京打工做保洁时，接到父亲电话说母亲患了"奶子癌"要做手术的噩耗，匆匆忙忙带着积攒的八千多块血汗钱回乡探亲开始。因为父亲楚长顺生病，暖暖在楚王庄家里帮忙，被村主任弟弟詹石梯求亲，但是暖暖坚持自己的婚事自己拿主意，不顾众人反对，自作主张和青梅竹马的同村青年旷开田举行了婚礼，先有事实婚姻再去乡政府办理结婚手续。婚后生了儿子丹根，一家人和和美美的生活却因为开田上当受骗贩卖假除草剂被抓进乡派出所，村主任詹石蹬从中作梗，逼迫暖暖以陪睡为代价释放开田。开田父亲住院借钱，又要赔村邻庄稼损失费，暖暖在经济困顿走投无路时，意外遇见从北京来楚王庄考察楚长城文物的谭文博教授。谭教授为他的吃住和向导陪同付了暖暖一千六百块钱。来年春天，看见谭教授在报纸上发表古迹考察文章的全国各地的大学生们不断拥进楚王庄，找到暖暖家。暖暖发现商机，决定修建新房，接待那些外地来考察的学者与学生，村主任詹世蹬再次借修建房子批宅基地而占有暖暖。

随着电视上报道楚长城的新闻，外地来的游客越来越多，暖暖把当地的各种文化地域特色串起来，为游客们设计了楚王庄五日游的旅游线路。红火的生意招来村主任詹世蹬的破坏，暖暖带着开田到县上去找律师告状，败诉的詹世蹬却不断地以村主任的权力处处阻挠暖暖家"楚地居"民宿的营业，却让暖暖抓住机会，同意谭教授办一个楚长城文化旅游公司的提议，成立南水美景旅游公司。暖暖带动村里人一起搞旅游接待，发家致富，并让丈夫旷开田竞选了村主任。"乾部"故事到这里结束。

省城五洲旅游公司项目开发部经理薛传薪到楚王庄考察，向暖暖提议和南水美景旅游公司合作搞度假屋的开发项目。开田让暖暖负责这个"赏心苑"项目，在工程挖掘中意外发现楚王赘的故都丹阳宫，又为楚王庄增加了一个楚文化表演旅游节目。薛传薪提议让暖暖和赏心苑新招收的四十个村里青年，去省城四星级酒店接受二十天的正规培训，专门接待重要游客。楚王庄村民表演楚国情景剧《离别》获得中外游客的好评，开田扮演楚王赘，和扮演王后的村妇悠悠厮混。詹世蹬出于嫉恨而告诉开田，自己睡过暖暖，开田不问缘由就暴打暖暖，拒绝暖暖参与赏心苑的经营。不久，暖暖撞见开田和悠悠的奸情，夫妻二人几经波折最终离婚。薛传薪从城里带来六名按摩女郎，提供色情服务，败坏了楚王庄的人伦风气，引诱村里姑娘为钱失身，男性染病，暖暖找开田理论又招致毒打。反过来，开田为了报复暖暖写信举报赏心苑从事非法交易的行为，而设置种种障碍，阻止"楚地居"正常营业。所幸，市里接到暖暖的举报信，派了警察调查暗访，将开田和薛传薪抓捕，重建楚王庄健康良好的文化旅游商业氛围。"坤部"故事以具有积极明亮色调的开放式结局结尾。

这部有关农民工、乡村振兴等极具时代性题材的乡土小说，一经发表就引起学界热议，很快被改编为电影和电视剧在国内上映。

4月1—3日　全天修改《十里洋场》大纲。

4月4日　修改散文《英雄之歌》。

4月5日　修改散文《军纪如铁》。

4月14日　感冒中。在作家出版社，坚持与八家媒体记者见面，谈关于《湖光山色》的创作。4月17日，《北京青年报》刊发采访文章《周大新：网络时代不会终结乡土创作》。

4月16—20日　在武汉，参加2006年度总后勤部创作笔会，作了关于文学欣赏与心理调适和心灵净化的发言。参观汉口归元寺，在罗汉堂得一卡片，上面写："大肚能容天下之物，虚心感受天下之善。一灯能除千年暗，一智能灭万年黑。"还游览了武汉东湖、木兰山、黄鹤楼等地。

4月23日　在地坛公园签售《湖光山色》。

4月28日　参加全军文学创作座谈会。

4月30日　写《答〈沈阳晨报〉记者杨东城问》。

5月1—4日　与妻子杨小瑛同游南京。

5月11日　《华商报》发表特约评论员文章《周大新重建

田园乌托邦》。

5月14日 在郑州市新华书店签售《湖光山色》，场面热烈。河南影视集团购买周大新《湖光山色》作品改编权。

5月16日 在郑州大学图书馆与学生们就《湖光山色》的创作进行交流，李佩甫作了发言。

5月19日 修改为《北京：河南创业者面对面》所作的"序言"。

5月24日 创作谈《我写〈湖光山色〉》发表于《人民日报》2006年5月24日。被收入《当代文学研究资料与信息》2006年第3期。被《新语文学习（高中版）》2009年第5期转载。被《江南》2009年第2期以题为《作家手记——我写〈湖光山色〉》转载。

按： 在这篇创作谈中，周大新讲述创作该作品的灵感来源和人物原型，他说："人生的全部任务，可以概括为四个字：寻找幸福。表现这种寻找过程是作家们的义务。"谈到《湖光山色》的叙述结构，他说："借用阴阳五行来结构全书，旨在说明事物的对立统一此消彼长，说明事物的循环运转相生相克，并无重扬此一学说之意。"[1]

5月26日 接受中央人民广播电台文艺部张东梅采访。

5月30日 接受《北京晨报》记者田小满采访。

6月3日 在河南省安阳市汤阴参加笔会，参观岳飞故里、

---

[1] 周大新：《作家手记——我写〈湖光山色〉》，载《你能拒绝诱惑》，人民文学出版社，2016，第184页。

扁鹊墓及羑里城。后写了散文《遥想文王演周易》，发表于《人民日报》2006 年 7 月 12 日。

6 月 9 日　晚上 8 点在中央人民广播电台接受直播采访，谈《湖光山色》的创作问题。

6 月 12 日　接受河北电视台《读书时间》节目的访谈。7 月 8 日，河北电视台晚上 10 点播放了该采访的专题片。

6 月 30 日　参加《解放军文艺》创刊 55 周年纪念酒会，军中文艺界人士都在场。

7 月 13 日　在吉林省长春，参加《作家》杂志社召开的笔会。在此期间，参观一汽大众公司的生产车间。7 月 20—22 日，写了散文《在奥迪 A4 的家里》，后发表于《中国发展观察》2006 年第 8 期。

7 月 18 日　在解放军报社参加《长征》副刊创刊 2500 期纪念活动。

8 月 9—18 日　再读陀思妥耶夫斯基的《罪与罚》，写文学随笔《难忘陀氏〈罪与罚〉》。8 月 25 日，文学随笔《难忘陀氏〈罪与罚〉》发表于《中华读书报》。被《桂林日报》2008 年 5 月 5 日转载。被《作文通讯》2010 年第 9 期转载。

按：文中写道："在我的阅读史上，这是一次重要的阅读经历。这次阅读让我明白，一个作家必须具有三种能力：其一，要有敏锐地感知社会苦难的能力。当别人没有发现苦难或发现了苦难却给予漠视时，你却能发现并敢于大胆地给予展示。其二，要有撬开所写人物内心隐秘之门的能力。任何人的内心世界多数时候都是呈封闭状态的，你要想法进去并将其中的东西展示出来。其三，要有抚慰人的灵魂的能力。世界上多数人的灵魂，因为各种各样的外部和内部原因，总是处在一种惊悸不安和难言的阴凄寂寞状态中，作家应该像牧师一样，想法给这些灵魂以抚慰。"

8月29日　在总后勤部礼堂观看纪念红军长征七十周年歌舞演出。

9月2日　在江西省南昌，参加"滕王阁国际笔会"，余光中夫妇在场，参观了滕王阁。

9月8—11日　写散文《西安求学忆》，后发表于《河南教育》2006年第11期。

9月19—22日　修改散文《个人的精神财富》。思考电视剧《快运公司》。

10月2日　在北京接受研究生李丹宇采访，后以题为《让世界充满温情和美好——作家周大新访谈》发表于《黄河》2007年第1期。

10月11日　在中国现代文学馆，会见印度作家访华团一行11人。

10月17日　在中国现代文学馆，会见越南作家代表团，团长为越南作协主席兼诗人阮友清。

10月18日　收到世纪出版集团寄来的土耳其作家帕穆克的作品《我的名字叫红》，阅读后收益颇多，日记中写道："有一种极新的感觉，这位作家获诺贝尔文学奖应是无愧的。"10月

22—24 日，写关于《我的名字叫红》的评论《站在欧亚两洲的连接处》。

10 月 19 日　构思长篇小说《没有预警的战争》。

10 月 25 日　在土耳其驻华大使馆参加《我的名字叫红》研讨会，莫言在场。

10 月 29—30 日　写散文《我带儿子看熊猫》。

10 月 31 日至 11 月 1 日　为陈墨①所编陈骏涛之纪念文集写散文《恩师陈骏涛》。

11 月 2 日、6 日　修改电视剧《遍地财富》分集提纲。

11 月 7—14 日　参加中国作协六次全委会。11 月 10 日，在人民大会堂，参加作协七次代表大会和文联第八次代表大会的开幕式。

11 月 16 日　陪同陶德平、史全，在中国作协现代文学馆参加王宏甲作品讨论会。

11 月 24 日　构思长篇小说《失恋综合征》，也即《没有预警的战争》或《预警 7 分钟》。12 月 10—19 日，开始写长篇小说，修改篇名为《预警》。12 月 20 日，篇名改为《预警——侦察报告》。

11 月 28—30 日　写散文《勇于创新，开拓军事文学新田地》。

12 月 4—5 日　为黄传会的报告文学《我的课桌在哪里?》

---

① 陈墨（1960— ），男，原名陈必强，安徽望江人。中国电影艺术研究中心历史研究室研究员，有多部电影研究著作和口述史研究作品。

写文学评论《震耳惊心的诘问——读〈我的课桌在哪里?〉》，后发表于《文艺报》2006 年 12 月 28 日。

12 月 7 日　在中国艺术研究院观看邓州市豫剧团演出的豫剧《范仲淹》，颇有受益。

12 月 16 日　在民族宫大剧院观看河南省豫剧三团演出的豫剧《秦雪梅》。

12 月 28 日　感冒中，坚持为《解放军报》写完新春贺词。

本年度重要论文：

孟繁华：《乡村中国的艰难蜕变——周大新长篇小说〈湖光山色〉》，《当代文学研究资料与信息》2006 年第 3 期。

贺绍俊：《接续起乡村写作的乌托邦精神——评周大新的〈湖光山色〉》，《南方文坛》2006 年第 3 期。

伍艳妮、李锟：《小盆地里的大风景——周大新小说地域特色初探》，《三门峡职业技术学院学报（综合版）》2006 年第 2 期。

阎晶明：《善良如何面对残酷——周大新长篇新作〈湖光山色〉读后》，《文化月刊》2006 年第 7 期。

赵为学、易前良：《走不出的盆地——周大新〈第二十幕〉的非历史叙述》，《株洲师范高等专科学校学报》2006 年第 4 期。

李丹宇：《论周大新小说的民俗意蕴》，硕士学位论文，华东师范大学，2006 年。

李丹梦:《坚硬的"单纯"——周大新论》,《小说评论》2006 年第 6 期。

2007 年　56 岁

3月2日，"十博士"联名抵制于丹。3月3日，《于丹〈庄子〉心得》出版。

5月，郭敬明《悲伤逆流成河》出版，销量破百万册。

5月26—28日，第二届"金麻雀"小小说节在郑州举行。

7月27日，中国作协在北京举行纪念中国人民解放军建军80周年座谈会。

12月1日，首届中国网络文学发展研讨峰会在中国现代文学馆召开。

是年　在总后勤部创作室从事创作。

1月2—3日　修改《十里洋场》故事梗概。

1月5日　写长篇小说《侦察报告》。1月7日，构思改篇名为《第六个判断》。1月8日，修改为《第七个判断》。1月13—19日，修改原来的长篇写作计划，以篇名《没有预警的战争》写长篇小说，拟定按照节令"夏至、大暑、处暑、秋分、霜降、小雪、大雪、冬至"为叙事结构。1月23日，拟修改篇名为《第四个判断》。7月28日，再次修改小说篇名为《没有预警的战争》，断断续续地持续写作。10月11日，写完《没有预警的战争》第一部分。持续写作，直到12月30日。

1月9日　收到姚雪垠之子姚海天送来的《崇祯皇帝》一书。2月19日，读完《崇祯皇帝》。

1月11日　在国际展览中心，参加《崇祯皇帝》新书发布会，二月河、丁一、田永清等在场。

1月22日　接受中央电视台《河之南》剧组的采访，涉及南阳、洛阳、开封、安阳等城市的兴衰。为《解放军文艺》写小说短评。

1月29日至2月3日　修改电视剧本《遍地财富》分集梗概。

1月　接受《南阳晚报》周熠采访，题为《在海上张网——访南阳籍军旅作家周大新》发表于《躬耕》2007年第1期。

1月　散文《关于精神财富的思考》发表于《光明日报》2007年1月12日。被《文苑》2012年第24期转载。被《精神文明导刊》2013年第5期转载。

2月1日　邀请赵航为《走出盆地》再版画插图15幅。

2月2日　在北京总后勤部办公室接受河南省广播电台李芮采访。

2月6日　参加南阳举办的在京老乡春节联谊会，观看河南省豫剧二团演出的《程婴救孤》。

2月7日　接受《新华书目报》王艳采访，谈论有关读书的问题。

2月10日　在劳动人民文化宫为职工文学班学员作讲座，题为"小说写作的资源"。

2月11日　为殷宝洪①散文集《欧洲六国纪行》作序。

2月12日　与陈平讨论《遍地财富》剧本大纲。2月13—17日，修改完《遍地财富》故事梗概，交由陈平。中央人民广播电台开始连播《湖光山色》。

2月15日　收到总政寄来《历览多少事与人》的获奖证书。中宣部出版署、农业部联评《湖光山色》为"优秀图书"。

2月28日　听中国社科院美国研究所研究员讲关于大国崛起的思考。

3月5日　修改《遍地财富》。3月6日，修改剧本名为《谁说我不行》，并改完剧本提纲。得知《湖光山色》获北京市政府奖。

3月7日　在天桥剧院观看开封市排演的歌舞剧《清明上河图》。

3月8—9日　编选短篇小说集的书稿。2008年1月，以短篇小说集《明宫女》（上、下）由朝华出版社出版，收入短篇小说32篇。

---

①　殷宝洪（1943—　），男，江苏无锡人。军旅作家，书法家。代表作有散文游记《访欧日记》《俄罗斯纪行》《欧洲六国纪行》与《殷宝洪书法作品集》等。

3月12—28日 写电视剧本《谁说我不行》第1—3集。4月6—8日，继续写电视剧本《谁说我不行》。6月29日，修改《谁说我不行》剧本第5集。7月7日，修改剧本《谁说我不行》，篇名改为《遍地财富》。

3月29日至4月5日 在郑州河南省广播电台做访谈节目。3月30日，与李佩甫见面交谈。3月31日，与河南省电视台、南阳记者等一同参观丹江口水库，当晚回前周庄探望父母。4月4日，参观南阳玉器厂。4月5日，回到北京。

4月6日 儿子周宁脑手术后第一次病情复发。开始辗转在肿瘤医院、304医院、301医院等多家医院，极尽所能为儿子问诊寻医。

4—7月 断断续续地修改剧本《谁说我不行》。

7月29日 为《冬虫夏草》作序，后以题为《灵魂的低喟——序〈冬虫夏草〉》，发表于《躬耕》2007年第8期。

8月12日 为防空兵学院《军校地方大学生成才之路》一书写"序言"。

8月22日 收到故友周熠的手机短信。周熠当晚不堪病痛折磨而离世。

8月26日 写散文《送周熠兄远行》，后发表于《光明日报》2007年8月31日。

9月14—15日 写散文《南阳玉雕说》，9月17日修改篇名为《南阳美玉》，后发表于《北京文学》2008年第3期。被《南阳晚报》2019年4月19日转载。

9月 为奚同发①的作品写评论文章《阅读的张力与惊奇》，发表于《文艺报》2007年12月1日。

9月20日至10月4日 读汤姆·克兰西的长篇小说《彩虹六号》，为上海译文出版社写书评《〈彩虹六号〉的启示》，发表于《京华时报》2007年12月17日。

10月15日 开始写电视剧剧本《医圣张仲景》，此后为该剧本的写作持续很长时间。

10月23日 参加总政宣传部组织军队作家、艺术家代表就"认真学习贯彻党的十七大精神，推动社会主义文化大发展大繁荣"进行的座谈学习。参加本次会议的有阎肃、叶少兰、韦廉、周振天、周大新等人。周大新表达了自身"为艺术、为人民，不追名逐利"的高尚追求，具体发言如下：

"作为一个文学工作者，要落实十七大报告精神，就必须要有强烈的创新意识，不为金钱搞重复的写作。毋庸讳言，在今天的市场经济条件下，写作和市场的联系已经变得日益紧密。我们一定要警惕：市场在用金钱鼓励我们写作的同时，还在不断使我们向平庸的方向滑动。为了金钱而进行的重复性写作，不是重复别人写过的故事，就是重复自己写过的人物，不是重复别人使用过的叙述视角，就是重复自己使用过的结构方式。这种给人以似曾相识之感

① 奚同发（1967— ），男，笔名清溪，陕西白水人。著有长篇小说《拥抱苦色》、小说集《爱的神伤》《最后一颗子弹》、随笔集《浮华散尽》等。

的作品，不可能有长久的生命力，不可能产生恒久的艺术魅力。我们军队作家，尤其是我自己，应该对市场的金钱诱惑保持一分警惕，要在写作时有一种强烈的创新意识，如果没有新的思考，没有新的发现，没有新的创作冲动，宁可再沉淀一些时日动笔，也不要去进行重复性的写作。"

10 月 26 日　为中央电视台少儿频道《童年回放》栏目题词："童年，是人生长路上笑声最多、烦恼最少的一段。

童年记忆，是人生资产中最可宝贵、最值得珍惜的部分。"

10 月 30—31 日　为李士文的《回眸：军事影视报道三十五年亲历记》写评论。

11 月 2 日　参加在北京举行的"冯锺璞先生八十寿辰、宗璞文学创作六十年座谈会"，由人民文学出版社和中国社会科学院外国文学研究所主办、中国现代文学馆协办。周大新的发言《贺宗璞老师八十华诞》被收入《长在中原十八年》（"周大新文集"散文卷，人民文学出版社，2016 年 10 月）。他说宗璞老师身上的三种品质值得学习：一是对文学的挚爱和执着；二是创作时的那份严谨和认真精神；三是保持宁静的心境，始终安静地做自己的事情。

11 月 10 日　在京东国际图书中心签售《湖光山色》。

11 月 11 日　在平山县河渠村东岭，参加烈士墓揭幕仪式。

11 月 18 日 在全国政协礼堂，参加房秀文①的新书《兵商如铁》首发式。周宁开始低烧，为转移病痛而练画画。

12 月 12 日 修改为《花落花开》写的评论。

本年度重要论文：

李丹宇：《浅论周大新小说的民俗叙事特征》，《解放军艺术学院学报》2007 年第 2 期。

张利英：《走不出的宿命：论周大新的创作》，《殷都学刊》2007 年第 3 期。

秦法跃、刘志芳：《周大新〈第二十幕〉的文化意蕴》，《枣庄学院学报》2007 年第 3 期。

禹建湘：《论周大新小说中女性主体性的确立》，《开封大学学报》2007 年第 3 期。

---

① 房秀文（1952— ），男，祖籍山东枣庄，生于河南开封。著名新闻工作者，后转战商海。代表作品《人们崇尚这颗星》曾获"全国好新闻"一等奖。

2008 年　57 岁

5 月 12 日，四川汶川发生里氏 8.0 级大地震，全国人民齐心协力抗震救灾。

8 月 8—24 日，第 29 届夏季奥运会在北京成功举办。

9 月 6—17 日，第 13 届夏季残奥会在北京成功举办。

9 月中旬，由 2007 年美国次贷危机引发的国际金融危机全面爆发。

10 月 24 日，中国"新时期文学三十年"国际学术研讨会在济南召开。

10 月 25 日，第七届茅盾文学奖评奖结果揭晓，贾平凹的《秦腔》、迟子建的《额尔古纳河右岸》、麦家的《暗算》和周大新的《湖光山色》获奖。

12 月 24 日，胡锦涛在中央军委扩大会议上讲话，提出忠诚于党、热爱人民、报效国家、献身使命、崇尚荣誉的当代革命军人核心价值观。

1月1日　写长篇小说《没有预警的战争》。断断续续在坚持写该长篇小说，3月2日，拟改名为《单兵作战》。4月24日，修改篇名为《没有预警的战争》。8月13日，日记中写道："上午开始修改长篇小说《新战场》，用这个办法好不想事情……"① 10月16日，修改长篇小说《新战场》。12月7日，修改长篇小说《新战场》篇名为《预警》。

1月4日　儿子周宁病情复发。1月8日，周宁病情再次复发，各家医院专家提出的治疗方案都不一样，"究竟怎么办，我们又处于一个极为艰难的选择点上，怎么办？"周宁病情时好时坏，周大新的情绪始终随着儿子的健康状况而起伏。

1月11—14日　为河南文艺出版社整理编辑中篇文集所需的书稿。2009年1月，"周大新中篇小说典藏"系列由河南文艺出版社出版，分别为《碎片》（收入11篇）、《铜戟》（收入10篇）、《寨河》（收入12篇）。

1月18日　上午，在中国作协参加熊元义《中国悲剧引论》座谈会；下午，在《文艺报》报社参加吉首大学文学院举办的《周大新创作研究》书稿讨论会。

1月19日　写散文《我的一九七八年》，后以篇名《美好的开端》发表在《解放军报》2008年1月24日。被《南阳晚报》2019年7月19日转载。

3月20日　在中国现代文学馆，参加李如杰的《帝师荀

---

①　此处为2008年8月13日的日记原文，8月5日刚刚为儿子周宁举行了遗体告别仪式。

《子》研讨会，何镇邦、徐怀谦等在场。

3月24日 参加总政"全军文艺2008—2009年创作规划会"。

4月25日 在中国电影集团，与吴天明导演讨论《农民日记》的改编问题。

5月18日 晚上8点，参加中央电视台"爱的奉献"大型募捐晚会，现场为地震捐款5000元。5月23日，再次为地震捐款5000元。5月，全家为汶川大地震灾区捐款3万元。

6月24日 周宁开始发烧，持续高烧不退，整夜睡眠困难。7月8日，会诊为中枢性发烧，脑瘤已无法再施行外科手术。8月3日凌晨4点，周宁病情恶化，抢救无效，最终于当日下午4点不幸离世。8月5日，为周宁举行遗体告别仪式。总政治部鉴于周宁在工作岗位上得病，且在病中获了军队科研二等奖（参与人之一），发出牺牲证明书。11月25日，在天寿园墓地安葬儿子周宁骨灰。此后，常常去墓地祭拜。为儿子治病的三年里，反反复复的绝望心境与悲痛心情，都被写进长篇小说《安魂》。

8月13日 开始修改长篇小说《新战场》，修改该书稿，持续到年底。

8月16日 在国家大剧院观看河南省豫剧三团演出《香魂女》。

8月18日 召开"总后新军事变革风云录"报告文学丛书作者会。

8月27—29日 陪妻子杨小瑛去安徽九华山散心。

9月24日至10月8日 出访澳大利亚、新西兰等国，到访奥克兰市、悉尼、墨尔本、布里斯班等地，回国途经韩国首尔，参观仁川美军登陆作战纪念馆。在布里斯班游览电影世界，日记写道："观看的四维电影给我留下深刻印象。"

10 月 16 日 为文化艺术出版社再版而修改《战争传说》10 处。2009 年 1 月，文化艺术出版社出版《战争传说》。

10 月 19 日 参观十三陵。

10 月 27 日 第七届茅盾文学奖获奖名单公布，周大新的《湖光山色》获奖，授奖评语为——

周大新的《湖光山色》深情关注着我国当代农村经历的巨大变革，关注着当代农民物质生活与情感心灵的渴望与期待。在广博深厚的民族文化背景上，通过作品主人公的命运沉浮，来探求我们民族的精神底蕴，这是《湖光山色》引人注目的特色与亮点。"为什么我的眼中常含泪水，因为我对这片土地爱得深沉。"伟大诗人艾青的不朽名句，恰是《湖光山色》创作情怀的贴切写照。

10 月 28 日 接受多家媒体采访，谈论《湖光山色》获奖的事。新浪网最早刊发《湖光山色》获奖消息。

10 月 29 日 在《新京报》发表获奖感言。在致谢中写道："我能获奖，这是对军队作家创作的关心，谢谢评委。我这段时间一直在生病，心情不好，对外界关心的也少。我是 27 日晚上 9 点多钟新浪网编辑打电话的时候才知道的，组委会到现在也还没有正式通知我，我是 28 日早上起来上网才知道其他获奖作品的。"

11 月 2 日　在浙江乌镇，参加第七届茅盾文学奖颁奖典礼，接受数家媒体采访。

按：11 月 3 日，徐峙的采访文章《反思乡村命运》发表于《京华时报》，以篇名《反思乡村命运——〈湖光山色〉》被《今日建德》2008 年 11 月 20 日转载。徐峙指出，《湖光山色》中，"乡村的脱贫致富，与失地农民的权益保护、诗意乡村面临瓦解之间，构成了一组难以解开的矛盾"①，作者塑造的暖暖身上，既有传统中国女性的优良品质，又有新时代的精神和胸怀，是自我拯救的新女性，又是乡土中国再生的开拓者。

11 月 19 日，刘玮的采访文章《茅奖获得者周大新：我也想要郭敬明那样的销量》同时发表于《都市晨报》和《巢湖晨刊》。在采访中，记者问道乡村题材的作品不畅销时，周大新承认碍于经济因素，乡村读者不多，他也想像"郭敬明、韩寒那样，一本书出来就卖个一百万册，但每个时代都有自己的选择"②。

11 月 10 日　处理《中国军队后勤三十年变革纪实》丛书出版事宜。

11 月 21 日　接受深圳电视台采访 20 分钟。

---

① 徐峙：《反思乡村命运——湖光山色》，《今日建德》2008 年 11 月 20 日。
② 刘玮：《茅奖获得者周大新：我也想要郭敬明那样的销量》，《都市晨报》2008 年 11 月 19 日。

12月1日　在深圳书城，参加"中国改革开放文学论坛"开幕式。

12月3日　在深圳证交所作题为"关于幸福"的讲座。

12月13日　为新闻出版局文学培训班作"瞩目我们这个时代"的讲座。

12月15日　接受西安政治学院《政工导刊》肖健的电话采访（以题为《"平民作家"的军旅人生：访第七届茅盾文学奖获得者、著名军旅作家周大新》发表于《政工导刊》2009年第6期）。在访谈中，周大新说，"我的平民出身背景，也就决定了我的作品和为人是平民化的"①，文学是一个时代民族精神素质的体现，"一个作家就是要沉得住气，要能抵制住社会上的诱惑"，争取写出跨越时代、跨越地域、跨越民族的好作品。

12月16日　日记写道："心情恶劣，不敢回忆儿子，不敢回忆往事。"

12月17日　在中国现代文学馆，参加"中国改革开放三十年文学座谈会"。

本年度重要论文：

王治国：《由爱国主义向人道主义的深化——周大新军旅小说主题演变论》，硕士学位论文，山东大学，2008年。

霍霞：《浅析〈香魂女〉中郜二嫂的悲剧形象》，《商丘职

---

① 肖健：《"平民作家"的军旅人生：访第七届茅盾文学奖获得者、著名军旅作家周大新》，《政工导刊》2009年第6期。

业技术学院学报》2008 年第 4 期。

姚艳玉、姚艳林：《〈第二十幕〉中女性悲剧命运的历史轮回》，《湖南第一师范学报》2008 年第 4 期。

李丰仙、何希凡：《周大新小说的人性世界解读》，《当代小说（下半月）》2008 年第 12 期。

2009年　58岁

1月4日，天津市作协主办的"改革文学"座谈会在天津召开。

7月11日，季羡林去世。

7月22日，国务院常务会议通过《文化产业振兴规划》，标志着文化产业已经上升为国家的战略性产业。

10月15日，"中国文学之夜"的大型主题活动在德国法兰克福文学馆开启。

11月25日，"首届中法文学论坛"在法国文人协会开启。

是年　在总后勤部创作室从事创作。

1月8日　在中国作协参加作家出版社举办的出版论坛。同日，参加安徽文艺出版社的新书发布会。

1月13日　参加2009年北京重点选题出版论证会。

1月20日　参加北京市新闻出版局举办的"第五届北京市文学艺术奖"投票活动，推荐5部作品。

1月21日　陪同总政文艺局姜秀申、李亚平，中国作协党组书记李冰去301医院看望徐怀中和季羡林。

2月1日至4月26日　修改长篇小说《预警》。7月，长篇小说《预警》发表于《中国作家》2009年第13期。9月，由北京十月文艺出版社出版发行单行本，2011年10月再版。2013年，华文出版社出版《预警（插图评点本）》。被收入中国言实出版社"百年百部红旗谱系列"，出版于2021年3月。

按一：《预警》这部长篇小说分为上、下两部分，讲述北京998部队的作战局长孔德武遭遇境外间谍组织三次威逼利诱，最终在个人名誉、家人性命和国家利益中选择"舍小家为大家"的故事。第一次，孔德武害怕触犯军纪而侥幸抵御美色诱惑；第二次，他害怕受贿遭受党纪国法的惩处而侥幸逃过金钱陷阱；第三次，因为自己重情重义而轻信昔日的战友潘金满，意外陷入潘金满为自己布置的陷阱。孔德武自己被小姐坐腿上的"照片"事件是逼他愤而退休的起源，目的就是诱使他退休后出国。当孔德武无法陪同妻子樊怡和女儿孔醒出国时，潘金满假借让他帮忙照顾患抑郁症的妹妹金盈而迫使孔德武就范，使用各种高科技手段和间谍计策，威逼孔德武窃取核武部队近期召开的战备会议文件。为了抓住这群间谍组织人员，孔德武用自己的生命和被境外间谍控制的妻女生命，与间谍组织人员周旋，在生命结束前把敌情传递给战友，安排好抓捕计划，留下一个开放式的结局。

这部作品上篇"能不心弦颤"，主要围绕孔德武面临的三次诱惑；下篇"浪大舟回晚"，讲述入网后的孔德武如何应对间谍组织的威逼利诱。"预警"之意是提醒人们在和平年代也要时刻警醒，增强忧患意识，具有个人和国家的双重隐喻。小说采用第三人称视角叙事，塑造了一个真实可信、性格急躁、自尊心强又渴望温情的普通男人孔德武，在他身上可以看到早期作品《汉家女》的影子，但是主人公的政治立场和思想道德已经大大地提升到为国家利益而甘愿牺牲的"大我"境界。尽管孔德武也会有对名与利的私心，但这种无意识的私心代表普通人身上最普遍存在的人性真实。从整体来说，叙事节奏比较紧凑，带着一种无意识的紧迫和急促，故事结构严谨，但字里行间带着一种深深的无奈和忧虑。作为一部虚构性文学作品，在三位从事间谍工作的反面人物身上，嵌入具有时代印迹的社会事件，地方官员的贪腐与不作为导致政府公信力下降，使读者对这些叛国者憎恨的同时也不得不反思社会时弊。相对来说，正面的群像人物塑造较为单薄，不过，作品试图把中国传统叙事的"说书人"风格和内视角叙事的多视点转化结合起来，在叙述技巧上做了有益的尝试。

按二：针对《预警》，学界大多把该作品和流行的谍战小说进行比较，主要的评论都围绕着作品的思想主题和叙事手法展开。

2月4日　收到阎纲①寄来的《三十八朵荷花》（2008年）。

2月9—12日　在南京开会。

2月20日　在郑州，商讨关于《第二十幕》改编剧本《南阳织造》的拍摄日程。该剧本由周志方改编。

2月24日　总后政治部、宣传部为周大新举行晋升技术三级的仪式，日记中写道："我应该好好工作、好好写作，以回报领导和战友们的关心。"

2月　张建永、林铁合著的周大新研究专著《乡土守望与文化突围——周大新创作研究》由作家出版社出版。

按： 从文化角度对周大新的创作进行阐释，将周大新纳入"20世纪90年代乡土小说作家群"，认为周大新的小说包含浓郁的地域文化色彩（南阳盆地文化），在20世纪90年代乡土小说中表现得格外独特而突出②。

2月　创作谈《周大新手记——我写〈湖光山色〉》发表于《军营文化天地》2009年第2期。以篇名《〈湖光山色〉的写作背景》被《语文教学与研究》2009年第21期转载。

3月3日　接受《中国文艺家》记者采访。

3月13日　参加关于保密报告和敌特窃密的演示学习。

3月27日　在怀柔影视基地，参加根据《第二十幕》改编

---

① 阎纲（1932— ），男，陕西礼泉人。著名编辑、评论家，代表作有随笔杂文散文集《冷落了牡丹》《一分为三》《惊叫与诉说》《座右鸣》《我吻女儿的前额》等。单篇《我吻女儿的前额》获2002年"首届冰心散文奖"。

② 张建永、林铁：《乡土守望与文化突围——周大新创作研究》，作家出版社，2009年。

的电视剧拍摄开机仪式。

3月30日至4月2日 参加总政军事题材中短篇小说笔会，讨论"目前军事文学创作面临的问题"。

4月9日 在西安，给总后勤部机关团职预提班作题为"我看中国传统文化"的讲座。在陕西省歌舞剧院观看大型歌舞表演《仿唐乐舞》。

4月13日 第一次做梦梦见儿子。

4月18日 在现代文学馆，参加"倾听桃花开放的声音——中国小小说之夜"暨《中国小小说50强》研讨会，陈建功、王宗仁、杨晓敏等在场。

4月19日 写随笔《创造军事文学的新辉煌》。

4月20日 在中国人民大学，参加百城市、千家网反盗版宣传行动启动仪式，并作简短发言。

4月21日 在中国少年儿童新闻出版社参加孙晶岩①的《震不垮四川娃子》作品研讨会。

4月24日 在中央民族大学，参加搜狐网站举办的网络辩论会：网络语言是否丰富了中国的语言文化。

4月 中国工人出版社出版何向阳评点版《湖光山色》。

5月1—5日 回邓州探亲。

5月8日 拟写散文《二娘》。随笔《提升能力的良师益友》发表于《太原日报》2009年5月8日。

---

① 孙晶岩（1956— ），女，别名荆岩，山东荣成人。有多部报告文学作品，代表作有《山脊》《冲出亚洲的坎坷》《中国动脉》。

5月14—18日　为左代富①的词作《萧萧集》写评论，以篇名《步古典词韵，吟现世生活》发表于《文艺报》2010年2月22日。

5月17日　游览北京黄叶村曹雪芹纪念馆，知其儿子12岁左右在端午节去世；瞻仰梁启超墓地时知其儿子梁思忠26岁辞世，在日记中写道："原来天下这等悲惨的丧子之痛，并非我一人尝过。"

5月20日　思考散文创作，拟写《乡村传奇——二娘》和《植物园拜谒》。5月26日，动笔写散文《乡村传奇》。6月4日写完，6月5日再次修改，把篇名《乡村传奇》改为《活在豫鄂交界处》，后发表于《人民文学》2009年第10期。

6月7日　评价北京高考作文题《我有一双隐形的翅膀》：这个题出得巧。

6月7—12日　写散文《识"税"》，后发表于《中国税务》2009年第9期。被《海燕》2009年第9期转载。

6月21日　修改专题片脚本《创造新辉煌——解放军总医院改革发展纪实》。

6月27日　在中关村图书大厦，参加作家梅毅②的新书发

---

①　左代富（1952—　），男，四川绵阳人。曾任江油市委书记，业余诗人，代表作有诗词集《涪水行吟》（2004）、词作《萧萧集》（2008）。

②　梅毅（1966—　），男，笔名赫连勃勃大王，天津人。当代通俗史小说家、编剧，有长篇历史散文集《隐蔽的历史》《历史的人性》《华丽血时代》《帝国的正午》《刀锋上的文明》《帝国如风》《大明朝的另类史》《历史总是叫人惦记》等，还有长篇小说《南方的日光机场》。

布会。

7月8日　写散文《温暖长留心间》，后发表于《文艺报》2009年7月14日。

7月11日　在中国作协，参加李暮长篇小说《青春·断代史》研讨会，李佩甫、陈建功、孟繁华、吴义勤等在场。

7月16日　在人民大会堂，参加电视剧《湖光山色》开机仪式。

7月30日　写《答任晓燕问》，任晓燕访谈文章《对生活要有新发现：周大新访谈录》发表于《百花园》2009年第11期。

8月7日　为江苏文艺出版社整理稿子。9月21—24日，继续整理稿子。2010年1月，江苏文艺出版社出版作品集《我们会遇到什么》。

8月13日　在山东烟台，参加"王懿荣发现甲骨文110周年纪念大会及国际学术研讨会开幕式"。

8月19—31日　参加总后勤部组织的青藏笔会，在西宁、格尔木、拉萨等部队驻地参观采访。

9月3日　在人民大会堂，参加《大明宫》纪录片首映典礼，"导演独特的叙事能力，让我受到震撼"。写作散文《烟台人》。9月8日，修改散文篇名为《喜欢烟台》，后以散文《喜爱烟台》发表于《党政论坛》2010年第4期。

9月8日　《北京青年报》开始连载《预警》。

9月9日　参加北京十月文艺出版社举办的《预警》新闻

记者招待会。

9月11日 在南阳，参观《湖光山色》剧场外景场地拍摄现场。

9月12日 在宛西制药公司仲景会馆，参与讨论《医圣张仲景》剧本。

9月19日 写散文《悄读"内部书"》，后发表于《社区》2010年第11期。

9月25日 写散文《瞩目我们所处的时代》。9月27—30日，继续写作该散文。

10月8—9日 写散文《英雄颂》。

10月11—15日 参加江西庐山"国际作家写作营"活动，讨论"通俗文学与高雅文学的危机与出路"。10月13日，参加"首届中国庐山世界名山大会开幕式"。10月14日，在江西九江学院香远楼三楼，应邀参加九江学院第62期"濂溪讲坛"，作了"关注个人的精神财富"的讲座。在讲座中，周大新指出人的精神财富来自三种：一是前人的言传身教，二是个人的体悟和锻炼，三是对古今中外书籍的阅读。

10月22日 在《人民文学》杂志社，参加"茅台杯"文学奖投票。

10月29日 在中国现代文学馆，参加中国作协组织的"文学座谈会"。铁凝、贾平凹、雷达作为作家代表发言，周大新也作了发言。

10月30日 在中国现代文学馆，参加第七届"茅台杯"

人民文学奖颁奖大会。作为评委，上台宣读了王树增《解放战争》、徐坤《通天河》的授奖辞。

11月1日 周宁生忌，在天寿园探望儿子。日记写道："大雪纷飞，站到墓地前直到一炷香燃完。"

11月4日 在国家大剧院，观看中央戏剧学院演出的话剧《秦王政》。

11月5日 修改电视剧本《医圣张仲景》。接受《中华书目报》记者采访。下午，参加白烨召集的《中国乡土小说大观》编委会会议，雷达、胡平、贺绍俊、阎晶明、施战军、关仁山等在场。

11月13—17日 在苏州，参加"江苏省长篇小说座谈会"。11月14日，在常熟理工学院，作了题为"新世纪语境下的文学价值"讲座，同去的有艾伟、潘向黎、范小青、汪政、王尧等。

11月19—20日 为李天岑①长篇官场小说《人道》写评论。评论《我看〈人道〉》发表于《文艺报》2010年7月21日。

11月29日 在木偶剧院，参加"烙印天使，因爱美丽"慈善会演活动，周大新捐出线装绣像版《红楼梦》与书法作品《红楼梦》片段，被现场拍卖8000元，捐助烧伤烫伤的孩子们。

---

① 李天岑（1949— ），男，河南镇平人，曾任南阳市委副书记。代表作有长篇小说《人精》《人道》《人伦》三部曲以及《三山凹》，报告文学《新时代红旗谱》。

11 月 评论《〈我和我的兵〉序》发表于《海内与海外》2009 年第 11 期。

12 月 12—13 日 央视《子午书简》栏目第 95、96 期，播放采访周大新的《周大新眼中的湖光山色（上）》《周大新眼中的湖光山色（下）》专题片。2011 年 4 月，电视节目《子午书简》在中国网络电视台重播。

12 月 20 日 参加全军中、短篇小说和建国六十周年征文评奖，任中篇小说和报告文学组评委组长。

本年度重要成果：

张建永、林铁：《乡土守望与文化突围——周大新创作研究》，作家出版社，2009 年。

陈晓明：《当下乡村的现实：评周大新的〈湖光山色〉》，《时代青年（月读）》2009 年第 1 期。

靳书刚：《精神生态的忧思和拷问——对周大新小说的一种考察》，《现代语文（文学研究版）》2009 年第 4 期。

郭波、王莹：《论〈湖光山色〉的语言特色》，《西安文理学院学报（社会科学版）》2009 年第 2 期。

巫丹：《现代化进程中滞重乡村的裂变——评周大新的〈湖光山色〉》，《当代小说》2009 年第 3 期。

曹书文：《乡村变革与思想启蒙的双重变奏：评周大新的〈湖光山色〉》，《河南师范大学学报（哲学社会科学版）》2009 年第 3 期。

王胜晓：《周大新小说中的复仇意识》，《文学教育（上半月）》2009年第4期。

张丽军、马兵：《一部新意与遗憾并存的"未完成"小说：关于周大新〈湖光山色〉的对话》，《艺术广角》2009年第5期。

李丹宇：《周大新小说的民俗事象及其文化心理》，《当代文坛》2009年第5期。

郭中艳：《由周大新小说的人物历程探寻作家的精神向度》，《教师教育论坛（高教版）》2009年第6期。

王胜晓：《论周大新盆地小说中女性命运的悲剧意识》，《现代语文》2009年第7期。

张军：《"湖光山色"须人赏：周大新小说〈湖光山色〉论述》，《青年文学家》2009年第16期。

尹春霞：《〈湖光山色〉中的乡土情怀》，《黄石理工学院学报（人文社会科学版）》2009年第3期。

赵淑芳：《壮丽的升腾与无声的陨落——〈第二十幕〉中曹宁贞形象意蕴探析》，《信阳师范学院学报（哲学社会科学版）》2009年第4期。

姬志海：《生态女性视界中的东方田园——周大新的〈湖光山色〉解读》，《名作欣赏》2009年第18期。

杜昆：《家园的想象与守望——评周大新的〈湖光山色〉》，《宜宾学院学报》2009年第9期。

覃新菊：《丹湖之光与善的脆弱——〈湖光山色〉的生态意

味》，《鄱阳湖学刊》2009 年第 3 期。

石长平：《地域经验与文化书写——周大新小说的文化地域》，《文艺报》2009 年 12 月 10 日。

石长平：《周大新长篇小说〈预警〉指向时代和社会的预警》，《文艺报》2009 年 12 月 29 日。

郭小强：《周大新小说叙事话语研究》，硕士学位论文，福建师范大学，2009 年。

陈志国：《无法挣脱的宿命——试论〈第二十幕〉中男性形象的悲剧命运》，硕士学位论文，吉林大学，2009 年。

2010 年　59 岁

　　1 月 14 日，"中国文学海外传播"工程启动仪式在北京师范
大学举行。

　　5 月 20 日，中国作协、广东省作协主办的"网络文学研讨
会"在北京召开。

　　11 月 23 日，"坚守与突破——2010 中原作家群论坛"在郑
州举行。中国作协主席铁凝致辞，李佩甫宣读以"坚守与突破"
为题的中原作家宣言。

　　是年　在总后勤部创作室从事创作。

　　1 月 3 日　阅读河南籍军旅作家冯俊科①的散文集《并不遥
远的往事》，并为其写序。

---

　　①　冯俊科（1953—　），男，河南温县人。曾任北京市新闻出版局局长，有
哲学专著《西方幸福论》，长篇小说《疑兵》《尘灰满街》《冯俊科中短篇小说
集》《冯俊科中篇小说选》《江河日月》《写在墙上的思念》《并不遥远的往事》
《千山碧透》《名人的磨难》等文学作品集。

1月9日　在北京国际展览馆，参加《中国作家》杂志社举办的读者编者作者见面会活动，接受新浪读书频道采访。

1月16日　参加《中国作家》"鄂尔多斯优秀作品奖"颁奖大会，王蒙为周大新颁奖。

1月29日　在中国作家网的"新年寄语"中写道："21世纪20年代以虎年开端，很是吉祥。伴随我国国际地位的提高，中国文学的影响力也逐渐扩大。我们活在不再受异国欺负蔑视、远离枪声炮声的时代，的确是一种幸运。20世纪20年代，以鲁迅为代表的一批作家，在艰难的环境里写出了传世之作；有理由期待，今天的作家也能奉献出具有恒久艺术价值的作品。作家不该辜负这个期待，应该更加努力。"

1月30日　参加CCTV-7《话说曹操》节目拍摄，直至凌晨1点结束。后在CCTV-7《军旅文化大视野》栏目2010年4月6日播出。

2月5—24日　写散文《曹操的头颅》，后发表于《北京文学》2010年第10期。被《散文选刊》2010年第12期转载。被《时代商家》2017年第7期转载。被《意林》2017年第3期转载。被《中外文摘》2017年第9期转载。

2月9日　在郑州，参加河南省电视台春节联欢晚会，作为嘉宾，给全省人民拜年。

2月25日　长篇小说《21大厦》获得北京市庆祝新中国成立55周年征文长篇小说佳作奖。构思长篇散文《走过高原》或《走过青藏高原》。

3月1日　写散文《长在中原十八年》，断断续续地直到4月12日修改定稿。发表于《作家》2010年第19期。被《党建》2011年第3期转载。

3月7日　在南阳驻京"仲景会馆"参加电视剧本《医圣张仲景》座谈会。

3月22—30日　在上海，参与讨论上海二医大孔宪涛教授事迹报告会报告稿。

4月7—8日　参加总政召开的2010年文艺创作规划会。

4月13—14日　写随笔《文学经典的形成》，后发表于《中国文化报》2018年11月30日。被《长江周刊》2021年11月28日转载。

4月16—18日　写散文《看〈海〉》。

4月20日　在北京晚报文章《当代作家"谈书"》中推荐爱尔兰作家约翰·班维尔的作品《海》。同日，在中央电视台演播大厅参加"一起向前走"演唱会彩排，在"情系玉树，大爱无疆——抗震救灾大型募捐活动"中捐款2万元。

4月22日　参加《小说选刊》出刊200期纪念大会。

4月30日　在军事科学院作题为"报告文学的写作"的讲座。

5月4日　开始写作长篇小说《仰望天国》，持续写作，7月14日修改篇名为《遥望彼界》。8月24日，修改为《界河遥望》，后又改为《隔河遥望》。9月21日，修改篇名为《界河两岸》。

5 月 11 日 在中国电影资料馆参加电影《士兵武文斌》首映式。

5 月 12 日 接受《大河报》电话采访。5 月 15—16 日，为《大河报》写短文《大河的气度》。

6 月 4—12 日 在湖南娄底，参加 2010 年总后勤部军事文学笔会。

6 月 18 日 在中国作协会见俄罗斯作家代表团。文学随笔《托尔斯泰，影响了我的世界观》发表于《北京青年报》2010年 8 月 23 日。

6 月 20 日 校对作家出版社"经典中国国际出版工程""经典小说典藏"系列的书稿。

7 月 为冯俊科的散文集《并不遥远的往事》写评论文章，以篇名《他带我回到河南故里》发表于《文艺报》2010 年 7 月 12 日。

8 月 10 日 参加中国视协在北京召开的电视剧《经纬天地》专家研讨会。

8 月 11 日 参加在北京召开的《经纬天地》新闻发布会。黄健中、贾一平等在场。

8 月 18 日 在南阳，参加全国第七届农运会主题标语评审。散文《我对家乡一往情深》发表于《南阳晚报》2010 年 8 月 18 日。

同日 根据《第二十幕》改编的 49 集电视连续剧《经纬天地》在 CCTV-8 黄金时间播出，黄健中导演，周志方编剧。8 月

20 日，《文艺报》发表李胜利的文章《在原著基础上的突破——评电视剧〈经纬天地〉》，指出电视剧在人物、剧情、主题方面都有许多改编与新创。

8 月 25 日　接受北京人民广播电台刘慧关于创作的采访，采访文章《那片"湖光山色"的天地：周大新访谈》发表于《神剑》2012 年第 4 期。

8 月 27 日　接受北京电视台拍摄"北京图书节"形象大使宣传片。

8 月 29—30 日　写电视剧《518：西部安宁》策划书。

8 月　人民武警出版社出版"周大新短篇小说典藏"系列丛书三种：《"黄埔"五期》《武家祠堂》《登基前夜》。

9 月 3 日　参加文化艺术出版社成立 30 周年庆典。

9 月 4 日至 10 月 16 日　参与鲁迅文学奖评选，担任中篇小说组评委。10 月 16 日，经过多轮投票，最终选出获奖作品 5 篇，为方方的中篇小说《琴断口》写获奖评语。

9 月 11 日　为邓州市"姚雪垠百年诞辰纪念大会"写信，写书法一幅："长说李自成，短叹人间情。大雪无垠美，雨后出彩虹。"

9 月 13 日　在北京广播电台参加城市广播节目直播，为北京"第九届读书节"做宣传，在直播中，向年轻人推荐《培根论人生》，向中年人推荐《中国通史》，向老人推荐《庄子》。

9 月 17 日　参加北京第九届图书节，被授予"图书节形象大使"。

10月9日　在现代文学馆参加"姚雪垠百年诞辰纪念会"。

10月15日　参加国务院新闻办公室组织的"感知中国土耳其行",进行中土作家交流。

10月19—20日　整理第五届鲁迅文学奖部分备选篇目阅读笔记。

10月23—30日　跟随中国作家协会访问团出访土耳其。10月27日,周大新在土耳其海峡大学发表题为"全球化背景下的作家写作"的讲话。后以篇名《全球化背景下的作家写作——在土耳其海峡大学的演讲》发表于《解放军报》2010年12月11日。

10月　为胡松夏诗集《铿锵之音》写文学评论《气势如虹,诗心飞翔——读胡松夏〈铿锵之音〉》,发表于《解放军报》2010年10月9日,被《文艺报》2011年10月21日转载。

11月4日　散文《愉悦的阅读》发表于《光明日报》。

11月9日　接受中国国际广播电台记者采访,谈出访土耳其的感受和收获。

11月10—11日　为张天星的《自语集》(暂定书名)写序言。

11月12—15日　写散文《亲爱的军营》,后发表于《北京日报》2011年1月13日。被《语文世界(中学生之窗)》2014年第10期转载。

11月20日　参加孙晶岩的新书《珍藏世博》首发暨捐赠仪式。

11 月 23 日 在郑州，参加首届中原作家论坛。论坛以"坚守与突破"为主题在郑州举行，百余位河南籍作家、评论家齐聚郑州，讨论在当今全球化、网络化的背景之下，文学该往何处去等议题。

11 月 27—28 日 写《天堂简史》一书的读后感，发给《中华读书报》。以随笔《来自天堂的心灵安慰》，发表于《中华读书报》2010 年 12 月 1 日。

11 月 为廖华歌的散文新作《消失或重生》写评论文章《仿若"重生"》，发表于《文艺报》2010 年 11 月 26 日。

12 月 11 日 在中国作协参加《作家文摘》召开的读者见面会。

12 月 18 日 在中国作协，参加"中国文学高端论坛：长篇小说现状与未来"研讨会。

12 月 31 日 会见韩国翻译学者金泰成、郑址东、韩成礼等。

本年度重要论文：

郑新：《乡村嬗变中的女性风采——浅析〈湖光山色〉中的暖暖》，《平顶山学院学报》2010 年第 1 期。

刘坤：《〈湖光山色〉中的人性阐释》，《西安社会科学》2010 年第 1 期。

韩伟、董亮：《激情地介入与诗意地拯救——〈湖光山色〉与〈雪豆〉的比较解读》，《中国社会科学院研究生院学报》

2010 年第 2 期。

王浩：《乡村文明的嬗变与坚守——从文化的角度看周大新的〈湖光山色〉》，《宿州学院学报》2010 年第 3 期。

王兆彬：《大新的〈湖光山色〉》，《学语文》2010 年第 2 期。

赵明河：《周大新和他的乡土中国》，《人民教育》2010 年第 8 期。

李丰仙、黄国景：《凝眸乡村的诗意想象——周大新乡土小说探微》，《西安石油大学学报（社会科学版）》2010 年第 2 期。

杨琛：《权欲纠结下的人性沉沦与乌托邦救赎——南阳作家周大新小说〈湖光山色〉论》，《南阳师范学院学报（社会科学版）》2010 年第 5 期。

钟芳倩：《星星之火成为燎原之势——剖析〈湖光山色〉悲剧背后的意旨》，《大众文艺》2010 年第 11 期。

刘晓、周卫华：《多重文化笼罩下的"湖光山色"》，《东岳论丛》2010 年第 8 期。

廖四平：《论〈湖光山色〉——"茅盾文学奖"获奖作品丛论之二》，《清远职业技术学院学报》2010 年第 5 期。

郭玫：《周大新小说原型探析》，硕士学位论文，华中科技大学，2010 年。

朱丽娟：《南阳盆地文化与周大新的小说创作》，硕士学位论文，安徽师范大学，2010 年。

2011年　60岁

2月26日，国务院办公厅发出《关于积极稳妥推进户籍管理制度改革的通知》。

3月15日，《三一五中国作家讨百度书》开启中国作家的维权行为。

8月，第八届茅盾文学奖评选纳入网络文学作品，评委60多人的规模遭到网友质疑。

10月24日，《乔布斯传》全球同步发行，中信出版社拿出上百万元作为硬性营销费用，提前三个月在网上预售，改变了中国出版业的营销模式。

是年　在总后勤部创作室从事创作。

1月6日　参加乔信民、于玲的纪实小说《掩不住的阳光》首发式，在研讨会上作简短发言；见到徐特立的孙女和方志敏的孙子，与其先辈相比，"其相貌的相似令人惊奇"。

1月　持续写作长篇小说《界河两岸》。9月13日，修改篇名为《安魂曲》。断断续续写作《安魂曲》直到年底。

1月　修订短篇小说《旁观者》，以篇名《赌场旁观者》发表于《可乐》2011年第1期。后以篇名《旁观澳门赌局》转载于《中国剪报》2011年4月1日，被《特别文摘》2011年第4期转载。

2月2—6日　在邓州老家前周庄村过春节。

2月22日至3月2日　在上海，采访调研吴孟超的报告文学材料。3月8—22日，写关于吴孟超的报告文学《生命的护卫者——护卫生命》。3月9日，修改篇名为《爱之歌》。后以《大医仁心》发表于《解放军报》2011年5月4日。被《青少年日记》2012年第5期转载。

3月3—7日　写在中国作协全委会上的发言《中国军队的新变化与军队作家的新机遇》。

4月11日　创作谈《对乡村世界一腔深情——由小说〈湖光山色〉谈起》发表于《光明日报》。

5月4日　在总政参加文化体制改革座谈会。

5月18日　参加北京新闻出版局召开的"京味·当代作品出版座谈会"。

6月12日　参加胡松夏诗歌座谈会。

7月22日　在朝阳区残疾人活动中心为残疾人文学爱好者讲写作课。

7月23—27日　接待德语翻译家吕龙霈一家，陪同观看京剧《九江口》。

8月2—20日　参加第八届茅盾文学奖评奖活动。最后获奖作品为《你在高原》《蛙》《天行者》《一句顶一万句》《推拿》等五部作品。8月20日，接受《京华时报》《北京青年报》就评奖情况的电话采访。

8月2日　创作谈《陌生的战场——长篇小说〈预警〉文外谈》发表于《光明日报》。

8月25—30日　写有关文学的认识的文章，篇名为《公开的情人》。

9月1日　在中国国际图书博览会上的中国作家馆，参加与希腊作家的对话，主题为"小说中的历史和现实"。

9月2日　在中国作家出版集团，参加"关于'纯文学'与'大众文学'的位置与发展"的研讨会。

9月10日　在东城区图书馆为读者讲"我的乡村世界观"。

9月18日　接受"新浪网"读书栏目采访。

9月19日　在国家大剧院，参加第八届茅盾文学奖颁奖仪式。

10月7日　观看电影《辛亥革命》。

10月20日　参加朱增泉①《战争史笔记》作品座谈会。

10月21—23日　写散文《努力工作，为中国文化繁荣尽力》。

10月27—31日　写《答〈江南〉杂志问》。

11月19—25日　参加中国文联第九次全国代表大会、中

---

① 朱增泉（1939—　　），男，江苏无锡人。军旅作家，代表作为5卷本《战争史笔记》。

国作协第八次全国代表大会。

11月23日　接受"人民网"文化频道访谈。

11月30日　与王树增一起在 CCTV-7 参加《军营文化大视野》节目访谈。

11月　文学评论《对医改的思考与破解——读长篇小说〈卫生局长〉》发表于《健康大视野》2011年第21期。

按：《卫生局长》是刘志学①的长篇小说，2011年5月由团结出版社出版。

12月11—16日　参加全国大学生小说征文评奖活动。

本年度重要论文：

白春超：《评周大新的长篇小说〈预警〉》，《平顶山学院学报》2011年第1期。

武新军：《谍战小说的新突破——评周大新长篇小说〈预警〉》，《平顶山学院学报》2011年第1期。

刘军：《〈预警〉：消费语境下的经验叙事》，《平顶山学院学报》2011年第1期。

李翠萍：《乡村社会的变与恒——试析周大新的小说〈湖光山色〉》，《理论界》2011年第2期。

何文娜：《周大新小说中复杂人性的英雄本色》，《飞天》2011年第2期。

---

①　刘志学（1965—　），生于河南封丘，网名老枪，作家、资深传媒人员。

王治国、郭海玉：《民间视角下的人性探寻——周大新军旅小说的战争之思》，《当代文坛》2011 年第 3 期。

潘磊：《乡土变革的寓言化表达——读周大新〈湖光山色〉》，《文艺争鸣》2011 年第 9 期。

北乔：《作为平民的写作——周大新论》，《扬子江评论》2011 年第 3 期。

田丰：《非人和异化：〈湖光山色〉人物形象透视》，《浙江树人大学学报（人文社会科学版）》2011 年第 4 期。

张静芝：《家族精神的高扬与自我意识的失落——论周大新的家族小说〈第二十幕〉》，《名作欣赏》2011 年第 24 期。

王久辛：《预警"被时代"的危情推荐作家周大新长篇新作〈预警〉》，《中国武警》2011 年第 3 期。

皇甫方方：《论周大新小说的性别叙事》，硕士学位论文，河南大学，2011 年。

刘从中：《穿行在历史潮流中的乡土写作——周大新小说与 20 世纪 20、30 年代乡土小说比较研究》，硕士学位论文，山东师范大学，2011 年。

铁艳艳：《论周大新盆地小说中的复仇叙事》，硕士学位论文，兰州大学，2011 年。

杨琛：《周大新乡土小说研究》，硕士学位论文，广西师范学院，2011 年。

2012年　61岁

3月2日，中国文联向社会正式发布"文艺界核心价值观"和《中国文艺工作者职业道德公约》。

5月20日，中国作家协会在北京人民大会堂召开"坚持以人民为中心的创作导向座谈会"，纪念毛泽东同志《在延安文艺座谈会上的讲话》发表70周年。

9月10日，中国文联、中国作协发表声明指出：日本政府不顾中国坚决反对，宣布"购买"钓鱼岛及其部分附属岛屿，实施所谓"国有化"，公然侵犯中国领土主权，严重伤害了中国人民感情，损害了两国关系。

10月11日，莫言获得2012年诺贝尔文学奖。

12月26日，人民文学出版社《当代》杂志举办的"当代·长篇小说年度论坛"在北京举行。由与会作家、评论家、媒体和出版社代表等选出的"长篇小说（2012）年度五佳"分别是刘震云《我不是潘金莲》、周大新《安魂》、格非《隐身衣》、叶广芩《状元媒》、马原《牛鬼蛇神》。《安魂》当选"年度最佳"。

是年　在总后勤部创作室从事创作。

1月3日　为"《作家文摘》创刊20周年"题贺词："选百家美文供读者品赏，摘千书精粹为作家喝彩。"

1月15日　接受邓州电视台几位记者采访。

1月25日　写散文《我过元宵节》，后以篇名《我过元宵节：从童年到军营》发表于《中国艺术报》2012年2月1日。被《语文世界（中学生之窗）》2014年第10期转载。被《南阳晚报》2018年2月14日转载。

1月　随笔《关于乡村世界的几个思考》发表于《江南》2012年第1期。

2月4—8日　为中国文史出版社整理书稿。5月，作品集《长在中原十八年》由中国文史出版社出版，分为三部分，汪兆骞作序。

2月10—13日　撰写"关于军事文学发展的调研报告"。

2月22日　修改长篇小说《安魂曲》，篇名改为《安魂》。3月6—7日，校对《安魂》。对话体长篇小说《安魂》发表于《当代》2012年第4期。6月7—11日，再次校对《安魂》。8月，由作家出版社出版发行单行本。《安魂（节选）》被《芳草》（小说月刊）2012年第10期转载。

2月　为军旅作家胡松夏写的评论《一个兵——总后勤部战士作家胡松夏写真》发表于《解放军报》2012年2月8日。

3月7—8日　整理散文集书稿《奖赏欺骗》。

3月10日　在首都博物馆参加南阳汉画在京展览会开幕式。

3月11日　写随笔《文学与心灵》。

3月16—19日　整理演讲稿《中国传统文化》，篇名修改为《懂点文学好》，后又修改为《中国传统文化浅说》。3月21日，在军事医学科学院演讲，题为"中国传统文化浅说"。

4月10—11日　参加中国作协八届二次全委会。

4月12日　在大兴剧院，参加北京市第二个阅读季开幕式，以读书形象大使身份宣读《致市民朋友的倡议书》。下午在301医院作讲座，题为"懂点文学好"。

4月18—20日　修改演讲稿《懂点文学好》，改为《读点文学好》。4月27—28日，持续修改演讲稿。

4月26日　出席北京新闻出版局召开的第十届北京国际读书节形象大使座谈会。

5月17日　在全军文学创作座谈会上发言。5月18—19日，修改该发言，题为"不断寻找新的军事文学写作资源"。

5月23日　在人民大会堂，参加纪念毛泽东同志《在延安文艺座谈会上的讲话》发表70周年大会。

5月26—27日　为左代富的诗集《羌山天难》写序。

5月28—30日　参加全军文学创作座谈会，作了题为"不断寻找新的军事文学写作资源"的发言。以随笔《不断寻找新的写作资源》发表于《文艺报》2012年6月8日。

6月1日　在银川，参加宁夏会展中心举办的全国第22届图书交易博览会，与乔叶对话，谈她的《拆楼记》，梁鸿主持。该对话以《拆迁深处的人性真相：银川书博会〈拆楼记〉对话实录》为题发表于《黄河文学》2012年第10期。

6月12日　在中国现代文学馆参加"中国乡土小说大系"首发式。

6月13—29日　思考长篇小说创作，有关政治题材、官场小说，拟名为《三千里路》，以声音记录，回忆为主。7月2日，开始写长篇小说《八千里路》。

7月2日　参加中宣部"五个一"工程评奖活动。

7月7日　参加解放军出版社《解放军文艺》出刊700期纪念会。

7月14日　参加杨建红的《"抗震救灾英雄战士"武文斌》作品研讨会。

7月28日至8月2日　写《答〈华商报〉记者孙强问》。

8月3—7日　为赵昕的长篇小说《别跟你爸过不去》（暂定书名）作序。

8月12—14日　写散文《老乡柳建伟》或《柳建伟印象》。以篇名《我的同乡柳建伟》发表于《文艺报》2012年8月24日。

8月27日　写《新华书目报》记者王晓君的采访稿。与《北京青年报》《中国艺术报》记者见面。记者傅小平的采访文章《周大新：用生命写就的安魂曲》发表于《文学报》2012年9月6日。记者张黎姣的采访文章《周大新：我无法摆脱土地的记忆》发表于《中国青年报》2012年9月18日。

8月29日　北京国际图书博览会开幕，参加在中国作家馆举行的"中原文学崛起"开幕式。

8月30日　长篇小说《安魂》发布会在中国作家馆举行。12月26日，《安魂》获《当代》长篇小说2012年度最佳。2022年3月25日，改编自小说的同名电影《安魂》首映。《广州日报》2012年9月22日至10月30日，每日连载《安魂》，共15期。

按一：长篇小说《安魂》采用对话体的第一人称叙事，以作者和儿子周宁的父子之情缘为主要情节，叙述了儿子真实的一生和虚构的彼岸生活。全书共有三十章，按照天干地支的纪年来命名每章，正好是从儿子周宁的出生"己未"（1979年）到去世"戊子"（2008年），以"乙亥"（1995年）为转折点分为上、下两部分。上部回忆现实的家庭生活，周宁的出生、成长、恋爱与工作经历、抗癌治疗，下部叙述虚构的天国世界，周宁灵魂的升华、超越与对生死的领悟。整部作品刻画了感性自我作为"父亲"痛入骨髓的追忆与反省，但在理性自我"儿子"的引导和劝慰下接受生命无常的现实悲苦，从而超越了生死羁绊的生命苦难。

按二：《安魂》新书发布会开始，多家报纸和杂志相继刊发相关的报道和评论，尤其是一些名家的评论还被多家报刊转载。电影公映之后，又引起学界的讨论和对影视改编的评论。比较有代表性的评论如下：

最早发表的评论是胡平的文章《生存与死亡的超越——读周大新长篇新作〈安魂〉》①（2012 年），作者把史铁生与周大新相比，认为他们都点燃自身，"以生命为火炬，照亮了我们意识到的生死两界"。周大新在三年的丧子之痛后写出《安魂》，用作者和儿子周宁的对话，在时光交错的叙述中讲述了周宁平凡短暂的一生，塑造了坚强、勇敢、不断成长而超凡脱俗的周宁形象。同时，展现了深沉而拼死挣扎的父爱之深。胡平认为作者用深邃的目光和悲悯的胸怀观照人生，使我们每一个人经由阅读理解生命而汲取生的力量。

吴义勤的文章《超越生死的悲悯之书——读周大新的长篇小说〈安魂〉》（2012 年）指出小说前、后两部分在情绪、内容及叙述色调上不同，但自我拷问、人性追问、生死感悟的力度贯穿始终，"周大新对生和死的重新理解和阐释，将个人经验升华成了普遍意义"，第一人称叙事、复调对话的结构、抒情而诗性的语言、内倾性的叙事与描写，使小说呈现出"纯净、自然、唯美"的质地。

梁鸿鹰的文章《为了人生的丰硕与完满——读周大新长篇小说〈安魂〉》（2012 年），指出周大新使用彻头彻尾写实的手法，不加掩饰地描述了死亡逼近的所有"可怕之态"，实现纪实与幻想的杂糅与结合，在痛苦叙事的虚构中，劝慰人们鼓起前

---

① 该文被《云浮日报》2012 年 11 月 4 日转载，被《恒台大众报》2012 年 10 月 25 日转载，被《江南时报》2012 年 11 月 21 日转载，被《全国新书目》2012 年第 10 期刊发，被《清徐报导》2016 年 3 月 2 日转载。

行的勇气，是超越痛苦、超越自我的超越之书。

孟繁华评价《安魂》，"这是一部啼血之作，他将无边的痛苦化作想象的长虹，他将这条长虹挂在天国也挂在人间"①，开启对生命、生活、生死的严肃思考。

贺玉高的文章《超越死亡的亲情救赎：评周大新的〈安魂〉》（2015年），指出前半部写庸常之情的真，后半部分虚构想象中的现代化天国，从个人私人情感叙事走向全人类的宏大叙事，使群体意识淹没了个体意识，但是该书提供的精神价值超越了审美价值。

杜昆的文章《试析周大新〈安魂〉的宗教情怀》（2015年），指出"宗教情怀升华了《安魂》的审美品质，是慰藉亡灵、救赎自我、净化读者的关键因素"②。

刘海燕的文章《面对灾难，文学的救赎功能——重读周大新的长篇小说〈安魂〉》（2020年），指出《安魂》具有当代作家中罕见的真，"卢梭《忏悔录》式的真"，上半部写"人间之爱、忏悔与救赎"，下半部写"超越生死、更宽广的救赎"，是一部超越生死的爱的安魂曲，作家的私人经验经由作品阅读而变成让更多人获得救赎的公共经验。

贺邵俊的文章《超越自我的安魂曲》（2022年），指出《安

---

① 孟繁华：《〈安魂〉——无边的痛苦与想象的长虹》，《羊城晚报》2013年1月13日第01版。

② 杜昆：《试析周大新〈安魂〉的宗教情怀》，《信阳师范学院学报（哲学社会科学版）》2015年第3期。

魂》情理兼备，对话中的儿子代表作者理性自我的思考，父亲是作者自身"情的自我"，周大新用理性抚平悲情，抵达超越自我的精神高地，是一部"在生死伦理上得到升华""在人类意识上得以超脱"的小说。

9月1日　中原作家群集体亮相北京国际图书博览会。接受《中国文化报》党云峰的采访，采访稿题为《周大新：用乡音描述世界》发表于《中国文化报》2012年9月17日。

9月2日　写《答河南记者刘洋问》。

9月4日　写《答〈北京日报〉记者路艳霞问》，以题为《周大新长篇小说〈安魂〉——献给英年早逝的儿子》发表在《北京日报》2012年9月24日。

9月16日　在中央电视台，与崔永元开始录制《小崔说事》栏目。10月15日，CCTV-1开始播出关于周大新的采访《小崔说事》。重读托尔斯泰和沈从文的作品。

9月17日　随笔《中原厚土给我精神滋养》发表于《新华书目报（社科新书目）》。

9月18—21日　写散文《向李雪健致敬》，后修改篇名为《向李雪健学习》。9月26日，在中国文联参加"李雪健事迹座谈会"。以篇名《对艺术永怀虔诚之心》发表于《中国艺术报》2012年9月28日。

9月27日　在国际大厦接受中国网络电视台采访。

9月　西苑出版社出版"当代中国名家精粹"丛书"周大新卷"四种，分别是《平安世界》（收录《平安世界》《向上的台阶》《紫雾》《银饰》4 篇小说)、《战争传说》、《走出盆地》、《21 大厦》。

10 月 13—14 日 写《答〈乌鲁木齐晚报〉记者杨梦瑶问》。

10 月 27 日 在辽宁省文学院作题为"小说与苦难"的讲座,以篇名《小说与苦难》发表于《创作与评论》2013 年第 8 期。

11 月 4—9 日 应中国驻希腊大使馆邀请,在雅典参加纪念卡赞扎基斯的研讨会。

11 月 23 日 周大新夫妇在家乡河南南阳邓州设立了"周宁助学基金",捐款 100 万元,作为教育基金,资助家乡考上大学的贫困生完成学业。

12 月 2—3 日 学习党的十八大会议精神和大会报告。

12 月 7 日 在中国出版集团,参加华文出版社新书《台湾村纪事》首发式与座谈会。

12 月 16 日 接受外文局中国网记者采访。

12 月 16—22 日 写短篇小说《圆月高悬》。

12 月 26 日 参加《当代》杂志社举办的"当代长篇小说年度论坛"。

12 月 31 日 给中国作家网写《作家新年寄语》:"2013 年给我们带来了太多的期待:期待着 2012 年岁末兴起的新作风新会风能持续下去;期待着腐败的势头能得到切切实实的扼制;期待着进城务工的农民能尽快获得城镇户口;期待着依然生活

在农村的父老乡亲们的收入真的有增加；期待着官员们不再用公款大吃大喝；期待着不再吃到有毒有害的食品；期待着上学的学生们都能平安；期待着文学事业能得到各级政府更多的重视和关心；期待着文学作品能拥有更多的读者……所以生出这么多的期待，是因为我们对未来充满着信心！"

本年度重要论文：

任芸莹、王黎黎：《周大新小说独特的叙事手法》，《重庆三峡学院学报》2012 年第 1 期。

王颖：《论周大新小说中的男权意识》，《海南师范大学学报（社会科学版）》2012 年第 2 期。

胡平：《生存与死亡的超越——读周大新长篇新作〈安魂〉》，《文艺报》2012 年 8 月 31 日。

刘永春：《乡村拟想、介入叙事与史诗追求——论〈湖光山色〉与周大新模式》，《时代文学（上半月）》2012 年第 9 期。

沈嘉达：《〈湖光山色〉："底层"、当下与女性成长叙事》，《世界文学评论》2012 年第 2 期。

吴义勤：《超越生死的悲悯之书——读周大新的长篇小说〈安魂〉》，《中国艺术报》2012 年 11 月 26 日。

梁鸿鹰：《为了人生的丰硕与完满——读周大新长篇小说〈安魂〉》，《解放军报》2012 年 11 月 30 日。

许丹丹：《价值理想的选择与周大新小说创作的乡土转向》，硕士学位论文，西南大学，2012 年。

李雨浓：《论周大新乡土小说的文化意蕴》，硕士学位论文，山东师范大学，2012年。

来静：《论周大新的乡村书写》，硕士学位论文，东南大学，2012年。

2013 年　62 岁

8 月 19—20 日，全国宣传思想工作会议召开。习近平讲话指出，要巩固马克思主义在意识形态领域的指导地位，巩固全党全国人民团结奋斗的共同思想基础。

12 月 14 日，"网络与文艺：2013 北京文艺论坛"在京召开。

12 月 30 日，由人民文学出版社《当代》杂志主办的"当代长篇小说年度论坛"在京举办。在 2009 年至 2013 年"五年五佳"的评选中，刘震云的《一句顶一万句》、严歌苓的《陆犯焉识》、周大新的《安魂》、刘慈欣的《三体·死神永生》、贾平凹的《古炉》获奖。

是年　在总后勤部创作室从事创作。

1 月 3—8 日　写短篇小说《明月高悬》。2 月 27 日，修改定稿《明月高悬》，以篇名《圆月高悬》发表于《十月》2013 年第 4 期。

1月7日　在现代文学馆参加李天岑作品讨论会。

1月12日　为《文苑》（经典美文）杂志写名家寄语《渴望》。

1月18—22日　写《答高方方问》。该采访以篇名《生命是一条缓慢的河流：对话周大新》发表于《百家评论》2013年第1期。

1月18日　在现代文学馆参加《小说选刊》双年奖颁奖仪式，《安魂》获得双年奖长篇小说奖，金炳华为周大新颁奖。

1月22—28日　写出访希腊的散文《希腊游》，后修改为《在苏格拉底被囚处》。2月3日、2月7日修改此散文。散文《在苏格拉底被囚处》发表于《北京文学》2013年第7期，被《杂文选刊》2013年第8期转载，被《各界》2013年第12期转载，被《重庆日报》2014年7月3日转载，被《读写月报（高中版）》2014年第9期转载，被《读者》2015年第2期转载。2014年10月14日，散文《在苏格拉底被囚处》获第七届老舍散文奖。由北京市文联、北京文学月刊社主办，江苏省泗洪县人民政府协办，在江苏泗洪隆重颁奖。散文《在苏格拉底被囚处》被收入散文集《赶山走海追春风》，2022年7月由江苏凤凰文艺出版社出版。

1月24日　在《经济日报》社经济网演播厅，接受河南电视台《对话中原》栏目主持人郭彦如的采访。3月18日，其采访视频《周大新的军旅小说——沧海横流，方显英雄本色》发布于人民网。

1月26日　在国家体育馆，参加"2013年中央电视台网络春晚"，晚会主题为"我爱中国的N个理由"，与杨立新一起完成第一次网络征集的我爱中国的第一个理由：中国美丽。

1月　解放军文艺出版社出版作品集《你能拒绝诱惑》，收入81篇散文及文学随笔。人民文学出版社"茅盾文学奖获奖作家的短经典"丛书《地上有草》，收入中短篇小说7篇，散文11篇，"茅盾文学奖"答谢辞1篇。华文出版社出版《预警：插图评点本》，王久辛评点。

1月　江苏文艺出版社出版中短篇小说集《玉器行》，收入10篇小说。为戴立作品写评论文章《用文字编织美好的世界——总后勤部业余作家戴立及其创作》发表于《解放军报》2013年1月26日。

2月4日　参加首都文化界迎春座谈会，王蒙、冯小刚等在场。

2月18日　妻子杨小瑛从中国地震局直属机关退休。

2月26日　为安徽文艺出版社整理散文集稿子。2013年11月，散文集《摸进人性之洞》由安徽文艺出版社出版，收录90多篇散文。

2月　为陶克①的新作《告诉你一个真实的雷锋》写评论，以《人类共同的精神财富——〈告诉你一个真实的雷锋〉读

---

① 陶克（1953— ），男，笔名古秦，河南南阳人。曾任《中国国防报》副总编辑、《中国民兵》副主编。1990年开始发表作品。代表作有长篇报告文学《1998年长江大决战》、《中国雷锋现象》（合作），中篇报告文学《集团军长》。

后》发表于《中国国防报》2013年2月21日。被《光明日报》2013年2月25日转载。被《国防教育》2013年第3期转载。

3月4—7日　构思长篇小说创作。

3月5日　接受北京广播电台的采访。

3月12—19日　出访德国，参加德文版《湖光山色》在莱比锡举行的新书发布会。出访期间，相继参观了歌德、席勒生活过的地方，走访波茨坦、柏林、耶拿、莱比锡、法兰克福。

3月24日　写长篇小说《八千里路》，修改篇名为《上坡下坡》。4月6日，修改小说篇名《八千里路》为《曲终人在》。4月22—24日，持续写小说《曲终人在》。

4月8—9日　参加"全军文艺创作规划会"。

4月10—12日　在新郑，作为海内外18位祈福嘉宾之一，参加黄帝祭拜大典。

4月19—21日　在海口，参加第23届全国图书交易博览会。4月20日，在第23届全国图书交易博览会上，梁晓声、周大新、韩少功分别带作品《儒者》《向上的台阶》《山南水北》，参加由湖南文艺出版社举办的"春天三重唱"文学对谈。

4月25日　在解放军文艺出版社，参加汪瑞的小说《当兵走阿里》（2012）研讨会。

4月26日　在解放军艺术学院，参加"军事文学研究中心"揭牌仪式。

4月29日　观看电影《致青春》。

4月　湖南文艺出版社出版中篇小说集《向上的台阶》，收入《向上的台阶》和《银饰》两篇小说。2015 年 7 月，湖南文艺出版社再版该书。

5 月 1—9 日　阅读希腊作家玛琳娜·拉斯西奥达基（又译玛丽娜·拉斯西奥达基）的小说《诺言》，并写文学随笔《爱的力量——读〈诺言〉》。

按：希腊作家玛琳娜·拉斯西奥达基所著《诺言》，讲述一位母亲陪伴儿子共同抗癌的五年生活，儿子刚满 18 岁离世。中文版译者李成贵，作家出版社 2015 年 1 月出版。

5 月 10—12 日　为德国制片公司写电影剧本《安魂》故事梗概。

5 月 11 日　在中国戏剧学院试验剧场观看俄罗斯话剧《三姐妹》。

5 月 29—30 日　参加中国作协军事题材创作委员会第七次会议，作了题为"军事文学创作的新情况与老问题"的发言。以《军事文学的新情况与老问题》发表于《文艺报》2013 年 6 月 28 日。

5 月 31 日　担任《北京文学》2011—2012 年度中篇小说奖评委。6 月 27—28 日，为拟投票的五篇小说写短评。

5 月　随笔《读书笔记》发表于《鸭绿江（上半月）》2013 年第 5 期。

5 月　沈文慧编著的研究专著《周大新研究》由河南人民出版社出版。

5 月　为张天星的散文集《秋声》写评论文章《让人心更

美好》，发表于《粮油市场报》2013年5月10日。

6月15—16日 写散文《年老未曾忘忧国》，赞扬贾雪阳将军，希望这样兢兢业业、道德高尚的人能够更多一些。发表于《解放军报》2013年6月27日。

6月20日 在解放军出版社，参加济南军区吕怡慧的小说《女生楼404》研讨会。

6月21—26日 写散文《看遍人生风景》，后发表于《人民日报》2013年8月6日。

6月 散文《再爱田园》发表于《文苑》2013年第6期。

7月1日 散文《走进耶路撒冷老城》被选入《散文选刊·创刊30年散文精选集：纸上春秋》，该散文集由同心出版社出版。

7月3日 参加《北京文学》第六届中篇小说评奖活动。9月10日，参加该活动的颁奖仪式。

7月5日 在鲁迅文学院，参加河南作家温青的长诗《天堂云》研讨会。

7月23日 在中国邮政集团大厦，参加《光明日报》举办的"寻找最美邮递员"活动启动仪式，与何建明一起担任形象代言人。

7月 散文《在小说里给你建一个幸福天国》发表于《品读》2013年第7期。

8月5日 在邓州一高，参加"第一届周宁助学金颁发仪式"，资助两名考上大学的学生。

8月19日 参加中央电视台《文化视点》栏目开拍,讲两个问题:"认识娜塔莎"和"阿里萨之爱"。

8月26日 参加五洲出版社承办的翻译家、作家对谈会。与墨西哥《安魂》翻译者陈雅轩(中文名)交流,刘震云、赵德明等在场。

8月 为军旅作家谢新源①的散文集《阳光点燃心灯》写评论文章《温暖的声音》,发表于《文艺报》2013年8月19日,后以篇名《温暖的声音——谢新源和他的〈阳光点燃心灯〉》被《解放军报》2013年9月3日转载,被《法制资讯》2013年第9期转载。

9月21日 写短文《邮递员》,后以题为《对邮递员心怀感激》发表于《中国邮政报》2013年10月9日。

9月22—27日 在河南省灵宝市,组织并参加2013年总后勤部军事文学笔会。9月29—30日、10月7—14日,写关于灵宝的报告文学作品《精心谋划保打赢——随时准备出征》。以散文《准备出征》发表于《解放军报》2013年11月5日。

10月24日 CCTV-3播出周大新参加的《让我们来读书吧(一)》节目。

11月1—5日 在南阳邓州探亲。11月4日,在南阳,参加"大美南阳"论坛,作了题为"让南阳的建筑物美起来"的

① 谢新源(1960—),男,笔名向天歌,河南温县人。当代军旅作家,著有散文集《心踪·游踪·神踪》《沧桑无语》《纯洁的季节》、报告文学集《流程》《地韵》《响云》、长篇人物传记《化腐朽为神奇》。

发言。

11 月 5 日　随笔《文化复兴是南阳崛起的基础》发表于《南阳晚报》。

11 月 24 日　在中央电视台《文化视点》栏目录制节目，讲"面条的前世今生"。散文《面条的前世今生》发表于《光明日报》2014 年 2 月 21 日。被《小品文选刊》2014 年第 4 期转载。

12 月 12 日　签订《湖光山色》《21 大厦》译成阿拉伯文的授权书。

12 月 13 日　在广州，参加谢新源散文作品研讨会，谢有顺在场。

12 月 24 日　在《人民日报》社，参加文艺部召开的作者编辑座谈会。

12 月 30 日　接受《郑州日报》左丽慧、李焱采访。

按：本年度刘泽友的文章《论周大新的小说创作》，在文中把周大新的小说创作分为三个时期：20 世纪 80 年代中期以前、80 年代后期到 90 年代、21 世纪之后。因此，其作品也呈现出三种倾向："当代军人的道德评判者""南阳故土的精神守望者""现代都市文明滑落的见证者"。刘泽友认为周大新在坚持现实主义基础上，吸收和借鉴西方现代和后现代的"某些养分"，完成作家自己的艺术嬗变。

本年度重要论文：

孟繁华：《〈安魂〉——无边的痛苦与想象的长虹》,《羊城晚报》2013 年 1 月 13 日。

刘泽友：《论周大新的小说创作》,《创作与评论》2013 年第 2 期。

李炎超：《周大新乡土小说的神秘叙事》,《小说评论》2013 年第 3 期。

贺彩虹：《当代乡村文化生态的完整呈现——周大新〈湖光山色〉论》,《百家评论》2013 年第 3 期。

李金花：《读周大新的长篇小说〈安魂〉》,《文学教育（上）》2013 年第 8 期。

邹阳：《探索与突破——论周大新盆地系列小说的创作》,《安康学院学报》2013 年第 4 期。

姚晓雷：《试论新世纪文学对当下乡村社会的主体呈现困境——以〈湖光山色〉为中心的一种考察》,《学术月刊》2013 年第 11 期。

周淑贞：《民间文化对〈湖光山色〉创作的影响》,《芒种》2013 年第 24 期。

尚杰丽：《为人性美好而文学——论周大新的文学创作》,硕士学位论文,河南师范大学,2013 年。

2014 年　63 岁

2月27日，十二届全国人大常委会第七次会议通过《关于确定中国人民抗日战争胜利纪念日的决定》，将9月3日确定为中国人民抗日战争胜利纪念日；将12月13日设立为南京大屠杀死难者国家公祭日。

4月9日，由中国作协创研部、《人民日报》文艺部、《光明日报》、《文艺报》、鲁迅文学院共同主办的"中国梦"与文学创作研讨会在北京召开。

10月15日，习近平主持召开文艺工作座谈会，强调只有牢固树立马克思主义文艺观，真正做到了以人民为中心，文艺才能发挥最大正能量。

是年　在总后勤部创作室从事创作。

1月　继续创作长篇小说《曲终人在》。为赵雁小说写的评论文章《"航天人"生活的艺术呈现——读赵雁中短篇小说系列》发表于《解放军报》2014年1月7日。

1 月　人民文学出版社出版"茅盾文学奖获奖作品全集"典藏版、特装本、平装本《湖光山色》三个版本。

2 月 14—18 日　审定希腊作家玛琳娜的《诺言》翻译稿。

2 月 27 日　在中国现代文学馆，参加赵富海①的《南丁与文学豫军》新书研讨会。

3 月 14 日至 4 月 4 日　将中篇小说《宣德年间的一些希望》改编成电影剧本，剧本名为《飞鸟》。4 月 26—27 日，修改剧本《飞鸟》。

4 月 5 日　在 CCTV - 3《文化视点》栏目"文化公开课"播出清明节专题节目，其中有一段为周大新所讲《又到清明节》。以散文《又到清明细雨时》发表于《羊城晚报》2014 年 4 月 1 日；被《濮阳早报》4 月 4 日转载；被 4 月 5 日的《湘声报》和《中国剪报》转载。被《农民文摘》2015 年第 4 期转载。

4 月 12—13 日　写散文《画出世间之美》。

4 月 15—20 日　回南阳探亲，照顾生病住院的母亲李大女。

4 月 21—23 日　参加总政文艺局召开的鲁迅文学奖参评作品评选会。

---

① 赵富海（1945—　），男，笔名百川，山东临清人。当代作家，著有中篇小说《老鼠尾巴工程师》《九擒九纵》《年轻夫妻》、长篇报告文学《智慧的密码》、散文集《人间牵挂》《浮生记感》、长篇叙事散文《老郑州：商都遗梦》《老郑州：民俗圣地老坟岗》《老郑州：商都老字号》等。

4 月 30 日　为纪实文学《中国红旗渠》写评论。以题为《郑雄〈中国红旗渠〉——一条"天河"的开凿史》发表于《文艺报》2017 年 5 月 24 日。

5 月 5—6 日　为百花洲文艺出版社整理书稿。2015 年 6 月，百花洲文艺出版社出版《生之景观》（周大新中篇小说精粹），收录包括《香魂女》《蝴蝶镇纪事》《伏牛》《步出密林》《铁锅》《旧世纪的疯癫》《瓦解》《浪进船舱》等 8 部以河南南阳为背景的中篇小说。同时出版《命运样本》（周大新短篇小说精粹），收录包括《汉家女》《小诊所》《金色的麦田》等 25 部以河南南阳为背景的短篇小说。

5 月 7—13 日　写散文《当兵上战场》，后发表于《人民文学》2014 年第 8 期。

5 月 18 日　在中国现代文学馆，参加刘克中长篇小说《英雄地》研讨会。

5 月 25 日　在信阳，参观许世友故居。为信阳师范学院师生作题为"大师的馈赠"的讲座。以题名《大师的馈赠——在信阳师范学院的演讲》发表在《信阳师范学院学报（哲学社会科学版）》2015 年第 3 期。

5 月 27—28 日　为《解放军报》写散文《值得探索的新领域》。

5 月 28—29 日　为《解放军文艺》写散文《大红门笔会记》，后以篇名《大红门笔会》发表于《文艺报》2021 年 6 月 9 日。

6月4—6日 在浙江慈溪，参加《人民文学》"长篇小说双年奖"颁奖大会。6月5日，在慈溪中学作了题为"小说家能给世人带来什么"的演讲。

6月7日 在北京师范大学，参加第四届全国高校文学征文颁奖活动，宣布一等奖获奖名单。

6月11日 在江苏淮北，参加第二届"长征文艺奖"颁奖大会。

6月15日 在中国现代文学馆，参加苗长水的作品《梦焰》研讨会。

6月30日 与柳建伟、张志忠、朱秀海、徐贵祥等一起参加全军中青年文学骨干创作研讨班，与青年骨干作家进行一对一的辅导交流。

7月9—17日 参加中宣部干部学院评选十三届"五个一工程"奖评选活动。

7月28日至8月11日 参与评选第六届鲁迅文学奖活动，任短篇小说评委会副主任，主任为李敬泽。经过多轮投票，8月11日，评选出五部短篇小说获奖作品。人民网"文化频道"采访本届鲁迅文学奖报告文学奖评奖委员会主任何建明、短篇小说奖评奖委员会副主任周大新，以及首次荣获鲁迅文学奖报告文学奖的作家黄传会。9月23日，在中国现代文学馆，参加第六届鲁迅文学奖颁奖大会。

7月 随笔《作家开笔之前做什么》发表于《解放军报》2014年7月1日。记者采访文章《周大新：故乡，永远的精神栖息地》发表于《南阳日报》2014年7月10日。

8月7—21日 写电视剧《他的梦》。8月21日，修改该剧剧名为《皇后》。

8月25日 参加贾樟柯监制、权聆执导的电影《忘了去懂你》首映礼。评价电影《忘了去懂你》，说："拍的超出我原来的想象，这个电影把当前人与人之间的关系表现得非常到位。用一句通俗的话来说就是，提醒我们怎么把日子过好，显示了权聆作为一个小说家当导演的功力。"

8月28日 与华文出版社总编辑李红强、智慧宫文化传媒有限公司总经理白鑫做客"大佳面对面"。同日，在北京国际图书博览会，参加华文出版社组织的阿拉伯语翻译对话会。

8月 随笔《小说家的知识之塔》发表于《民族文学》2014年第8期。被《南阳晚报》2015年11月6日转载。被《青年报》2016年6月19日转载。

9月2日 在南阳，参加"南阳网"举办纪念范蠡的"商道论坛"，与二月河、李天岑等一起发言。

9月16—17日 写散文《又见青瓷》。后发表于《人民文学》2015年第2期。被《南阳晚报》2017年8月11日转载。

9月28日 签订《明宫女》电影改编合同。

9月 河南文艺出版社出版作品集《看遍人生风景》，收入55篇文章。在该作品集中，周大新谈到了托尔斯泰和卡尔维诺对自己创作的影响。

10月9日 在南阳，参加南水北调工程渠首通水纪念活动。

10 月 10 日　写散文《丹水北来》。10 月 24—30 日，修订该散文。以篇名《丹水北去》发表于《人民日报》2014 年 11 月 5 日。

10 月 13—17 日　在江苏泗洪，参加《北京文学》第七届"老舍散文奖"颁奖及采风活动。

10 月 22 日　参与策划 CCTV-7"都匀毛尖——百年世博纪念活动"。

10 月 29 日　在人民大会堂，参加《万里茶道与中国赊店》研讨会。

11 月 3 日　在鲁迅文学院，作题为"小说与欲望"的讲座。

11 月 16 日　在中国作协参加军事文学创作委员会会议。

11 月 21 日　在解放军艺术学院，参加"关于《人民文学》军事题材专号"研讨会。

11 月 29 日　为郑州师范学院师生作了题为"童年、少年记忆对于创作的意义"讲座。

11 月 30 日　在郑州师范学院举行"中原论坛启动仪式暨周大新文学创作研讨会"，本次活动由中国当代文学研究会、中国现代文学馆和郑州师范学院共同举办，李洱、南丁、李佩甫等著名作家和评论家参加讨论会。由李静溪、张延文整理，后以题为《首届中原论坛周大新文学创作学术研讨会纪要》发表于《牡丹》2015 年第 1 期，被《中州学刊》2015 年第 2 期转载。

11月　文学评论《谋划运筹为制胜之道——读路秀儒〈向孙子兵法学运筹〉》发表于《解放军报》2014年11月15日。

12月　继续创作长篇小说《曲终人在》，篇名在《八千里》《雁过天空》《曲终人在》等之间斟酌。

本年度重要论文：

靳书刚：《论周大新小说的儒家文化精神》，《许昌学院学报》2014年第1期。

刘艳宗：《魂灵寻觅：从冲突、忏悔到救赎——评周大新的〈安魂〉》，《文艺争鸣》2014年第3期。

石长平：《文化的自决与文学的自觉——周大新小说的文化形态学诠释》，《郑州大学学报（哲学社会科学版）》2014年第2期。

林为进：《以平民视角写平民——周大新印象》，《语文世界（中学生之窗）》2014年第10期。

李晓伟：《穿透骨髓的安魂曲——评周大新长篇小说〈安魂〉》，《湖南工业大学学报（社会科学版）》2014年第6期。

温惠宇、生素巧：《人性盲点的严肃预警——评周大新的长篇小说〈预警〉》，《美与时代》2014年第12期。

连晶玮：《周大新小说母题研究》，硕士学位论文，广东技术师范学院，2014年。

邹阳：《双重焦虑下的逃离与回归——论周大新的小说创作》，硕士学位论文，广西师范大学，2014年。

孙楠：《论周大新小说的民间性》，硕士学位论文，山东师范大学，2014 年。

2015 年　64 岁

9 月 3 日，纪念中国人民抗日战争暨世界反法西斯战争胜利
70 周年大会和阅兵仪式举行。

11 月 10 日，由中国作家协会主办的中国文学博鳌论坛在海
南省博鳌镇开幕，本次论坛的主题是"世界视野中的中国文学
与中国精神"。

11 月 28 日，中央党校文史部、中国社会科学院文学所联合
主办的"追寻当代中国文艺道路——学习习近平总书记文艺工
作座谈会重要讲话学术研讨会"在北京召开。

是年　母亲李大女去世，周大新从总后勤部正式退休。

1 月 1—9 日　修改完《曲终人在》。1 月 15 日，最后一遍
修订《曲终人在》。发表在《人民文学》2015 年第 4 期。4 月，
人民文学出版社出版单行本。4 月 18 日，人民文学出版社在北
京举办长篇小说《曲终人在》新书发布会。7 月 3 日，中国作协
创研部、中国作协小说委员会、人民文学出版社联合主办的周

大新长篇小说《曲终人在》研讨会在北京举行。李敬泽出席并讲话，认为"关注现实，深入生活，扎根人民，构筑了周大新创作的基本风格"。2016年1月18日，《曲终人在》入选"《当代》长篇小说论坛"年度五佳。

按一：《曲终人在》采用新闻报道纪实叙述，从清河省原省长欧阳万彤的死开始写起，通过与他有关的26个采访对象的第一人称回忆，讲述这位省长的一生经历。小说在结构、叙事上都做出了新的尝试，一个讣告、27篇采访记录、一份保险柜物品清单和一篇遗体告别仪式的报道构成整部作品。整体结构上，打破了虚构与真实的界限，融入对现实生活的深入思考。

按二：这部长篇小说直击政坛，呼吁全社会关注健康的心理状态和正面价值体系的建立，引起社会各界的热烈反响。

王凤英的文章《叙事视角的多维性变奏——评周大新长篇小说〈曲终人在〉》，指出该作品体现了周大新不断创新，超越自己的艺术追求，用《曲终人在》"完成了在众声喧哗的视域下叙事视角的多维性变奏"。

王春林的文章《社会现实批判与政治权力人格的深层透视——关于周大新长篇小说〈曲终人在〉》，对小说中的三类人物进行分析：欧阳万彤和魏昌山的不同仕途理想、普通人常小蕴在政治文化语境中的人性变化、"黑白通吃"的强势人物简延谦。文章指出《曲终人在》在充分展现各种政治权力人格的同时，揭示当代社会中某种黑金政治的本质，是一部思想艺术品格相当优秀的长篇小说。

孟繁华的文章《周大新长篇小说〈曲终人在〉：大舞台主角的隐秘人生》，指出《曲终人在》是一个"仿真"结构，男主人公欧阳万彤理想化的人格，忍辱负重、壮志未酬的悲苦人生，隐含着周大新对生活和世界的理解，是一部"对当下中国干部制度有深入研究、对执政环境复杂性多有体认的作品"。此外，孟繁华的《〈曲终人在〉：拆解中国官场的奥秘》，发表于《中国青年报》2015年7月10日。

付如初的文章《文学可以为反腐做点什么吗？——从周大新的〈曲终人在〉说起》，认为《曲终人在》体现了作家深沉的社会情怀和现实责任感，是"记录时代"和坚持价值理想的政治小说。

易扬的文章《旁观者的"清"与"不清"》，指出小说采用"一点对多点"类似于伞形的叙事结构，借助人物之间互相印证、相互比对的谈话，呈现出局中人无法洞悉的真实。

胡平的文章《新官场文学的经典之作——评周大新长篇小说〈曲终人在〉》，被《百家评论》2017年第3期转载。在文中，胡平指出《曲终人在》是一部高档次的官场小说，采取采访实录形式，完成对主人公欧阳万彤人生轨迹的追溯，突出人物在作品中占据的核心地位，使文学完全回归人学，改变了流行官场小说以潜规则解读、职场升迁捷径的弊端。

沈文慧的文章《有意味的形式：周大新长篇新作〈曲终人在〉的叙事艺术分析》，指出小说采用非情节化的情节结构方式，多元化叙事视角和多重聚焦，多重叙事声音等形式技巧，扩充读者阐释的维度，使文本意义在相互冲突的叙述主体对撞中得以丰富和深化。

石长平的文章《胸中有虑深于海——周大新〈曲终人在〉的忧患意识》，认为小说表达作者的四种忧患意识：一是对官场生态和执政党的忧患；二是对国家安全的忧患；三是对自然生态环境和社会生态环境的忧患；四是对高等教育的忧患。因此，这是一部表达作家对当下世界和当代中国的忧思录。

1月9日　开始编辑"2014年军事题材散文选"。

1月11—22日　答复郑州师范学院博士张延文的采访提纲。以篇名《访谈周大新》发表于《牡丹》2015年第3期。后以《访谈周大新：记忆、乡土与乡情》发表于《牡丹》2015年第5期。

1月12日　在解放军文艺出版社，参加"全军文学作品年选编辑会"。

1月21日　参加《当代》创刊35周年庆祝活动，与王蒙、铁凝、贾平凹、刘心武、邓一光等被授予"荣誉作家"。开始构思长篇小说《人老了》，"对时间的恐惧，每个人其实都是我们生命中的过客"。

1月23日　参加第一届"十月"文学奖颁奖仪式，张承志、马原、刘庆邦等各获奖项，周大新的短篇小说《圆月高悬》获短篇小说奖。

1月　《银饰》的西班牙文版由五洲传播出版社出版，由特赫达翻译。

2月6日　购买当代外国文学作品一百余册。

2月7—9日　为贾随刚诗集写评论《放歌昆仑》，以题为《抒戍边豪情，展阳刚之美——读贾随刚的诗歌集〈放歌昆仑〉》发表于《解放军报》2015年8月17日。

2月11—12日　写散文《上将的文学情怀》。

2月15—28日　在厦门鼓浪屿南京军区疗养院休养。其间，坐船至金门大担岛附近，看到"三民主义统一中国"标语牌，留下印象。

2月　散文《风雪天，还愿天》发表于《影响孩子一生的经典阅读（中学版）》2015年第2期。

3月1日　参加王思茗长篇小说《冬妹》首发式。

3月11日　在总后勤部财务部作题为"中国廉政文化浅说"的讲座。

3月16日　国际广播电台西班牙文记者万戴和姜珊一同来访。

3月23日　拟写散文《人类的未来》。

3月25日　正式办理退休手续。构思散文《你为什么不会羞涩》《羞涩，世上最美的饰物》《人类的未来》。

3月26日　接受《南阳晚报》记者张燕的电话采访，采访内容以题为《周大新的"南阳故事"》发表于《南阳晚报》2015年3月27日。

3月28日　在郑州，参加河南省文学院"孙方友作品研讨会"，在会上发言，认为孙方友建立了一个属于自己的文学陈州，再现中国笔记小说的辉煌。

3月29日　回到构林老家，探望卧病在床的母亲。

4月3日　在南阳市第二高级中学为学生作讲座，主要讲四句话：一是天生我材必有用，有知有识堪大用；二是每个人都有一份幸福，也都有一份磨难；三是任何收获都有代价，只靠天分换不来成功；四是爱惜自己，也要关爱别人。

4月7日　在人民文学出版社，为当当网签售《曲终人在》。

4月9—13日　写《关于〈曲终人在〉创作谈》，以篇名《我的忧虑与理想——关于〈曲终人在〉》发表于《光明日报》2015年6月2日。被《张家口晚报》2015年6月10日转载。以篇名《关于〈曲终人在〉》被《许昌学院学报》2015年第6期转载。

4月11日　在鲁迅文学院接受孔会侠采访。采访文章《与一颗简白、慈柔之心的对话——周大新访谈》发表于《小说评论》2017年第2期。

4月13日　接受《北京青年报》记者采访。采访文章《周大新：做一个好官有多难》发表于《北京青年报》2015年4月17日。

4月14—15日　参加中宣部出版局"抗日战争胜利70周年百佳图书评选"活动。

4月19日　参加人民文学出版社组织的《曲终人在》记者见面会，李敬泽、施占军、梁鸿鹰、何向阳等作为特邀嘉宾出席。

4月22日　接受"腾讯视频"记者王姝蕲采访，专访文章《周大新：官场可以美好吗?》发布于"腾讯文化频道"，被《中国出版传媒商报》2015年5月29日转载。

4月23日　在中国政协作"中国廉政文化"的讲座。

4月25日　在人民文学出版社作"人性立方体"的讲座，与读者交流、签名。

4月28日　参加全国五一节劳模先进工作者表彰大会。

4月29日　在新闻出版署出版司，参加评选抗战优秀图书选题活动。

4月　随笔《关于阅读方式》发表于《河南工人日报》2015年4月23日。随笔《曲终人在》发表于《劳动报》2015年4月26日。《安魂》西班牙文译本由五洲传播出版社出版，由赫尔南德斯翻译。

5月6日　随笔《窥见当下人们的精神世界》发表于《文艺报》。

5月9日　在北京外国语大学作题为"人性立方体"的讲座。

5月14日　接受《南阳晚报》记者电话采访，以《周大新谈新书》发表于《南阳晚报》2015年5月15日。以题为《周大新：幸福就在前面等着你》发表于《南阳晚报》2015年5月21日。

5月15日　在武警后勤学院，作题为"中国廉政文化浅说"的讲座。

5月16日　在中原图书大厦，与媒体记者、读者见面，并签名售书。当晚，在河南警察学院作讲座和签售《曲终人在》。

5月17日　在河南师范大学，与研究生及教师进行座谈交流，并为学生们作讲座。

5月18日　在河南理工大学万方科技学院作讲座，并签售《曲终人在》。

5月19日　在南阳师范学院作讲座，并签售《曲终人在》。回构林镇老家，探望父母。

5月20日　在河南大学明伦校区作了题为"小说与欲望"的讲座，并签售《湖光山色》和《曲终人在》。

5月21日　回到北京，为南阳档案馆整理近期文学档案资料。

5月24日　接受澎湃新闻网记者赵振江采访。

5月28日　与五洲传播出版社及其他出访人员，飞往美国纽瓦克。

5月30日　与中国出访的代表团成员一起去参观美国西点军校。

5月31日至6月14日　受孔子学院拉丁美洲中心之邀，周大新和徐则臣赴墨西哥、哥伦比亚和智利三国参加由孔子学院拉美中心主办的"中国作家论坛"系列活动。6月1日，和徐则臣到访墨西哥尤卡坦自治大学孔子学院，并作讲座。周大新的演讲题目是"文学让我们的心灵相通"。6月5日，与哥伦比亚当地多位作家进行座谈交流。6月9日，在智利国会图书馆参加座谈会，参观巴勃罗·聂鲁达①在圣地亚哥的故居。

6月16日　接受《北京日报》记者路艳霞采访。以题为《突破雷区，反腐小说的逆袭》发表于《北京日报》2015年6月25日。

6月19—23日　写散文《贪婪论》。

7月1日　接受《中华读书报》丁杨采访。以题为《周大新：〈曲终人在〉不是官场小说，是人生小说》发表于《中华读书报》2015年7月15日。

7月10日　在军委办公厅调研局，参加"正风反腐"访谈。

7月11—14日　写散文《在地炮团里吃饭》，发给《解放军生活》杂志。后以篇名《那年连队的滋味》发表于《解放军生活》2015年第9期。被《南阳日报》2015年7月31日转载。

7月15日　写散文《霍山的水》，后发表于《人民日报》2015年8月8日。被《皖西日报》2015年8月21日转载，被《合肥晚报》2015年8月24日转载。

7月17日　在郑州，讨论《湖光山色》改编豫剧的具体问题。

7月18—22日　在邓州老家，探望父母。

7月25日　在北京，参加社旗县"大文化"研究院策划的

---

① 巴勃罗·聂鲁达（pablo Neruda，1904—1973），男，智利著名诗人、外交家。代表作为《二十首情诗和一支绝望的歌》。曾三次来到中国，对中国文化感兴趣。于1971年获诺贝尔文学奖。

电视剧座谈会。

7月26—28日　为《中华读书报》写《答舒晋瑜问》。

7月29日至8月16日　参加评选"第九届茅盾文学奖"活动。

8月18—20日　在广州，参加广州市书香节，在主场馆接受广州媒体采访，与谢有顺教授对话，主题为"文学与现实的关系"。

8月21日　出席"《人民文学》南阳鸭河创作基地"挂牌仪式，并去内乡、西峡等地参观。

8月26日　参加成都军区王龙的作品讨论会，并接受首都网采访。

8月27日　在顺义国展中心第二十二届图书博览会现场，与作家格非、张柠一起与"中国2015文学翻译研修班"成员交流。

9月2日　在北京现代文学馆，参加"姚雪垠抗战作品研讨会"，何建明等在场。

9月4—6日　写散文《南阳的树》，后发表于《人民文学》2016年第3期。被《南阳晚报》2016年3月25日转载。

9月12日　在中国传媒大学国际交流中心，参加"南阳城市形象策划座谈会"。

9月15—17日　在南阳。9月16日，为南阳市委干部讲课，题为"中国廉政文化浅说"。回构林镇老家探亲。

9月19—20日　写创作谈《静下心来写作》，后以题为

《静下心来搞创作》发表于《内蒙古日报》2015年10月29日。

9月23日 在人民网，参加"走进文艺新时代"节目录制。

9月24日 上午，在山西大学文学院作了题为"人性立方体"的讲座。下午，应邀做客太原理工大学"清泽人文讲坛"，作了题为"人性立方体"的讲座。讲稿《人性立方体》发表于《太原理工大学报》2015年10月5日。

9月25日 在太原全国图书博览会展场，参加大佳网关于《曲终人在》的节目录制，接受湖北媒体记者卢欢采访，采访文章《周大新：欧阳万彤寄托了我对官员的所有理想》发表于《长江商报》2015年10月15日。

9月 文学随笔《药品、故事与特别的经典》发表于《解放军文艺》2015年第9期。

10月14日 开始写长篇小说《最后一程》。断断续续地持续写作，12月15日，将长篇小说《最后一程》修改为《最后陈述》。

10月16日 在山东栖霞，参加第十四届苹果艺术节开幕式并观看文艺演出。

10月17日 在山东烟台，收到母亲病逝的电话，当即赶回北京，与妻子杨小瑛辗转襄阳，于当日夜12点赶回前周庄老家。

10月18—23日 在邓州，按照农村习俗，安葬母亲。

10月27日 参加北京市委宣传部与北京新闻广电局举办的

"阅读盛典"，作"美好的阅读"演讲。以篇名《美妙的阅读》发表于《小说界》2016 年第 1 期。

10 月 随笔《储备阅读才能开启创新》发表于《新华书目报》2015 年 10 月 19 日，被《社科新书目》2015 年 10 月 19 日转载。

11 月 7 日 在广西北海，参加《南方文坛》2015 年度优秀论文颁奖会。接受《北海晚报》记者谭华懿的采访，以《周大新：写作是没有终点的马拉松》发表于《北海晚报》2015 年 12 月 14 日。

11 月 12 日 在海南，参加中国文学博鳌论坛，作了题为"呼唤爱意"的发言。11 月 23 日，《文艺报》刊发《呼唤爱意——对当下中国生活进行文学表达的一点看法》一文。以篇名《用作品呼唤爱意》被《山东商报》2017 年 7 月 26 日转载。

11 月 27 日 参加中国方正出版社重点选题策划会活动。

11 月 30 日 在北京市委讲师团录制讲课录像"中国廉政文化浅说"。

12 月 2 日 在邓州前周庄老家，母亲去世"七七"祭日。

12 月 11 日 参加 2015 年度"茅台杯"人民文学奖在北京的颁奖活动，周大新的《曲终人在》获得优秀长篇小说奖。

12 月 12 日 在长春，参加"15 年来新世纪文学发展研讨会"。

12 月 21 日 在 CCTV-10《读书》栏目录播"读书会节目"，《曲终人散》是该节目中的好书推荐之一。节目于 2016 年 1 月 11 日播放。

12 月 27 日 接受《南阳日报》记者采访。

12 月 29—31 日 为胡松涛的专著《毛泽东影响中国的 88 个关键词》写书评，后以《伟人词语矗立思想丰碑》发表于《解放军报》2016 年 1 月 23 日。

本年度重要论文：

傅逸尘：《怎样讲好"军旅故事"——由周大新长篇小说〈预警〉想到的》，《文艺报》2015 年 3 月 30 日。

王凤英：《叙事视角的多维性变奏——评周大新长篇小说〈曲终人在〉》，《文艺报》2015 年 4 月 29 日。

王春林：《社会现实批判与政治权力人格的深层透视——关于周大新长篇小说〈曲终人在〉》，《中国文学批评》2015 年第 2 期。

孟繁华：《周大新长篇小说〈曲终人在〉：大舞台主角的隐秘人生》，《文艺报》2015 年 5 月 6 日。

刘海燕：《新艺术视角下的人性和战争——重读周大新的〈战争传说〉》，《解放军艺术学院学报（季刊）》2015 年第 2 期。

贺玉高：《超越死亡的亲情救赎——评周大新的〈安魂〉》，《中州大学学报》2015 年第 2 期。

张延文：《启蒙的伦理价值——论周大新的〈平安世界〉》，《中州大学学报》2015 年第 2 期。

沈文慧：《根植于乡土大地与现实生活的文学书写——周大

新长篇小说的思想内涵与文化精神》，《信阳师范学院学报（哲学社会科学版）》2015年第3期。

张延文：《介入与诗学——论周大新〈步出密林〉》，《当代作家评论》2015年第3期。

易扬：《旁观者的"清"与"不清"》，《文汇报》2015年6月22日。

付如初：《文学可以为反腐做点什么吗？——从周大新的〈曲终人在〉说起》，《经济观察报》2015年7月6日。

吕东亮：《"向上的台阶"上的"个人悲伤"——周大新和方方的两部中篇小说对读》，《信阳师范学院学报》2015年第3期。

杜昆：《试析周大新〈安魂〉的宗教情怀》，《信阳师范学院学报（哲学社会科学版）》2015年第3期。

胡平：《新官场文学的经典之作——评周大新长篇小说〈曲终人在〉》，《当代作家评论》2015年第6期。

杨志兰：《特殊而真实的证词——读周大新的长篇小说〈曲终人在〉》，《鸡西大学学报》2015年第8期。

孙拥军：《现代审视与乡土坚守：从〈湖光山色〉看周大新的创作意识》，《大众文艺》2015年第21期。

石长平：《胸中有虑深于海——周大新〈曲终人在〉的忧患意识》，《许昌学院学报》2015年第6期。

郑来：《碎片讲述与道德俯视：解读〈曲终人在〉》，《许昌学院学报》2015年第6期。

徐勇：《曲终能否奏雅？——读周大新的长篇新作〈曲终人在〉》，《创作与评论》2015 年第 6 期。

马敏敏：《论周大新乡土小说中的神秘叙事》，硕士学位论文，山东师范大学，2015 年。

2016 年　65 岁

4 月 7 日，中国作协"重走长征路"主题采风活动启动仪式在江西于都中央红军长征出发地纪念园举行。

4 月 29 日，作家陈忠实病逝于西安。

5 月 17 日，习近平主持召开哲学社会科学工作座谈会，提出着力构建中国特色哲学社会科学，强调文化自信是更基本、更深沉、更持久的力量。

8 月 22 日，由文化部、国家新闻出版广电总局与中国作家协会主办的 2016 年中外文学出版翻译国际专家座谈会在北京举行。

12 月 29 日，北京老舍文学院挂牌成立。

是年　在北京。

1 月 11—13 日　参加中国作协第八届第六次全委会会议。

1 月 15 日　在北京，接受南阳电视台拍摄专题采访电视片。

1 月 16 日　上午，在国防大学参加军事谊文出版社王毅的作品讨论会，何建明、梁鸿鹰、杨利伟等在场。下午，在 798 艺术区尤伦斯艺术中心参加与冯梦波、周婉京的"旅游、文学、艺术沙龙对话会"。

1 月 17 日 参加社会艺术教育机构工作委员会成立大会。

1 月 为王毅的作品《水玉小集》写评论文章《女性视角下的战争》，发表于《文艺报》2016 年 1 月 25 日。以篇名《战争从未让女性走开》发表于《解放军报》2016 年 3 月 5 日。

2 月 5 日 就《向上的台阶》改编签订版权合同。

2 月 11 日 修改散文《丙申年里说贪婪》，后以篇名《丙申年里说"贪婪"》发表于《作家》2016 年第 4 期。

2 月 23—26 日 写创作谈《现实主义的边界可以继续扩展》。2 月 27 日，到中国现代文学馆参加"现实主义探索和发展"研讨会，并作了发言。3 月 1 日，修改该散文。以篇名《现实主义的边界可以继续扩展》发表于《人民日报》2016 年 4 月 1 日，被《文艺报》2016 年 4 月 8 日转载。在文中，周大新指出现实主义创作可以与中国历史上民间智者的玄想传统、科学幻想、民间百姓喜欢预测传统等方面结合起来，写出具有灵性、科幻味道与神秘主义的现实主义作品。

2 月 为张教立[①]的长篇小说《有一天你也会老》写评论文章《晚霞与朝霞一样绚丽》，发表于《解放军报》2016 年 2 月 20 日。

---

① 张教立（1948— ），男，笔名章力、孝文，河南尉氏人。当代军旅作家，代表作有《崎岖的山路》、短篇小说集《都市军营》、长篇小说《天大地大》等。

2月　为作家钟法权的短篇小说集写评论，篇名《钟法权〈脸谱〉：奇妙的脸谱》发表于《文艺报》2016年5月30日。以篇名《奇妙的脸谱》被《解放军报》2017年2月4日转载。

3月13—18日　在江西上饶，参加上饶"三清女子文学研究会"组织的活动。

3月19日　与田原见面，交谈有关《安魂》电影改编问题。

3月22—24日　写散文《我的老乡范蠡》，后以篇名《宛人范蠡》发表于《河南日报》2016年9月7日。

3月24日至4月8日　写散文《在龟峰听龟说》，后以篇名《在龟峰听龟说》发表于《解放军文艺》2016年第6期。

3月30日　参加河南省范蠡文化研究院成立大会和范蠡学术思想研究讨论会。

3月　记者宋庄的采访文章《周大新：我想写让人感觉温暖和美的作品》发表于《博览群书》2016年第3期。

3月　创作谈《假若人民把权力交给你——关于〈曲终人在〉》发表于《博览群书》2016年第3期。

4月5日　在许昌学院，为全校师生作了题为"人性的奥秘"的讲座。

4月15日　在军委后勤保障部军事采购局作"廉政文化"讲座。

4月16日　在山东滨州二中，给初、高中学生作了题为"童年和少年记忆对文学的意义"的讲座。

4月17日　在山东昌乐二中，给初中、高中的学生作了题为"我的文学之路"的讲座。

4月19日　为《作家文摘》微信公众号平台写了一段文字："阅读会让我们对人生、社会和自然界的认识不断趋向深刻，会使我们的视域变得广阔，会使我们活得比较清醒。"

4月22日　参加亚马逊网站举办的"挚爱阅读活动"，北京大学陈平原教授等在场。

4月23日　在出版协会参加2016书香中国阅读季"阅读+我"行动计划启动仪式，该活动以"阅读点亮中国梦"为主题。

4月28日　在人民文学出版社，为当当网在《安魂》和《曲终人在》新印精装书扉页签名。

5月8—11日　写《战争传说》人物小传。

5月13—15日　阅读《北京文学》评奖作品，并写下5篇获奖评语。

5月22—29日　应《香港商报》之约，到广东揭阳采风，参观中德金属生态城、望天湖生态旅游度假区、黄浦寨瀑布、普宁服装城、康美药业、大南海石化工业区以及秦牧故居。

5月30日　为《战争传说》的改编，开始写电影剧本。6月5日至7月17日，断断续续地持续写《战争传说》电影剧本。

6月4日　在中国现代文学馆，参加赵兰振的《夜长梦多》新书发布会。

6月　长篇小说节选《妻子常小韫：想洁身自好太不易》（选自《曲终人在》）发表于《青年报》2016年6月19日。同日，该报还刊发了节选《欧阳万彤寄托了我的理想》，转载随笔《小说家的知识之塔》，记者李金哲的采访文章《如果不从军，我现在还是一个种田人》。

7月8—10日　写散文《乡村的未来》。

7月11—14日　写散文《文化的积淀》及南行散文。散文《文化的积淀——以汕头、揭阳为例》发表于《光明日报》2016年8月26日。

7月21日　在淮阳县城参观游览太昊伏羲陵、龙湖荷花。

7月22日　在鹿邑县城参观老子故居。

7月23日　参加"陈州文化研讨会"开幕式并致辞。

7月26日　为河南淮阳李乃庆①的新书《博物馆馆长》写推介词。

7月27日　开始写长篇小说《黄昏》。断断续续地写作，9月4日，修改《黄昏》为《盛夏的黄昏》，持续写作到是年年底。

按：2015年10月开始写作的长篇小说《最后陈述》，在此修改篇名为《黄昏》。

7月28日　在包头，参加第26届全国书博会现场的读者

---

①　李乃庆（1958—　），男，河南淮阳人。作家，代表作有长篇小说《无路之路》《史官》《秦楚情仇》《博物馆馆长》以及"廉吏三部曲"之《汲黯传》《黄霸传》《张咏传》。

大会。

8月1日 《文艺报》第1版发表顾超对周大新的专访《文学以传达爱来推进共识》。被《宿迁晚报》2016年8月2日转载。

8月2日 担任在南阳市举行的"河南省乡村好媳妇颁奖典礼"特邀嘉宾，接受《首播》编辑王占宏的专访。该专访《文学是生活明亮的景象——专访著名军旅作家、茅盾文学奖获得者周大新》发表在《首播》2016年第9期。

8月31日 在北京市新闻出版广电局评选北京市政府文学奖。

8月 希腊文版《安魂》由作家出版社出版。文化发展出版社出版中篇小说集《牺牲》，收录三部中篇小说《牺牲》《向上的台阶》《瓦解》。

9月7日 在郑州，参加李天岑新作《平安夜的玫瑰花》研讨会。

9月9日 与中译出版社签订《曲终人在》多语种出版委托合同。

9月16—21日 阅读陈奕纯的散文集《一毫米的高度》，为其写书评。以篇名《画家之眼与作家之笔》发表于《人民日报》2016年10月7日。

9月 《中华文学选刊》2016年第9期转载周大新长篇小说《安魂》。

10月3—5日 在邓州前周庄，准备筹办母亲去世一周年祭。

10 月 10 日 参加中宣部召开的文艺创作座谈会，铁凝、刘震云等在场。

10 月 13—17 日 在福建安溪，参加安溪"茶博会"开幕式，参观蓬莱镇清水岩寺。

10 月 17 日 与关仁山、刘醒龙一起接受人民网文化频道采访，谈乡土文学创作。周大新在节目中谈道，"作家对电影电视改编，应该持支持的态度，但是不能为改编而写作"。

10 月 18—23 日 撰写并修订福建安溪采风的散文《我有一个茶庄》，后以篇名《我有一个茶庄》发表于《人民文学》2017 年第 3 期。

10 月 30 日 韩国翻译学者来访，商谈翻译《安魂》韩语版事宜。

10 月 人民文学出版社出版"周大新文集"，收录了他自创作以来发表出版的主要文学作品 20 卷。其中，长篇小说 8 部 10 卷，中篇小说 4 卷，短篇小说 2 卷，散文 3 卷，电影剧本 1 卷，分为平装和精装两种版本。

10 月 德文版《安魂》出版。

11 月 28 日至 12 月 3 日 参加中国文联第十次全国代表大会、中国作协第九次全国代表大会。11 月 28 日，参加作协第八届全委会。

12 月 10 日 在沈阳，参加《当代作家评论》在东北大学举办的评论家颁奖会。与柳建伟一起为东北大学国防生作了题为"军旅文学的英雄主义叙事选择"的现场对话。

12 月 13 日 在郑州，参加《战争传说》小说广播剧开播仪式。

12 月 18 日 在北京图书大厦，参加马治权新书《鸟镇》签售仪式。

12 月 28 日 到海南三亚疗养，持续写作长篇小说《盛夏的黄昏》。

12 月 29 日 北京老舍文学院在北京市文联正式揭牌。刘恒为院长，曹文轩、毕淑敏、刘庆邦、徐坤、邹静之为副院长，文学院还聘任周大新、陈晓明、孟繁华、白烨、徐小斌、格非、叶广芩等 19 位在文学创作和教研上成绩卓越的学者作家为客座教授。北京老舍文学院成立的目的是，做好文学人才的培养和文学创作指导工作，加强对驻会作家及合同制作家管理引导，培养京派文学人才。

本年度重要论文：

樊洛平：《格子网图案：巨大而神秘的文化象征——对周大新长篇小说〈第二十幕〉的一种解读》，《河南师范大学学报（哲学社会科学版）》2016 年第 1 期。

郭浩波：《论周大新长篇小说的审美品格》，《小说评论》2016 年第 1 期。

刘彩霞：《南阳作家群创作中的"城与人"主题探析——以周大新为例》，《信阳农林学院学报》2016 年第 2 期。

侯俏俏：《周大新小说中的南阳盆地人物形象》，《四川职业技术学院学报》2016 年第 3 期。

关峰：《周大新小说的人性书写论隅》，《华北水利水电大学学报（社会科学版）》2016 年第 4 期。

孙小竹：《光环下的人性之哀——略论中篇小说〈向上的台阶〉》，《安阳师范学院学报》2016 年第 4 期。

沈文慧：《有意味的形式：周大新长篇新作〈曲终人在〉的叙事艺术分析》，《当代作家评论》2016 年第 5 期。

谢颖：《周大新小说中的女性形象研究》，硕士学位论文，信阳师范学院，2016 年。

2017 年 66 岁

3 月 20 日，"红色家园"征文颁奖仪式在北京举行。

5 月 21 日，中国作协在北京召开"纪念毛泽东同志《在延安文艺座谈会上的讲话》发表 75 周年"座谈会。

7 月 2 日，中国作协党组发表题为《努力从文学的"高原"迈向"高峰"》署名文章，发表于《求是》杂志 2017 年第 13 期。

8 月 1 日，习近平在庆祝中国人民解放军建军 90 周年大会上讲话指出，党对军队的绝对领导是中国特色社会主义的本质特征，是党和国家的重要政治优势，是人民军队的建军之本、强军之魂。

8 月，河南卫视频道开始播出六集纪录片《中原军魂》。

12 月 9 日，"文学家园——庆祝《收获》创刊 60 周年"座谈会在上海市作家协会举行。

是年 在北京。

1月1日至2月12日　在海南三亚，持续写作长篇小说《盛夏的黄昏》。2月27日至3月9日，修改篇名《盛夏的黄昏》为《黄昏》，断断续续地持续写作，10月9日写完并修订初稿，将长篇小说《盛夏的黄昏》发给人民文学出版社和《人民文学》杂志。11月15—16日，修改书稿，将篇名修改为《天黑得很慢》。

2月8日　南阳人王锋三入火海，获2016年感动中国人物，周大新等著名作家作祝词。周大新的祝词为：

> 得知王锋'感动中国'我由衷地为南阳人感到高兴和自豪。王锋，一个普普通通的平凡人，却做出了不平凡的事迹，他的瞬间壮举让无数中国人落泪。他不惜用自己的生命去挽救他人，这种大无畏的精神确实让人感动。近些年，南阳涌现出了很多优秀人物，最美板车哥、最美警察、最美托举哥……他们和王锋一样，以自己的凡人善举大写了南阳人，是我们南阳人的骄傲，刷新了河南形象，也提高了南阳在全国的知名度。相信今后南阳大地上还将涌现出更多这样心念他人、舍身忘我的身边好人和平民英雄，让南阳成为名副其实的大爱之城、温暖之城。

2月9日　构思拟写散文《南海渔村走访》《三亚西岛》《海南的农庄》《山庄》等。

2月25日　在合肥大剧院为听众作题为"文学，人生最美的陪伴者"的演讲。演讲内容以篇名《周大新自称文学是人生最好的陪伴者》发表于《文学教育》2017 年第 3 期。该文最早发表于新华网 2017 年 2 月 27 日。以篇名《文学陪伴我们一生》被《市场星报》2017 年 2 月 27 日转载。

2 月　写文学随笔《人与社会》，发表于《小说评论》2017 年第 2 期。同时，该刊物同期刊发《周大新著作目录》。

3 月 4—5 日　整理书稿《丙申年里说贪婪》。3 月 10 日，继续整理这套书稿，修改书稿名为《呼唤爱意》。6 月 22 日，校对《呼唤爱意》三稿清样，该作品集由民主与建设出版社 2017 年 10 月出版。收录作者对文学的未来、对农村生活的关注等思考的 61 篇文章。

3 月 18—19 日　写《答文化部中国文化对外翻译与传播研究中心周宏亮问》。

3 月 25 日　在许昌宝丰县，应邀参加中国新闻出版传媒集团、中国全民阅读媒体联盟主办的"书香中国万里行·宝丰站"系列活动。

3 月 26 日　参加"中国·宝丰第一届图书博览会开幕式"，作了题为"廉政文化，中国文化大厦的支柱之一"的演讲。

3 月 29 日　上午，在北京语言大学参加"中国文学精品翻译高级论坛"开幕式并作了发言；下午，在十月文学院参加作家对话活动，马原、乔叶、白烨、张柠、郭宝亮、曲仲、赵兰振等在场。

3 月　五洲传播出版社出版《安魂》（阿拉伯语）。

4月2—4日　在邓州前周庄老家，清明前祭祀扫墓。

4月6日　在南阳市会议中心，为南阳市人社局和市直机关管理局的同志作题为"学习优秀传统文化，做好本职工作"的讲座。

4月8日　在南京，参加张国擎新书《去尘荐微》发表会和书法义卖仪式。

4月22日　出席由人民文学出版社、中央人民广播电台、北京阅读季三方联合主办的"文学经典名篇诵读会"，在会上读了《曲终人在》的部分片段。

5月11日　拟构思长篇散文《值得记住的岁月》，或者《没有忘掉的日子》。

5月31日　在河北廊坊，参加第27届全国书博会现代出版社组织的汪兆骞新书《走出晚清》分享会。

5月　大象出版社出版作品集《回望来路》，收录关于故乡、人事、景观类文章48篇。

6月3日　在郑州，参加河南省文联、河南省作协召开的何弘、吴元成长篇报告文学《命脉——南水北调与人类水文明》座谈会并发言。胡平、李佩甫、何向阳等30余位著名作家、评论家、南水北调工程相关单位代表在场。周大新在《命脉》研讨会上的发言中说："如果你的手上只有黄金、钞票、珠宝而没有水，你能活过几天呢?""我的故乡我的乡亲，为了南水北调，奉献了太多的东西。"发言稿以题为《大气、厚重、动人》发表于《文艺报》2017年6月9日。

6月13—21日　写《平安世界》电影剧本故事梗概。

6月23—25日　在合肥，参加安徽迎驾集团组织的笔会。

6月　中译出版社出版英文版《湖光山色》，由澳大利亚Thomas Bray 翻译。

7月1—6日　参与河南电视台《中原军魂》纪录片的拍摄。7月1日，随摄制组去天津拜访吉鸿昌之女，并担任其中一集"中流砥柱"的嘉宾主持。7月3日，在郑州花园口黄河博物馆，拍摄花园口决堤事件，去民权县拜访93岁的抗日老兵。7月5日，接受采访，并随摄制组去开封小宋城。该纪录片由河南卫视在2017年8月4日开始播出。

7月8日　为庆祝建军90周年写散文《难忘军营》。7月11日，写完《难忘军营》，修改篇名为《军营记忆》。

7月28日　在山东济南，参加山东文艺出版社星河影视工作室的揭幕仪式，周大新被聘请为影视文学顾问。

7月29日　作为山东省首档高端文学论坛"大家文学现场"首期演讲嘉宾，在山东书城为读者作了"作家能为人类的进步做什么"的主题讲座。讲座前，接受《山东商报》记者朱德蒙采访，采访文章以篇名《用作品呼唤爱意》发表于《山东商报》2017年7月26日。在采访中，周大新谈道："作家主要是通过作品对读者的心灵产生影响，进而对社会的进步和人类的发展产生一些影响。"

8月13日　在国家图书馆艺术中心，参加由中国出版集团、中央电视台和国家图书馆共同主办，人民文学出版社、国家图书馆艺术中心共同承办，央视创造传媒有限公司协办的"通过朗读爱上阅读：《朗读者》新书见面会"。董卿、曹文轩、白岩松等在场，与到场读者分享自己的朗读故事。

8月16日　在邓州，出席邓州市委举办的古城墙、古城河保护、修复座谈会，作了发言，谈论修复保护古城墙的意义。

8月17日　在邓州前周庄老家，探望父亲。

8月23—29日　接待德国出版商施塔德等人，陪同参观龙门石窟、少林寺等地。8月24日，在北京国际书展现场，参加华文出版社主办的德文版《曲终人在》新书发布会。

10月14日　在中国现代文学馆，参加《中华风》杂志社组织的征文颁奖活动。

10月15日　重读毛姆的长篇小说《月亮与六便士》。

10月21—23日　写散文《又见大别山》。

10月30日至11月3日　审校华南师范大学李忠博士编写的《周大新文学年谱》。

10月31日　在石景山文联，为业余作者和中小学老师讲课。

11月6—12日　在重庆，应邀到重庆邮电大学移通学院"名家大讲坛"，为师生们作了题为"文学，人生最美的陪伴者"讲座。再次游览长江三峡，后取道襄阳，回到邓州前周庄探亲。

11月17—25日　为王贤友专著《老合肥·庐州风情》写评论。

11月26日至12月11日　写散文《蘑菇王》。

12月1日　在北京大学，参加北大希腊研究中心召开的希腊作家卡赞扎基斯逝世60周年纪念研讨会，在会上作了发言。

12月6日　在上海，参加一乎文化传媒公司举办的"一起享"启动仪式。在上海返回北京的高铁上，与作家韩浩月邻座，就文学、社会与人生等话题作了交谈。

12月12日　在北大百年讲堂，观看周映辰导演的音乐剧《大钊先生》。

12月15日　接受《环球时报》记者张妮的专访，以题为《英雄主义是民族精神的筋骨》发表于《环球时报》2017年12月15日。参加国土资源部举办的文化建设研讨会，作了题为"继承中国传统土地文化，守护国民最重要的生存资源"的发言。

12月20日　为首都师范大学《中学语文教育》写卷首语。

12月24日　写散文《致中学生的一封信》。

12月25—28日　在贵州贵阳，参加在六枝县夜郎镇举办的反映长角苗族生活的电影《落绕》首映礼。其间，游览黄果树大瀑布，参观西江苗寨。

12月29日　以构林籍著名军旅作家周大新的名字命名的"大新教育奖励基金"启动成立。

12月31日　在郑州，参加郑州市书香迎新跨年度读书会，在会上就中原文化、故乡、记忆、读书、郑州市文化建设等方面谈了自己的看法。

本年度重要论文：

何弘：《周大新论》，《小说评论》2017 年第 2 期。

胡平：《新官场文学的经典之作——评周大新长篇小说〈曲终人在〉》，《百家评论》2017 年第 3 期。

樊明凯：《论周大新笔下的女性蕴含的男权意识——以〈第二十幕〉为例》，《阴山学刊（社会科学版）》2017 年第 4 期。

张伟巍：《〈湖光山色〉的叙事模式研究》，《河南工程学院学报（社会科学版）》2017 年第 3 期。

侯俏俏：《文学地理学视域下的周大新小说研究》，硕士学位论文，信阳师范学院，2017 年。

梁向荣：《周大新乡土小说伦理叙事研究》，硕士学位论文，河北大学，2017 年。

2018年　67岁

8月21—22日，全国宣传思想工作会议召开。习近平讲话强调，中国特色社会主义进入新时代，必须把统一思想、凝聚力量作为宣传思想工作的中心环节。

11月16日，"庆祝改革开放40周年——中国现代文学馆系列展"在北京开幕。

12月15日，作家二月河病逝于北京，享年73岁。

1月初　长篇小说《天黑得很慢》发表于《人民文学》2018年第1期，同月由人民文学出版社出版发行单行本。被《小说月报》2018年第2期转载。被《长篇小说选刊》2018年第3期转载。1月12日，在国展中心，参加人民文学出版社召开的《天黑得很慢》新闻发布会，并在中央人民广播电台的《直播之夜》栏目接受采访。9月29日，出席在河南省郑州举办的首届南丁文学奖颁奖典礼，《天黑得很慢》获首届南丁文学奖，授奖评语为：

周大新秉承中原作家群关注现实的优秀传统，致力于对社会、人性、生命的种种问题进行深入探索和文学表达，在乡土、历史、都市、生命等题材领域都取得了突出的成就，成为中原作家群的重要代表性作家。《天黑得很慢》以直击现实的勇气和切身的独特体验，逼近生命本质；以"拟纪实"的晓畅文学表达，反映老龄化带来的种种社会问题及由此带来的老年人精神上的刻骨之痛，对生命的思考臻于哲学高度，体现了周大新敏锐的问题意识、自觉的社会责任和温暖的文学情怀。

　　按一：这部长篇小说使用老年服务产品推广的企划活动框架，融现实、科幻于一体，重点讲述退休法官萧成杉晚年的家庭生活与农村来的陪护工钟笑漾的人生交集。小说按照一周七天的活动内容安排，前边四天（四章）使用了演讲词风格，向在万寿公园参加"黄昏纳凉"活动的老人推广陪护机器人、延寿药丸、返老还青虚拟世界体验、长寿秘诀之类的企划产品。从周五

2018 年 1 月人民文学出版社首版封面

开始，邀请陪护工钟笑漾讲述她的陪护经历，以第一人称叙述萧成杉的晚年经历和她自己的人生轨迹。萧成杉从刚退休时的不适应到适应退休生活，从不服老的心态到承认自己需要人陪护，从想要再婚组建家庭到放弃再婚想法开始接受衰老的过程，钟笑漾讲述了萧成杉头发变白、失去性能力、脑出血引起身体失去自主行动能力、耳聋、失明、记忆力衰退到阿尔茨海默病，丧失身体所有机能的过程。在讲述过程中，夹杂着钟笑漾自己打工供男友吕一伟读研究生、意外怀孕又遭遇男友抛弃、独自生下儿子的坎坷经历和萧成杉的女儿萧馨馨陪丈夫在美国进修过程中经历流产、被离婚，继而患严重抑郁症跳楼自杀的不幸人生。

值得注意的是，小说中用了六幅简笔速写人物画，依次从坐轮椅、挂拐杖、老年、中年、青年、少年六个时期插入在小说的叙述中，与叙述中逐渐衰老的人生过程形成逆时交叉，又与作品中所展示的人生尽头也即"返老还童"毫无遮掩的精神状态相映照，文字与绘画交融的跨媒介叙事颇有新意。

按二：自小说出版以来，学界对该作品的关注倾向于小说题材和主题思想，研究热度一直较高。

胡平的文学评论《周大新长篇小说〈天黑得很慢〉：现实主义的新的美学探索》，指出小说重要的结尾对应小说不同寻常的开头，用科幻预言和完整逻辑创造了现实主义的新美学范式，用萧成杉与钟笑漾的相濡以沫，描绘出一种超越普通性爱与爱情的异性深情。

白烨的文章《人生的"预警"——评周大新的长篇新作〈天黑得很慢〉》，认为小说通过退休老人的"抗老"斗争和保姆钟笑漾之间的"冷热"相互冲突，故事的悲凉中闪现出温暖的亮光，是向步入老年的朋友"预警"。

张维阳的文章《生命尽头的怕与爱——论周大新的〈天黑得很慢〉》，指出这是一部探索生命奥秘、探讨生命意义的生命之书，"老人"是真正的主角，用拟纪实的文体描绘生命衰老的过程，积极关注人口老龄化的社会现实，超越读者已有的对爱的审美疲劳。

张同武的评论《爱，让天黑得更慢——周大新〈天黑得很慢〉读后》，指出这是一部对老年生活百科式的预判与解析的科研论著，揭示唯有"点亮心底深处那盏爱意充盈的灯"，才能让老去的过程变得温情而有尊严。

王春林的文章《从现象到存在：老龄化文体聚焦——周大新长篇小说〈天黑得很慢〉》，指出这是一部聚焦思考中国日益老龄化文体的作品，作者在小说艺术形式的营构上进行积极探索，虽然"万寿公园黄昏纳凉"七日活动构想里，前半部分企划营销活动与后半部分小说主体故事文本之间脱节，但是在思想艺术上取得总体上的成功。

1月3日　在郑州，参加153医院"出彩联勤人"评比活动，对联勤出彩人物录像片提出修改意见。

1月6日　在北京大学外语学院参加"2017年世界文学发展报告会"。

1月11日　在国展中心，参加河南文艺出版社举办的"百年百部中篇小说"出版发布会。3月，河南文艺出版社出版"百年中篇小说名家经典"丛书之一《香魂女》，收入2篇小说。

1月16—17日　写创作谈《描绘人生最后一段路途上的风景》。以篇名《描绘人生最后一段路途上的风景》发表于《文艺报》2018年2月2日。被《甘南日报》2018年3月7日转载。

1月23日　在中国出版集团，参加第十四届《当代》长篇小说论坛及五佳作品评选活动。

1月28日　记者胡竹峰的采访文章《周大新：做好夜晚来临的准备》发表于《安徽商报》。

2月4日　为《图书馆报》写采访问答《答李霞问》。

2月7—10日　为《文汇报》副刊写关于《天黑得很慢》创作谈。2月18—20日，写完随笔《天黑之前》，后创作谈《天黑之前》发表于《长篇小说选刊》2018年第3期。

2月　评论《〈收藏家〉与人性的隐秘地带》发表于《中学语文教学》2018年第2期。

2月21日至3月5日　修改电影剧本《安魂》。

3月6日　修改散文《梦中的蘑菇》。

3月8日　在中国出版集团，录制与中国人民大学文学院杨庆祥教授对话视频，并接受《中华读书报》舒晋瑜采访，采访文章《周大新：爱与被爱都应该争取》发表于《中华读书报》2018年3月14日，被《人民日报》（海外版）2018年

5月2日转载。同日，在人民文学出版社录制《天黑得很慢》宣传视频。

3月10—11日 写完《致全国中小学生们的一封信》，后发表于《中国校园文学》2018年第10期。

3月16日 接受《河南工人报》记者奚同发采访。采访文章以《天黑之前，我们再做一些力所能及的事》为题发表于《河南工人日报》2018年3月19日。

3月16日 路艳霞专访文章《作家周大新：学会与衰老共处》发表于《北京日报》2018年3月16日。被《遵义晚报》2018年3月17日转载。

4月1日 随笔《我们老了以后会看到什么》发表于《法人》2018年第4期。

4月2日 在邓州前周庄，为逝去的亲友扫墓。

4月3日 在南阳市社旗县赊店古镇，参加南阳青年作家张春燕的作品《闲时花开》研讨会。

4月5日 在角楼图书馆作讲座，与80多名读者一起分享《天黑得很慢》的创作体会。

4月11日 接受刘雅麒的采访，采访文章以《周大新：不妨学着主动去迎接老年的降临》为题发表于《北京青年报》2018年5月15日。

4月13—15日 写《回眸〈第二十幕〉》，助力佛山市民读书活动。

4月18日 参与北京四季青敬老院活动，现场分享了新书

《天黑得很慢》，并为老人们赠书。

4月20—26日　与妻子杨小瑛在广州。4月21日，在广州购书中心，与读者见面并签售《天黑得很慢》。4月22日，在广州图书馆举办的"阅读新时代——第三届广州读书月发布会"上，为现场观众作了题为"新时代如何阅读"的演讲。4月23日，在中山市小榄镇签售新书、演讲，并参观翠亭村孙中山故居。4月25日，在东莞理工学院城市学院作了题为"天黑之前——新作创作谈"讲座。

4月28日　签订将《天黑得很慢》改编为电影的协议。

4月29日至5月7日　写作并修订电影剧本《天黑得很慢》故事梗概和人物小传。5月29日至6月22日，写作电影剧本《天黑得很慢》。

5月4日　参加上海大学"五四文学之夜"活动。为上海大学师生作了题为"小说是一种药"的讲座，鼓励大学生多读各种好小说，并就个人创作与上海大学教授谭旭东进行精彩对话。另外，还为创意写作学科的硕士生、博士生作了题为"小说与世道人心"的讲座和交流。

5月10—28日　出访德国、法国、意大利等欧洲三国。5月10日，到达德国法兰克福市。5月11日，参观德国耶拿市。5月12日，参观德国艾尔福特市大教堂。5月13日，游览德国魏玛。5月15日，回法兰克福市的旅途中，路过埃森纳赫市，参观巴赫纪念馆，对其日后创建图书馆很有启发。5月16日，游览莱茵河。5月17日，抵达慕尼黑市。5月18日，参观莫扎特故居萨尔茨堡，游览米拉贝尔花园。5月19日，参观圣沃尔尖角小镇，前往奥地利州的首府林茨市。5月20日，参观奥地利美泉宫、议会大厦、霍夫堡皇宫等地，晚上观赏金色大厅的音乐会。5月21日，前往意大利首都罗马，参观罗马斗兽场、帝国大道、君士坦丁凯旋门、古罗马废墟、幸福喷泉许愿池、总理府。5月22日，游览梵蒂冈、佛罗伦萨。5月23日，游览水城威尼斯，参观圣马可大教堂。5月24日，到达巴黎，参观香榭丽舍大街、凯旋门、埃菲尔铁塔、巴黎圣母院。5月25日，参观卢浮宫，游览塞纳河。5月26日，参观凡尔赛宫和巴黎公社成员最后被打败的蒙马特高地。

5月31日　在中央人民广播电台录制关于《天黑得很慢》节目。

5月　散文《60岁以后应该记住五种风景》发表于《康颐》2018年第5期。以篇名《天黑得很慢，有五种风景》被《时代邮刊》2019年第1期转载。以篇名《天黑得很慢》被《家庭科技》2019年第1期转载。

6月6日　在北京理工大学良乡校区给大学生讲课。

6月30日　在钓鱼台国宾馆，参加《宛东潮》创办10周年纪念座谈会。

6月　中国文联出版社出版作品集《呼啸的炮弹》。

7月1日　在安徽大剧院录制电视台的读书节目，现场讲述"致终将变老的我们"，并接受主持人采访，签名售书。

7月8日　在天津"蕾之屏"书店作"天黑之前"演讲，

并签名售书。

7月12—17日　写关于《天黑得很慢》创作谈,后以题为《漫长的告别——周大新谈〈天黑得很慢〉创作心路》发表于《张家口日报》2018年9月6日。

7月14日　在郑州"纸的时代"书店举行读书会,分享《天黑得很慢》的创作过程。

7月21日至8月11日　阅读参评第七届鲁迅文学奖中篇小说奖的作品,参加第七届鲁迅文学奖评奖工作,任中篇小说评委会副主任。多轮投票后,投出5部获奖作品。

8月14日　修订关于王锦秋长篇小说《月印京西》的评论《玉兰花香扑鼻来——读王锦秋长篇小说〈月印京西〉》,后发表于《解放军报》2018年10月13日。

8月19—21日　出席由上海展览中心举办的上海书展暨"书香中国"上海周活动,在书展中央大厅与付如初女士对谈《天黑得很慢》。

8月23日　参加在北京国际图书博览会中国作家馆举行的"笔尖岁月,纸上光阴——中国作家网驻站作家新作分享会",并与读者交流。

8月　记者陈珂专访文章《周大新天黑得很慢》发表于《时尚北京》2018年第8期。

8月　为班琳丽的作品写评论文章《检视城市爱情》,发表于《文艺报》2018年8月8日,被《商丘日报》2018年8月10日转载。

9月1—3日　为舒晋瑜《深度对话茅奖作家》一书写评论，后以篇名《另一种作家论》发表于《三联生活周刊》2018年第41期。

9月4—6日　思考新小说的创作，关于社会学系大三学生孟巩的期末考试答卷，有关爱情、离婚案。9月11日，继续思考该长篇小说。9月28日，开始写长篇小说《离婚案》。11月14日，继续斟酌长篇小说《离婚案》。

9月7日　在北京"老舍茶馆"作"关于《天黑得很慢》创作分享报告"。

9月12日　为北京市老龄办举行的会议作题为"天黑之前"的演讲。

9月24日　去北京301医院探望生病住院的作家二月河。

9月27日　为《民族文学》和鲁迅文学院联合举办的彝族作家班学员作讲座，题为"关于小说创作的六个问题"。

10月8日　文艺评论《书人·书会·书魂——观原创方言剧〈老街〉》发表于《文艺报》2018年10月8日，点评河南省歌舞演艺集团排演的中原地域文化特色方言剧《老街》。

10月8日　在北京师范大学京师大厦，参加"《十月》创刊40周年座谈会"。王蒙、李敬泽、谢冕、李存葆、梁晓声、舒婷、叶广芩、刘庆邦、欧阳江河、张清华、肖亦农①、方方、陈应松、邵丽、晓航、林白、吕新、周晓枫、陈先发、张锐锋、祝勇、乔叶、张楚、弋舟、徐则臣、石一枫、付秀莹等知名作家齐聚，共同庆祝《十月》创刊40周年。

10月11日 在南阳，参加"南阳名人研究"丛书的座谈会。

10月16日 在郑州，参加第三届中原作家群论坛。与刘庆邦等来自全国各地的知名作家、评论家，以及李佩甫、张宇等省内文学界人士近百人齐聚一堂，为新时代中原文学发展献计献策。当日晚，与何弘一起做客大河网络传媒集团政务中心《大河政对面》视频访谈栏目，围绕广大网友关心的中原作家群建设、新时代文学创作、青年作家成长热点话题，进行交流。

10月20日 文学评论《〈渠首〉：感天动地英雄歌》发表于《光明日报》。

10月21日 与妻子杨小瑛一起到深圳，在深圳市宝安区图书馆作题为"天黑之前"的演讲。

10月25日 与田原、日向寺太郎、富川元文等面谈电影剧本《安魂》的修改。

10月26日 在安徽省合肥，应合肥新华书店阅读空间的邀

---

① 肖亦农（1954— ），男，生于河北保定。作家，代表作有8卷本文集《肖亦农金色弯弓系列》，分别为《红橄榄》《灰腾梁》《孤岛》《天鹅泪》《我的鄂尔多斯》《黑界地》《长河落日》《爱在冰雪纷飞时》；长篇小说《穹庐》；作品《毛乌素绿色传奇》荣获2014年第六届鲁迅文学奖报告文学奖。

请，参加"第十二届合肥国际文化博览会"开幕仪式。10月27日，参观李鸿章故居和渡江战役纪念馆。10月28日，在合肥师范学院作关于"文学欣赏与创作"的讲座。

10月30日 写演讲稿《小说家存在的价值》。11月7—10日，继续写作该演讲稿。以篇名《小说家存在的价值》发表于《中国文化报》2019年7月29日。

10月 随笔《表现城市生活，想象未来生活》发表于《时代报告》2018年第10期。以篇名《表现城市和想象未来》被《河南日报》2019年1月3日转载。被《中国文化报》2019年7月31日转载。以篇名《周大新：表现城市生活和想象未来生活》被《大兴安岭日报》2020年9月29日转载。

11月2—6日 写散文《笑对人生——忆南丁先生》，后以篇名《笑对人生》发表于《中国文化报》2020年8月3日，被《莽原》2022年第6期转载。

11月15日 在北京师范大学京师大厦，参加山东文艺出版社的选题策划座谈会，胡平、白烨、孟繁华等在场。

11月17日 参加肖亦农的作品《穹庐》座谈会。

11月19日至12月3日 写旅德游记《耶拿战役之后》，后发于《十月》2019年第2期。被《中国出入境观察》2022年第8期转载。

11月 《安魂》英译本出版。

12月7日 文艺随笔《文学与道德》发表于《中国文化报》。同日，记者金晓洪的采访《对话周大新》发表于《南阳日报》。

12 月 8 日　在郑州大学文学院作题为"作家与人类进步"的讲座。

12 月 12 日　在作家出版社参加 2018 年 10 部非虚构作品评选。

12 月 14 日　随笔《文学与人生》发表于《中国文化报》。

12 月 15 日　在广州，参加"首届广州国际文学周暨粤港澳大湾区文学盛典"开幕式。12 月 16 日，在广州购书中心，与获得芥川文学奖的日本作家平野启一郎进行对话。

12 月 18 日　南阳广播电台记者采访周大新，关于 12 月 15 日病逝的作家二月河印象。在接受《新京报》采访中说道："在乔典运先生去世以后，二月河就是南阳作家群的领军人物。他非常乐于提携后辈，确确实实地发挥了带头大哥的作用。这些年来南阳作家群依旧活跃在文坛上，与二月河的带头作用是分不开的。"

12 月 24 日　在中国现代文学馆，参加"首都文学界纪念改革开放 40 周年大会"。

12 月 26 日　在中国出版集团，参加李洱新作《应物兄》新闻发布会。

12 月 27—31 日　修改电影剧本《安魂》。

本年度重要论文：

顾超：《有温度的生命观照——评周大新小说〈天黑得很

慢〉》，《人民日报》2018年1月19日。

胡平：《周大新长篇小说〈天黑得很慢〉：现实主义的新的美学探索》，《文艺报》2018年2月2日。

白烨：《人生的"预警"——评周大新的长篇新作〈天黑得很慢〉》，《光明日报》2018年7月8日。

张维阳：《生命尽头的怕与爱——论周大新的〈天黑得很慢〉》，《当代作家评论》2018年第6期。

刘亚子：《当代乡土小说中的"外来者"——以周大新的〈湖光山色〉为例》，《大众文艺》2018年第24期。

2019年　68岁

1月1日，中宣部、中央文明办、教育部、文化和旅游部、中国文联、中国作协联合开展"我和我的祖国"征文活动，面向全国征集作品。

4月10日，见证新时代，书写新辉煌，中国作协庆祝新中国成立70周年主题采访活动在海南启动。

4月12—14日，"在文学与历史之间——纪念五四运动100周年"学术研讨会在北京召开。

7月16日，纪念中国文联、中国作协成立70周年座谈会在北京举行。

11月21日，《文艺报》《人民文学》创刊70周年座谈会在北京召开。

12月9日，由北京长江新世纪出品、长江文艺出版社出版的《中国军旅文学经典大系》共计70卷本，在中国现代文学馆首发。

1月3—18日　独自一人游览美国。参观纽约普林斯顿大学、费城、林肯纪念堂、越战纪念碑、白宫、国会山、韩战纪念碑等。

1月27日　开始阅读传记《宋徽宗》。

1月28日至2月21日　与妻子杨小瑛一起在海南三亚度假。2月7日，游览儋州苏东坡故居。2月11—17日，写散文《寻找国宝——来自纽约的报告》。

2月26日　在中国现代文学馆，参加冯牧先生诞辰百年纪念会。

3月3—5日　在郑州、开封等地，与《安魂》导演寻找电影拍摄的外景地。

3月8—9日　为安徽文艺出版社整理中篇小说书稿。6月，中篇小说集《左朱雀右白虎》由安徽文艺出版社出版，收录周大新农村题材作品8篇，有《紫雾》《家族》《左朱雀右白虎》《合理太阳》《香魂女》《银饰》《旧世纪的疯癫》《铁锅》。

3月12日　继续写作长篇小说《离婚案》。4月24日，修改小说《离婚案》为《离婚吧》。4月28日至5月5日，持续写作长篇小说《离婚案》。5月19—27日，持续写作小说《离婚案》。6月至12月底，断断续续地写作长篇小说《离婚案》。

3月28日　在人民文学出版社录制"祝贺人民文学出版社成立68周年"的视频。

3月30日　在邓州前周庄，探亲并祭祖。

3月　为《雷锋精神薪火相传》写评论，以题为《雷锋精神在邓州》发表于《解放军报》2019年3月23日。

4月3日　在南阳，参加南阳院士专家恳谈会，与柳建伟一起为南阳文学爱好者讲课，题为"关于小说创作的几个问题"。

4月4日　在南阳，与邓州籍张志和、赵子牧等，参观考察南阳市四馆一中心建设，就郑万高铁邓州东站项目如何更好地体现邓州文化元素进行研讨。同日，记者周聪的专访文章《激发创作活力　培养后继人才——访著名作家周大新》发表于《南阳日报》2019年4月4日。

4月12日　为聂虹影散文集写序，题为《可贵的坚守》发表于《文艺报》2020年6月10日。

4月23日　在北京朝阳区中信书店，参加与日本作家平野启一郎的文学对话。

4月26—27日　写散文《故乡的交通工具》。5月13日，以《行的变迁》发表于《人民日报》2019年5月13日。被《天津工人报》2019年5月15日转载。被《营口日报》2019年5月22日转载。

5月15日　在国家大剧院，观看河南省豫剧一团演出的《常香玉》。

5月23日　在百家号"宛商人物"发表评论著名画家杜苏旭的文章，题为《凭借山水展心曲——读杜苏旭的山水画》。该文亦刊载于《美术报》2020年2月15日。

5月　河南文艺出版社再版《湖光山色》。

6月14日　散文《岳父》发表于《南阳晚报》。

6 月 27 日　接受《南方人物周刊》记者欧阳诗蕾采访。专访文章以题为《变老是什么感觉》发表于《南方人物周刊》2019 年第 21 期。

6 月　中国文史出版社出版作品集《自在》，分为 8 部分，收入文章 65 篇。

6 月　随笔《探寻时光和名家的魅力》发表于《小说月报（原创版）》2019 年第 6 期。

6 月　安徽文艺出版社出版周大新中篇小说自选集《人间》（收入 7 篇小说，有《伏牛》《山凹凹里的一种乔木》《向上的台阶》《新市民》《瓦解》《人间》《溺》），《军界谋士》（收入 7 篇小说，有《军界谋士》《世事》《走廊》《铜戟》《浪进船舱》《蝴蝶镇纪事》《接引台之忆》）。

7 月 12 日　文学创作谈《关于中篇小说的自述》发表于《中国文化报》。同日，参加人民文学出版社与 SKP RENDEZ-VOUS 书店联合举办的茅奖作家沙龙系列活动。在"与故事讲述者面对面——茅奖系列沙龙活动"中，周大新与读者分享了获奖作品《湖光山色》，并与《文艺报》总编梁鸿鹰、人民文学出版社编辑付如初等进行对谈。付如初的文章《周大新的〈湖光山色〉是对乡村生活的关怀》发表于新华网，被《格尔木日报》2019 年 7 月 18 日转载，被《太行日报》2019 年 12 月 12 日转载。

7 月 16 日　参加中国文联、中国作协成立七十周年座谈会。

7 月 19 日　评论《互联网时代网络文学对传统文学的影响》发表于《中国文化报》。在文中，周大新指出网络文学题材丰富、网络作家重视读者反馈，对传统文学作家带来积极影响，但网络文学也要不断提高内在的文学品质，以便长久流传下去，二者有相互学习借鉴的必要。

7月26—27日 在河南省驻马店市，担任嵖岈山温泉小镇第十届奔流作家研修班导师。7月27日上午，为研修班成员讲授《现实主义小说创作中的选材问题》，主要从现实主义创作方法在今天的地位、现实主义创作究竟哪些可供选择以及现实主义创作中选材依据的准则三个方面来为"写什么"支招。

7月 五洲传播出版社出版《向上的台阶》西班牙文版，由亚历山大·帕雷德斯·冈萨雷斯翻译。

7月 英文版《曲终人在》开始在英国发行。

8月8—9日 答光明日报网记者阳妍关于北京文化的采访。

8月20日 在中国出版集团，参加"中国出版集团2019年度国际编辑部年会"，在会上作了发言。

8月22日 在北京国际展览中心新馆的翻译咖啡馆，参加第26届国际图书博览会之"中国当代文学作品多语种翻译工作坊：文学的创作与评论"活动，与李敬泽对话。

8月29日 在北京，参加樊希安①的长篇小说《乌蒙战歌》的研讨会。

9月5日 改编自小说《安魂》的同名电影在开封举行开

---

① 樊希安（1955— ），男，河南温县人。作家、资深出版人，代表作有《美术馆东街22号——三联书店改革发展亲历记（2005—2014）》、专著《公木评传》、长篇传记文学《双枪老太婆传》、长篇小说《黄金团》等。

机仪式，剧组人员揭开红绸，由周大新高喊"《安魂》剧组开机大吉"。

9月6日　修改为黄鑫文集作的序言，并与北京汇瑞乐文文化传媒公司签订代理六本书的意大利语、俄语等16种语言版权委托书。

9月7日　修改"周大新图书馆"设计图。

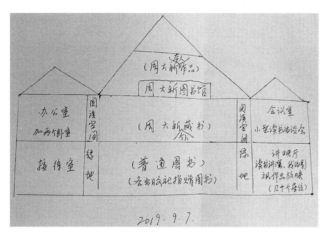

"周大新图书馆"设计图（周大新手绘）

9月16—18日　写《我的创作思考——由〈湖光山色〉到〈天黑得很慢〉》。

9月29日　改编自小说《安魂》的同名电影杀青，参加《安魂》剧组在开封举行的答谢会，向大家讲述《安魂》背后的故事。

10月7日　参加茅台集团举办的"茅奖作家茅台行"2019·

文化茅台论坛。与茅盾文学奖得主张平、刘醒龙、阿来、柳建伟、王旭烽、李佩甫、毕飞宇、刘玉民就"文化茅台"建设相关话题进行深入探讨。

10月8—14日 应邀到甘肃讲学。10月9日，在张掖，在河西学院贾植芳讲堂听陈思和的题为"士的精神，五四传统"讲座。10月10日，游览七彩丹霞和冰沟丹霞，"风景令人惊叹震慑"。当天晚上，在河西学院贾植芳讲堂作了题为"我的创作思考——由《湖光山色》到《天黑得很慢》"的讲座。10月11日，参观贾植芳展览馆、大佛寺和山西商会馆，参加"西路军研究院"成立仪式，晚上参加韩浩月的讲座"故乡与我的心灵史"。10月13日，在兰州市图书馆，参加由韬奋基金会阅读组织联合会开展的"文化行走·阅读中国——庆祝中华人民共和国成立70周年70城联读活动"中的"战争与英雄"文化沙龙。当晚，在兰州文理学院金城讲堂，作题为"我的创作思考"讲座。

10月初 杨靖媛的专访文章《这个社会永远需要理想主义者——周大新访谈录》发表于《青年作家》2019年第10期。

10月16日 写《我与〈当代〉杂志》，在回龙观社区书店作题为"文学的力量"讲座，后以篇名《我与〈当代〉杂志》发表于《当代》2019年第6期。

10月18—21日 写散文《赤水河边说品牌》。

10月23日 将《平安世界》修改为《平安地球》。

10月25日 在华夏银行总部，作题为"文学欣赏浅说"

的讲座。

10 月 30 日　在北京广播大厦，参加"中国有声"70 年 70 部·优秀有声阅读文学作品颁奖会，《湖光山色》获奖。

11 月 1 日　参加林缉光"正阳堂"网络博物馆开馆仪式。当日，自撰自励语："执笔从戎，以文报国。布衣身份，心系平民。"

11 月 5—7 日　做客闽南师范大学。11 月 6 日，为闽南师范大学师生作了题为"谈小说的创作思考"的讲座。在讲座中，回顾自身的创作经历，认为小说家要根据自己的生活积累和兴趣来选定小说题材，根据自己的年龄和偏爱来确定要写的人物，依托自己的心理和生理体验去编织故事，最好以陌生化作为选择叙述方式的标准。

11 月 9 日　在郑州，参加黄河科技学院国际会议中心举行的豫籍"茅盾文学奖""鲁迅文学奖"获奖作家座谈会。

11 月 13 日　做客邓州市北京路学校。

11 月 28 日　在中日友好医院，为 100 多名医务工作者讲"文学欣赏浅说"。

11 月 29 日　为邓州开通高铁一事，向邓州市委、市政府发贺电一封，并赋诗一首：

喜闻京邓高铁通，呼啸驶过城几重。

明清半年赶考路，今朝只须半日行。

12月1日 在全国妇联妇女活动中心，参加第七届"书香三八"颁奖活动和第八届"书香三八"活动启动仪式。

12月7日 参加"第八届三亚·财经国际论坛"开幕式，在"三亚文化艺术论坛"作了题为"世界新变局下，中国作家应有的胸怀"的发言。

12月9日 由长江文艺出版社出版，徐怀中、朱向前主编的《中国军旅文学经典大系》"70年70部军旅文学丛书"举行首发仪式，收入周大新的《走出盆地》《预警》及其他一些散文。

12月18日 在海南中学衍林讲堂，作了题为"文学欣赏浅说"的讲座。

12月22日 在郑州，参加河南省文学院举行的第二届南丁文学奖颁奖典礼，刘庆邦的长篇小说《家长》获奖。

12月26日 接受《北广人物》杂志记者朱子的专访，专访文章《周大新：点燃自我，照亮生命》发表于《北广人物》2020年第3期。

是年 《湖光山色》法文版出版。

本年度重要论文：

姜汉西、白春超：《论周大新小说中的逃离叙事》，《汉江师范学院学报》2019年第1期。

王达敏：《另一部〈活着〉——评周大新长篇小说〈天黑得很慢〉》，《中国当代文学研究》2019年第2期。

王振滔：《周大新乡土小说中的灵肉关系论》，《扬子江评论》2019 年第 2 期。

张同武：《爱，让天黑得更慢——周大新〈天黑得很慢〉读后》，《文艺报》2019 年 4 月 15 日。

王春林：《从现象到存在：老龄化问题聚焦——周大新长篇小说〈天黑得很慢〉》，《解放军文艺》2019 年第 7 期。

姜汉西：《周大新〈预警〉介入现实的努力和意义》，《安阳工学院学报》2019 年第 3 期。

姜汉西：《论周大新〈曲终人在〉的精神生态》，《郑州师范教育》2019 年第 3 期。

姜汉西：《周大新〈第二十幕〉中的平衡法则及其意义建构》，《湖北文理学院学报》2019 年第 6 期。

韩天奇：《人性的沉沦与救赎——〈湖光山色〉的文化内涵》，《名作欣赏》2019 年第 11 期。

姜汉西：《论周大新小说中的内在悖论与张力》，《西安文理学院学报（社会科学版）》2019 年第 3 期。

姜汉西：《生存的焦虑与时代的隐忧——周大新小说中现实主义情怀》，《红河学院学报》2019 年第 4 期。

姜汉西：《现代化语境下生存的博弈与反思——论周大新小说中民间艺人群像的社会意义》，《昭通学院学报》2019 年第 4 期。

2020 年　69 岁

1 月 7—8 日，中国文联第十届全国委员会第五次会议在北京召开。

7 月 15 日，中国作协召开的"全国新时代乡村题材创作会议"在北京举行。

7 月 23 日，中国作协组织的"我们向着小康走"大型主题采访活动在西藏拉萨开幕。

8 月 25 日，中国—中东欧国家出版联盟"人文经典互译与文明互鉴"论坛在北京举办。

10 月 10 日，姚雪垠诞辰 110 周年纪念活动在河南南阳举行。

11 月 20 日，鲁迅文学院建院 70 周年座谈会在北京举行。

12 月 3 日，国家如期完成新时代脱贫攻坚目标任务，近 1 亿贫困人口实现脱贫。

是年　在北京。

1—10 月　断断续续地写作、修改长篇小说《离婚案》。2月 23 日，修改篇名《离婚案》为《看尽洛城花》。4 月 4 日，决定将长篇小说《看尽洛城花》改回原名《离婚案》。8 月 14日，写长篇小说《离婚案》，修改篇名为《看遍洛阳花：公开一桩离婚案情》。9 月 27 日至 10 月 13 日，修改长篇小说《看尽洛城花》。10 月 19 日，收到人民文学出版社关于《看尽洛城花》（改名为《春风易别》）的出版合同。11 月 9 日，告知《十月》杂志，将长篇小说《看尽洛城花》改为《洛城花落》。

1 月 16 日　受邀为河南大为律师所写贺诗。

欣闻河南大为律师事务所即将举办春节联欢晚会，特赋诗一首以表敬意：

回首律所好业绩，

放歌一抒心中喜。

展望来年辩护路，

起舞以示卫正义。

——周大新

2 月 12 日　建议电影《安魂》在开头加上一行字幕——"献给天下所有因疾病、战争和意外灾难而失去儿女的父母们！"

2 月 17—21 日　写散文《八百里伏牛山》，后发表于《地球》2020 年第 4 期。被《躬耕》2021 年第 1 期转载。被《河南日报》2023 年 3 月 10 日转载。

3 月 24—25 日　为河南方城籍作家熊君祥的长篇小说《忠毅公吴阿衡》写序言。

4 月 30 日　参与北京长江新世纪联合众位名家发起的"书店的春天——拯救实体书店"联合倡议。

5 月 13 日　《中华读书报》记者宋庄的专访《周大新谈枕边书》发表于《中华读书报》。在采访中，他说："对我的思维影响深的书挺多的，要只说一本的话，就是美国维尔·杜兰著的《杜兰讲述·哲学的故事》。"①

6 月 19 日　收到南京大学文学院博士生徐莉茗撰写的《周大新文学年谱》。

6 月 29 日　为《子弟兵的母亲——戎冠秀》写推荐词。

6 月　中篇小说《平安地球》由中译出版社出版。

6 月　《安魂》瑞典文版出版。为吴重生的散文集《捕云录》写评论文章，以题为《让阳光照彻心扉》发表于《解放军报》2020 年 6 月 27 日。

7 月 27 日　在中影集团讨论电影《突破口》拍摄事宜。

7 月 29 日　受中译出版社邀请，在北京参加《平安地球》的签书活动，所签的书在上海书展展销。

8 月 10 日　随笔《土地文化说》发表于《中国文化报》。

8 月　郑州大学文学院博士生宋硕夫的专访文章《知识分子的博爱、求索与担当——周大新访谈录》发表于《写作》

---

① 宋庄：《周大新谈枕边书》，《中华读书报》2020 年 5 月 13 日第 3 版。

2020 年第 4 期。

9 月 2—7 日、9 月下旬　思考、创作关于邓州的情景剧《万年一回首》。11 月，持续创作情景剧《万年一回首》。

9 月 19 日　回邓州探亲。9 月 20 日，参观邓州市湍北高中。

9 月 24 日　为电影《突破口》和情景剧《万年一回首》选择拍摄场地。

10 月 14—18 日　北京华景时代文化传媒有限公司联合北京中关村图书大厦，邀请周大新做客直播间，畅谈自己的写作经历和青春回忆，并以主题"我们为什么喜欢读散文"与师力斌[①]对话。

10 月 14 日—10 月 29 日　修改电影剧本《天黑得很慢》。

10 月 25 日　参加"邓州市北京人才工作站"揭牌仪式，被邓州市聘为"引智大使"。

11 月 13 日　在北京俄罗斯文化中心参加人民文学出版社举办的"朝内 166 公益讲座"之"伊万·布宁：爱过就是幸福"，以纪念俄罗斯首位诺奖作家伊万·布宁诞辰 150 周年。演讲中，周大新说："布宁给我的启示，让我在创作上少走了很多弯路。"

11 月 14 日　在北京 77 文创园观看话剧《天黑得很慢》的联排。

11 月 15—21 日　阅读李天岑的《三山凹》，为其写书评。

---

①　师力斌（1970—　），男，山西长子人。笔名晋力，诗人、评论家，《北京文学》副主编。

题为《乡村变革的长幅画卷——读长篇小说〈三山凹〉》，发表于《大公报》2020年11月30日。被《河南日报农村版》2021年5月27日转载。

11月28日 改编自《天黑得很慢》的同名话剧，在河南艺术中心小剧场首次试演。11月30日，话剧《天黑得很慢》研讨会在郑州召开。

12月9日 为人民文学出版社建社70周年写贺词——"为精品佳作接生，给文学星空添彩。"

12月12日 上午，邓州市构林镇古村举行牌坊落成揭牌仪式，周大新为揭牌仪式题字。下午，在河南省三门峡市，参加"点亮天鹅城·文学的时代担当论坛暨河南思客第六届年会"，并参观陕州地坑院、岔里古村和灵宝函谷关。

12月13日 在郑州，参加河南省文学院第三届南丁文学奖颁奖大会，李佩甫的长篇小说《河洛图》获奖。是日下午，参加何向阳的诗集《锦瑟》朗诵会。

12月22—31日 写散文《在开封为赵佶一叹》，后发表于《中国作家（文学版）》2021年第3期。被《领导文萃》2021年第11期转载。

本年度重要论文：

叶君：《新世纪乡村的常与变——论周大新的长篇小说〈湖光山色〉》，《信阳师范学院学报（哲学社会科学版）》2020年第3期。

刘海燕：《面对灾难，文学的救赎功能——重读周大新的长篇小说〈安魂〉》，《写作》2020 年第 4 期。

徐莉茗：《周大新文学年谱》，《东吴学术》2020 年第 4 期。

王杰：《周大新的创作姿态与媒介观——以〈香魂塘畔的香油坊〉的跨媒介改编为考察视点》，《写作》2020 年第 4 期。

同若华：《乡土中国的乌托邦救赎——评周大新的〈湖光山色〉》，《散文百家（理论）》2020 年第 5 期。

姜汉西：《周大新小说中"诗性正义"的价值追求与意义建构》，硕士学位论文，河南大学，2020 年。

2021年 70岁

2月25日，习近平总书记庄严宣告："我国脱贫攻坚战取得了全面胜利。"

9月2日，中国作家协会向广大文艺工作者发出《关于进一步加强文学工作者职业道德建设的意见》，引导广大文学工作者不断提升职业道德素养，增强社会责任感。

是年 在北京。

1月 长篇小说《洛城花落》由人民文学出版社出版。后以篇名《洛城花落——公开一桩离婚案情》在《十月（长篇小说）》2021年第3期刊发。作品出版后，周大新宣布长篇小说创作封笔。

按一： 这部长篇小说分为7个部分，采用第一人称叙述和"戏中戏"的结构来讲述生活在京城中的一对外省青年男女——雄壬慎与袁幽岚的婚恋故事。在故事讲述上带有"罗生门"式的叙事风格，容纳了当前社会流行的婚恋观、故事中虚构的理想婚恋观、现实中人们所面临的婚恋观以及传统文化中遗留的婚恋观等多种不同时空的婚恋观念。故事结尾用男主人公壬慎的离别信揭开谜底，原来 23 个月前，壬慎在拯救车祸现场时割伤双手而意外感染艾滋病，害怕传染给自己最爱的妻子和女儿才不得不冷漠地拒绝家人。小说中使用大量流行的社会观点、国内外婚恋案例，把现实和虚构结合起来，指出高离婚率的社会时弊，

2021 年周大新长篇小说封笔之作《洛城花落》首版封面

使理性分析和感性经验糅合在故事里，传达出作者对"爱"的呼吁与信仰。

按二：媒体称这部小说为"中国人的情感教育小说"，围绕这部小说的评论主要围绕着小说反映的题材、主题、叙事手法等方面展开分析。胡平称这部小说是"两性婚姻的教科书"，悬念强烈、散发着思辨光芒和多样化的修辞方式。潘凯雄认为小说重在探讨导致婚姻危机的缘由，因此思辨性大于故事性，面对高离婚率的现实，具有极强的社会价值。① 魏华莹认为小说从生活层面、理性层面和历史层面对婚姻和两性问题进行辩论，

---

① 潘凯雄：《爱情可浪漫，婚姻需"经营"——看周大新的长篇新作〈洛城花落〉》，《文汇报》2021 年 3 月 3 日第 10 版。

目的在于表达"通过他者了解自我，发现爱的幸福提示"①。孟繁华称这部小说是"一次大胆的实验和探险"，探讨"男女的聚和史和分离史是永恒的主题"，是"极具现实感和时代性的小说"②。孙桂荣等认为这部封笔之作延续了周大新后期"拟纪实"的文体实验风格，是一部"婚姻指南"，但是情节设置的误会、巧合削弱了文本的现实合理性③。

1月8日 写有关战友贾雪阳的散文《故乡河渠播希望》，2月6日写完。以篇名《故乡河渠播希望》发表于《中国文化报》2021年3月31日。

1月9—11日 写长篇小说《洛城花落》创作谈，篇名为《一曲能教肠寸结——关于〈洛城花落〉》。以题为《始共春风容易别》发表于《人民日报》（海外版）2021年3月3日。

1月13日 在北京市东城区第一图书馆，参加人民文学出版社举办的"2021与好书相遇——人民文学出版社新年新书大放送"线上直播发布会活动。

1月15—17日 为《文汇报》写关于《洛城花落》的创作谈。以题为《修缮婚姻这座建筑物究竟靠什么——谈我的长篇小说"封笔"之作〈洛城花落〉》，发表于《文汇报》2021年

---

① 魏华莹：《现代婚恋启示录——读周大新长篇新作〈洛城花落〉》，《新民晚报》2021年2月21日第10版。

② 孟繁华：《周大新长篇小说〈洛城花落〉：新时代"永恒主题"的变与不变》，《文艺报》2021年3月17日第2版。

③ 孙桂荣、李沐杉：《〈洛城花落〉以"拟纪实"写作还原婚姻底色》，《中国妇女报》2021年8月17日第7版。

1 月 21 日。被《林海日报》2021 年 1 月 29 日转载。

1 月 19 日 为《中华读书报》写关于《洛城花落》的答问。以篇名《〈洛城花落〉出版，周大新长篇创作就此封笔》为题发表于《中华读书报》2021 年 1 月 27 日。该报记者舒晋瑜的采访文章《周大新：文字是我最美的恋人》发表于《中华读书报》2021 年 2 月 3 日。

1 月 20 日 为《河南思客》写《关于〈洛城花落〉问答》。

1 月 27 日 上午，接受《中国青年报》记者肖文斌电话采访，采访文章以题为《专访周大新：婚姻是一座茅草屋》发表于《中国青年报》2021 年 4 月 20 日。中午，在北京广播电台接受《编辑部故事》栏目记者采访；下午，与李洱、梁晓声一起参加人民文学出版社联合"抖音"平台发起的"茅奖作家面对面"系列直播活动，介绍作品《洛城花落》。

1 月 28—30 日 写散文《牛的往事——牛年说牛》。以题名《牛年说牛》发表于《中国文化报》2021 年 2 月 5 日。

2 月 10 日 收到河南文艺出版社关于将《湖光山色》翻译为罗马尼亚语的授权书。

2 月 26 日 思考创作散文《幸运的一撞》，有关中国今天的状况、国家的命运之类的思考。

3 月 4—18 日 写散文《听林先生说》。3 月 30 日，继续写散文《听林先生说之二》。以题为《人与事·第一次收藏——听林先生说（上、下）》，分别发表于《大公报》2023 年 1 月 31 日和 2023 年 2 月 1 日。

3月9—12日　书面回复埃及留学生穆罕默德关于《21大厦》的提问。

3月13日　在北京南五环湖北电视台拍摄大厅，为"抖音"和"今日头条"拍摄纪录片视频。

3月15日　拟写短篇小说《携韵儿回家》，韵儿为一机器人女孩。观看张玉中导演的《突破口》电影，"感觉很好。"

3月19日　写短篇小说《今朝两相视》。7月2—4日，将小说篇名改为《两相对视》。7月8—9日，继续写该短篇小说。

3月26日　参加人民文学出版社建社70周年纪念座谈会。

3月　中国言实出版社再版《预警》。

4月1—7日　在邓州，回乡清明祭扫。4月2日，应邀为构林镇广大党员干部和村支书讲述乡村振兴的看法，参观构林镇党史馆。4月3日，在邓州职业技术学院参加邓州教育发展恳谈会。

4月8日　与海南承塱文化传媒有限公司签《海南日记》合作协议。

4月10—18日　写散文《村中十八塘》。

4月20日　在新华书店总店，接受中央电视台《读书》栏目主持人李潘的采访。采访节目以"李潘会客厅：对话周大新"，在5月15日、5月16日中央电视台《读书》栏目播放。

4月21—22日　写散文《儋州访苏轼》。

4月21日　为作家郑洁的长篇历史小说《李清照》写评论：《她从宋词中来》，发表于《中华读书报》2021年4月21

日。以篇名《从宋词中走来的李清照》发表于《文艺报》2021年5月19日。以篇名《她从宋词中来》被《中国平煤神马报》2021年8月6日转载。

4月23—29日 写关于胡平的散文——《文友之间——认识胡平》。以题为《文友之间》发表于《光明日报》2021年5月28日，被《文摘报》2021年6月12日转载。

4月25日 参加何建明作品研讨会。

5月7—14日 在海南采风，参加《海南日记》——文学名家写海南第二季"岛彝不彝——海南访古"主题活动。相继参观海口火山石古村落保护区、骑楼老街、海南博物馆、五公祠、海南大学、琼台福地、文昌古松村、椰雕文化展览馆、文昌孔庙、溪北书院、红树林及海底村庄。所写的采风日记，与刘醒龙、叶兆言、徐则臣、刘大先、树才、胡竹峰、文珍、郑鹏等作家的实地采风日记编辑成《海南日记》（全四册），于2022年10月24日在海南省博物馆举办了新书发布会。

5月15日 在山东曲阜尼山圣境，参加由中国公共关系协会、尼山世界儒学中心、中共济宁市委宣传部主办的2021"一带一路"年度汉字发布活动，与康震一起对年度汉字"互"进行释义。

5月22日 改编自小说《香魂女》的豫剧《香魂女》在朝阳沟大剧院上演，由豫剧名家汪荃珍主演。

5月23日 准备英国查思出版社组织的英文版《天黑得很慢》线上发布会的发言稿，邀请胡平一同出席英国的线上发布会。

5月26日　在中国传媒大学人文学院，作了"长篇小说《湖光山色》的创作经过"的专题讲座。

5月28日　电影《安魂》的公映许可证在郑州获得，日记中写道："一部电影由谋划到完成，差不多三年时间，真是不易。"

6月5日　在朝阳区"单向空间"书店，参加 Sinoist Books、单向空间、英国光华书店主办的英文版《天黑得很慢》新书发布会，胡平与该书的翻译者 James Trapp（中文名：蒲华杰）分别发言。

6月7—17日　为方磊《刘经伦传》（后以书名《初心无尘》出版，东方出版社，2022年4月）写序言。

6月11—13日　应《人民日报》文艺部编辑胡妍妍之约，写关于长篇小说《红日》的评论。以题为《从红色记忆中汲取前进力量》发表于《人民日报》2021年7月9日，被《呼和浩特日报》2021年7月13日转载。以篇名《〈红日〉喷薄而出——从红色记忆中汲取前进力量》发表于《拂晓报》2021年7月14日，被《抚顺晚报》2021年8月24日转载。

6月18—19日　写贾雪阳文学传记的序言。

6月20—23日　为张新科的长篇小说《山河传》写评论。以题为《用文字为英雄塑像》发表于《文艺报》2021年7月23日。被《城市金融报》2021年8月6日转载。以题为《用文字为英雄塑像——读长篇小说〈山河传〉》被《快乐阅读》2021

年第 7 期转载。

6 月 30 日 写散文《有苦有甜说乡村》。

6 月 魏华莹编选的"周大新文集"《向上的心》由中译出版社出版。收录《汉家女》、《香魂女》、《湖光山色》（节选）、《安魂》（节选）、《天黑得很慢》（节选）及周大新创作大事年表。

6 月 贺绍俊、李云雷、丛治辰主编的《建党百年百篇文学短经典 第三卷 劈波斩浪新征程（上下）》由人民文学出版社出版，收入周大新短篇小说《汉家女》。

7 月 14—18 日 写散文《怀念同宾先生》，后以题为《怀念同宾先生》发表于《南阳日报》2021 年 7 月 22 日。被《散文选刊》2022 年第 5 期转载。

7 月 28 日 参加人民文学出版社联合字节跳动推出的百集专题片《文学大家说》，作为第 11、18、32、39、46 期主讲嘉宾出场。

7 月 27—31 日 思考、写作散文《思绪碎片录》。8 月中下旬，持续写作该散文。

8 月 10 日 参加罗日新①的长篇小说《钢的城》改稿会。

8 月 13 日 思考改编自小说《玉器行》的电影剧本《玉器行》的修改意见。

8 月 16 日 在中图大厦，参加北京作家协会、北京文联组

---

① 罗日新（1963— ），男，湖北黄石人。青年时代曾在大冶钢厂工作，历时十年，创作长篇小说《钢的城》。

织的"北京作家日"活动的节目录制;同时,为北京国际图书博览会录制视频。

8月24日　写散文《思绪碎片录之一——愿闻书香入梦》。

8月29—30日　为《南阳四圣》画册写序言。

8月底至9月中旬　一直在为"周大新图书馆"选购书籍。

9月12日　在北京,人民文学出版社和钟书阁麒麟新天地店,邀请学者梁永安、著名离婚律师杨晓林,与周大新一起,和线上线下的读者互动,探讨《洛城花落》里的中国式婚姻,为"90后"支着儿该如何用"婚商"来面对人机互联时代的情感关系。

9月20日　在邓州市湍北高中,就"周大新图书馆"布展一事进行策划,捐出个人全部藏书,另捐出100万元现金用于购买新书。该图书馆目前藏书3万余册,计划最终藏书为5万册。

9月21日　在邓州。9月26日,去渠首、韩营、南水北调干部学院等参观。

9月27日　在郑州,商议电影《突破口》首映有关事宜。9月28日,在河南省人民大会堂举行电影《突破口》首映礼仪式,观看影片。10月3日,CCTV-6电影频道播出电影《突破口》。10月22日,以解放邓州为背景的电影《突破口》获2021全民国防教育万映计划公益展映活动"国防军事电影盛典"优秀影片奖。

10月9日　在浙江宁波,参加以"致敬百年　读领风尚"

为主题的第七届浙江书展开幕式和 2021 年度作家颁奖仪式，与莫言一起获得 2021 "年度作家" 奖，并与刘震云、东西、李洱、阎崇年等围绕 "文学与现实，我们如何面对变化的世界" 进行主题讨论。

10 月 10 日 在浙江省余姚书城，出席读者见面会，说 "王阳明思想给我的创作带来了很多有益的影响"。

10 月 11 日 在山东济南，为济南石方公司员工作了题为 "人性大观园" 的讲座。

10 月 14 日 作为电影《突破口》的总顾问，接受邓州融媒体采访，谈关于电影《突破口》的拍摄问题。

10 月 22 日 修改演讲稿《小说创作随想》，发给《21 大厦》阿拉伯语译者谢赫。

10 月 25—27 日、11 月上旬 为邓州 "周大新图书馆" 撰写书法作品。11 月中旬，整理、包装、运送捐赠给邓州 "周大新图书馆" 的图书、文物及各种工艺品，共计 221 箱。

10 月 29 日 在北京语言大学，参加北京语言大学联合《小说月报》举办的《中国作家公开课》，作为第七讲 "小说创作随想" 的主讲人，与《21 大厦》阿拉伯语版译者谢赫对谈。

11 月 19—21 日 为《赵聚德剪纸作品集》写序言。

11 月 22—28 日 思考、编写《周大新散文集》目录。该散文集包括历史感怀、读书心得和故乡纪行等主题，并配有多幅照片，收录不同时期散文 90 篇，全面呈现了周大新散文创作成就。

12 月上旬　思考散文写作，写作《人性观察与思索卡片》。

12 月 14—18 日　在邓州，筹备"周大新图书馆"事宜。12 月 17 日，在邓州市人民影剧院参加"电影《突破口》上线启动仪式"，并参加湍北高中雷锋日记阅读演讲颁奖活动。

邓州"周大新图书馆"外景

12 月 24—30 日　写散文《喝杯黄酒解乡愁》，后发表于《中华读书报》2022 年 1 月 19 日。被《华夏酒报》2022 年 3 月 1 日转载。

是年　受邀为郑州大学校歌写词，由作曲家栾凯谱曲。校歌歌词如下：

九州轩辕是故乡，天道酬勤自刚强，嵩阳立身旁，志在兴我邦。路漫漫兮探索无疆，目巡八方求是担当。路漫漫兮探索无疆，目巡八方求是担当。

神州商洛黄河旁，学子奋进国威扬，科创汇天下，人文育四方。人文育四方，道始足底惠泽后世，功耀中华不忘国殇。道始足底惠泽后世，吾校盛永山高水长。

本年度重要论文：

姬玉洁：《论周大新小说女性形象塑造的矛盾性》，《名作欣赏》2021年第2期。

张少委：《文化地理与故土情怀——论周大新作品的家园意识》，《中国当代文学研究》2021年第1期。

潘凯雄：《爱情可浪漫，婚姻需"经营"——看周大新的长篇新作〈洛城花落〉》，《文汇报》2021年3月3日。

张敏：《论周大新作品改编影像的悲情书写与文化探寻》，《电影评介》2021年第4期。

孟繁华：《周大新长篇小说〈洛城花落〉：新时代"永恒主题"的变与不变》，《文艺报》2021年3月17日。

胡平：《〈洛城花落〉：两性婚姻的教科书》，《中国当代文学研究》2021年第4期。

魏华莹：《〈第二十幕〉与1990年代史诗性作品的接受问题》，《当代文坛》2021年第5期。

孟繁华：《殊途同归　与爱和解——评长篇小说〈洛城花落〉〈回响〉》，《粤港澳大湾区文学评论》2021 年第 5 期。

赵丽妍、岳倩玉：《周大新小说中的疾病叙事与伦理关系》，《文学教育》2021 年第 5 期。

孙梦琳：《周大新小说的悲剧意识研究》，硕士学位论文，东北师范大学，2021 年。

顾彩侠：《周大新小说的生命意识研究》，硕士学位论文，吉首大学，2021 年。

2022 年　71 岁

4 月 21 日，纪录片《文学的日常》第二季播放。

8 月底，《收获》主动发起一场"无界漫游计划"。该计划细分"小说演绎""散文入画""诗歌传唱"三大类，共设奖金 260 万元，呼吁广大读者以舞蹈、话剧、曲艺、魔术、绘画、雕塑、摄影、装置、传唱等各种艺术形式参与文学改编。

11 月 20 日，"中国文学盛典·鲁迅文学奖之夜"在北京举行，以歌曲、舞蹈、朗诵等多种文艺形式实现文学的破圈传播。

是年，文学直播现象成为一种文化热点现象。

是年　在北京。

1 月 4 日　为新的短篇小说集起名《无限的惊诧》或《麦粒天上掉》。后以《麦粒天上掉》为名，2022 年 8 月由人民文学出版社出版，收录短篇小说代表作 12 篇，有《暮霭》《怪火》《老辙》《登基前夜》《金色的麦田》《释放》《现代生活》《屠户》《圆月高悬》《明宫女》《武家祠堂》《泉涸》。

1月6日　修改散文《村中十八塘》。

1月7日　写作随笔《人性思索卡片》。

1月12日　思考散文写作《你好，大自然》，写作思路：听听鸟鸣—看峡谷去—最美的山谷—田野风光—看看蝶舞—林间小径—蛙鸣十里。

1月13—18日　修改演讲稿《愿闻书香入梦》。

1月15日　中日联合拍摄的改编自小说《安魂》的同名电影《安魂》，由日向寺太郎执导，富川元文编剧，在日本上映。

1月21日　思考散文创作，拟写新的散文集草稿《有多少美藏在这里——自然界》。1月28日，继续思考，修改散文集提纲。

1月22日　收到郑州大学魏华莹教授写的《周大新评传》，为之补充所缺照片及资料。

2月9日　长篇小说《天黑得很慢》进入2022年都柏林文学奖入围名单，这是中国作家第一次入围。

2月22日　在工人出版社，参加中宣部出版局在北京主办的2022年度"出版视点"第二场专题研讨活动，在会上作了"在小说创作前的心理准备"的发言。

2月27日　在中国电影资料馆，参加电影《安魂》首映礼，铁凝、阎晶明、陈彦、程宝山、明振江、曹文轩、贺绍俊、胡平、刘庆邦等出席，并接受红星新闻记者采访。

2月28日　回邓州探亲，筹备"周大新图书馆"开馆事宜。

3月初　作家出版社推出长篇小说《安魂》十周年纪念版。《安魂》节选《父子的一段隔空对话》被《大众日报》2022年3月7日转载。

3月4日　在邓州市湍北高中，参加"周大新图书馆"揭牌仪式，作了题为"愿闻书香入梦"的演讲。

3月6日　在南阳，参加《安魂》观影交流活动，接受新闻综合频道、南阳广播电视台的采访。

3月14日　接受中央电视台《中国好书》栏目的采访。

3月17日　在北京，接受中国作协外联部与中国作家网记者邀请，为英国查思出版社发布《湖光山色》英文版新书而拍宣传视频。

3月23日　记者张义红的专访文章《周大新：没有文学，我会活得更苦》发表于《北京青年报》。在采访中，周大新说："儿子的离开，让我更真切地知道了人生就是一个不长的过程，这个过程的前一段，是你经过努力不断地收获东西，让你感觉到'有'；这个过程的后一段，造物主则强制你不断地交出东西，直到你重新成为一个'无'。没有文学，我会活得更苦。"①

3月24日　文学随笔《阅读，是一种回报率最高的投资行为》发表于《中国文化报》。

3月25日　在北京，参加电影《安魂》正式登陆全国院线的上映活动。接受香港《大公报》记者张帅采访，访谈文章

---

① 张义红：《周大新：没有文学，我会活得更苦》，《北京青年报》2022年3月23日第B01版。

《周大新：献给所有失去孩子的父母》发表于《大公报》2022年4月4日，被"大公中原网"2022年4月7日转载。

3月　《湖光山色》（节选）被《阅读（书香天地版）》2022年第3期转载。

4月2日　为"郑州图书节"拍视频。作家韩浩月的采访文章《周大新的沉默与爱》发表于《中国社会报》2022年4月2日。被《贵阳日报》2022年5月4日转载。

4月3日　为云南陈钢的摄影作品写评论《摄影至境在于美——读陈钢摄影展览作品》。作家韩浩月的专访《周大新：故事已讲完，生活未停止》发表于《新民晚报》2022年4月3日。被《今晚报》2022年4月22日转载。

4月8日　在北京腾讯公司总部，拍摄迎接"4·23世界读书日"活动视频。

4月9日　写散文《谛听鸟鸣》。

4月11—13日、4月18—19日、5月1—15日　写短篇小说《云兮》。后短篇小说《云兮云兮》发表于《当代》2022年第4期，被《小说月报》2022年第9期转载。

4月12日　在邓州市，与邓州市教体局、新华书店人员，一起到邓州市穰城路图书城调研共享阅读情况，并应读者要求，为读者签名。

4月15日　在北京，参加中国作家协会举办的"首届中国—拉美国家线上文学论坛"，来自中国、智利、阿根廷、墨西哥、哥伦比亚的作家们围绕"创作之源"这一主题，从不同角度进行了交流。周大新在发言中将"创作之源"概括为三条"河流"：第一条是个人切身的生活经历，第二条是对故乡人与事的记忆，第三条是时代生活的剧烈变化在内心引起的联想和思考。

4月19—25日　腾讯视频、腾讯公益、《新周刊》共同发起"经典的力量"主题企划，邀请四十多位知名作家、专家学者，打造读书专栏"经典的力量"，周大新担任此活动的读书推荐官。

4月21日　接受安徽新华书店的邀请，在"抖音"平台上，为安徽新华图书音像连锁有限公司的账号做直播，直播主题为"《直面人生的黄昏》——关于长篇小说《天黑得很慢》的创作过程"。

4月21—22日　思考散文写作，开始写随笔《万千声音纳于耳》。4月29日，写完该散文。以篇名《万千声音纳于耳》发表于《人民文学》2023年第2期。被《西部散文选刊》2023年第6期转载。被《青年文摘》2023年第8期转载。

4月23日　在中央广播电视总台樊登书店，参加由中央广播电视总台文艺节目中心联合人民文学出版社推出的"开卷品书香——4·23全民阅读十小时直播活动"。

4月29日　在北京，参加英国中国文学海外读者俱乐部线上举办的周大新《湖光山色》英文版新书读者会。周大新在发言中谈到，2000年年初的返乡之旅使他萌生创作一部表现乡村生活的长篇小说的愿望，《湖光山色》是他对中国乡村生活的展示和呈现。

4 月　《安魂》（节选）被《北方人》2022 年第 8 期转载。

5 月 20 日　记者江玉婷的专访文章《周大新：灾难面前，人无力逃开》发表于《中国出版传媒商报》。

5 月 23—25 日　写关于张卫平①长篇小说《红色银行》的评论。以篇名《回眸金融历史，练就博弈本领——读张卫平长篇小说〈红色银行〉》发表于《文艺报》2022 年 6 月 6 日。

5 月　人民文学出版社出版《周大新散文》，分为"活在乡间""步入军营""来到城市""游走国外""钻进书中"四部分，收入 90 篇文章。

6 月 3 日　为《西部散文选刊》创刊 15 周年题词："不看名高名低只看文章有无真见识，休论篇长篇短只论篇中有无真感情。"

6 月 10 日　在人民文学出版社，参加"中国现当代名家散文典藏"第一辑发行直播大会，与张莉、止庵对谈。

6 月 12—14 日　为邓州张书勇的长篇小说《我在渠首等你》作序，为胡德定的作品《齐长城寻迹》写评论。

6 月 13 日　受河南日报以及河南报业集团"顶端新闻"邀请，以视频的方式为顶端传媒科技公司 2022 首届顶端发声者大会作宣传。

---

①　张卫平（1966—　），男，山西代州人。当代作家、编剧，山西文学院院长。代表作有长篇小说《给我一支枪》《永不放弃》《奋斗者》等，剧本《忽必烈》《浴血雁门关》《特战》等。

6月15—19日　阅读贺茂之的《在张爱萍老将军身边》，为该作品写序《近观第六任大国防长》。

6月21日　参加中国出版传媒商报社"近距离读书会"活动，为其题词"近距离读书会，服务作家，服务读者"，并题写其核心价值理念"惟优惟新，利业利世"。

6月22—28日　写散文《露齿一笑》，后发表于《中国作家（文学版）》2022年第9期。

6月30日　参加河南省委宣传部、河南省委网信办、河南省文化和旅游厅、河南日报社等单位联合主办的"我是经典传诵人"活动，朗读散文《乡下老人》片段。

6月30日至7月6日　写短篇小说《红蓼白鹤图》。7月14—30日，继续写该小说。8月2—7日，修改小说《红蓼白鹤图》为《旧纸一张》。8月8—9日，修改小说《旧纸一张》的篇名为《暂时保密》。9月24日，修改小说《暂时保密》的篇名为《唤醒》。10月2—4日，修改该短篇小说，将篇名改为《首次唤醒》。短篇小说《首次唤醒》发表于《当代》2023年第2期。

7月1日　参加"光荣在党五十年纪念章"颁发大会，获纪念章一枚。

7月6日　为河南邓州作家孙立乾的长篇章回体小说《顶凶》写的评论《但作苍生孺子牛》发表于《河南工人日报》。

7月7—12日　为长篇小说《东风擘》写评论。以篇名《手按长剑保国安——读长篇小说〈东风擘〉》发表于《中国青年作家报》2022年9月6日。以《手握长剑保国安》转载于《火箭兵报》2022年8月10日。

8月5日 为韩语版《天黑得很慢》写前言，并给其出版社发了本人照片。

8月8日 开始写小说《去未来购物》。8月9—31日，断断续续地写小说《去未来购物》。9月11—21日，写小说《去未来购物》。10月7—14日，修改完小说《去未来购物》。短篇小说《去未来购物》发表于《北京文学》2023年第2期。被《小说月报》2023年第4期转载。

8月20日 在中国人民大学文化大厦，参加李天岑主编的报告文学集《新时代红旗谱》研讨会。

9月1日 参加北京171中学的开学典礼，作了题为"让文学陪伴我们成长"的演讲。下午，在人民文学出版社为短经典《麦粒天上掉》2050张扉页签名。

9月6日 在中国图书进出口公司，参加由北京市文联主办、中国图书进出口（集团）有限公司和北京老舍文学院承办的2022"北京作家日"开幕式暨北京市文联优秀文学作品翻译工程图书成果发布活动。

9月9日 在北京，参加罗日新的长篇小说《钢的城》新书发布会。

9月28日 在北京展览馆，参观"新时代新气象"展览，看到月球轨道车及深潜器模型。

10月21—25日 编辑《周大新剧作选》。

10 月 25 日　在华夏银行总行工会，为近百位银行员工作了以"文学，人生最美的陪伴者"为题的演讲。

10 月 26 日　思考拟写短篇小说《有岳母的男人》。

10 月 30 日　准备编辑《图说活过的日子》一书。

11 月 4 日　随笔《写给曾威和像曾威一样的人》发表于《周口晚报》。

11 月 1—15 日　在杭州疗养。其间，游览苏堤、雷峰塔、西湖、白堤、断桥、西湖美术馆、中山公园、郭庄、六和塔、钱塘江、西溪湿地公园、灵隐寺和于谦祠堂。

11 月 23 日　为北京作协"大家小课"课堂作讲座——"小说家的思考——人性是一座鲜花、杂草、枯树并存的园林"，由乔叶主持，田鹏评点。

11 月 29 日　受北京大学文学讲习所的邀请，以线上形式为北京大学学生作了题为"我在小说创作前的内心准备"的讲座，由李洱主持，曹文轩在场。

11 月 23 日至 12 月 4 日　修改"我看美学"PPT 课件，修改为"发现、欣赏、创造、守护'美'"。

12 月 2 日　为中国传媒大学创意写作专业的学生作了题为"人性是一座鲜花、杂草、枯树并存的园林"的讲座。

12 月 6 日　写完散文《站在人生长河的下游》，拟作新散文集的序言。

12 月 8 日　开始写散文《我们应该警惕》。2023 年 1 月 3日，修改散文《我们应该警惕》。2023 年 1 月 12 日，修改散文篇名为《警惕》。以篇名《警惕》发表于《作家》2023 年第 3 期。

12 月 18 日　文学评论《对话也是一种作家论》发表于《合肥晚报》。

12 月 27 日　为《北京文学》写《文学感悟》。广东东莞邓州商会与邓州"周大新图书馆"签署举办"周大新作文奖"协议。

12 月 31 日　参加由人民文学出版社主办，陈鲁豫、张泽群主持的"百位名人迎新领读——2023 文学中国跨年盛典"活动。该活动采用"线上+线下"的形式进行，持续 5 个小时，有上百位作家参加当日的领读活动，全网观看量突破 1200 万人次，话题阅读量近千万次。

12 月　中国国际电视台播放介绍作家周大新的电视专题片。

是年　周大新作品《天黑得很慢》英文译本 *Long Evity Park* 入围 2022 年度都柏林文学奖长名单。韩文版《天黑得很慢》在韩国出版。

本年度重要论文：

贺邵俊：《超越自我的安魂曲》，《新民晚报》2022 年 2 月 27 日。

付兰梅、周妍妍：《周大新小说〈第二十幕〉的空间叙事解读》，《长春理工大学学报（社会科学版）》2022 年第 2 期。

李小红、贺婧洋：《绘制当代新乡村的心灵版图——孙惠芬

〈歇马山庄〉与周大新〈湖光山色〉论》,《兰州交通大学学报》2022年第3期。

吴冰、刘洋:《〈香魂女〉英译中"二嫂"形象"偏离"的识解研究》,《东华理工大学学报(社会科学版)》2022年第2期。

唐艺:《跨文化传播视角下〈湖光山色〉英文文本研究》,硕士学位论文,华北水利水电大学,2022年。

范柳:《论周大新小说的地域文化书写》,硕士学位论文,辽宁师范大学,2022年。

周妍妍:《周大新乡土小说中女性生存困境书写研究》,硕士学位论文,长春理工大学,2022年。

岳倩玉:《周大新小说中的疾病叙事》,硕士学位论文,长春理工大学,2022年。

2023 年　72 岁

2月12日，文化和旅游部、农业农村部、国家乡村振兴局共同主办的"大地欢歌"全国乡村文化活动年在湖北省武汉市启动。

2月23日，"把雷锋精神代代传承下去——纪念毛泽东等老一辈革命家为雷锋同志题词六十周年"座谈会在北京召开。

5月31日，2023数字经济论坛在北京举行，本次论坛主题为"发展数字经济，共建数字中国"。

9月3日，纪念中国人民抗日战争暨世界反法西斯战争胜利78周年座谈会在北京举行。

是年，人工智能AI写作对传统文学创作的挑战成为持续关注的热点话题。

是年　在北京。

1月5日　为南阳市春节联欢晚会录制祝福视频；为天津《小说月报》录制祝福视频，并谈短篇小说创作。

1月13日　整理最新的散文集《站在人生长河的下游》。

1月20日　在人民大会堂，参加2023年春节团拜会，王蒙、刘恒、梁晓声、何向阳等在场。

1月30日　在301医院，告别卢江林部长。日记中写道，战友刘恪和卢江林的去世，"让我再次意识到我的时间也不多了"。

1月　散文《作家书房》发表于《时代文学》2023年第1期。

2月4日　惊悉徐怀中部长去世，哀悼。

2月21日　签订中文在线数字阅读合同，有效期至2028年2月20日。

2月24日　在《北京文学》2023年第2期中谈道，文学作品没有立竿见影的作用，但是还有一些作用，"让读者觉得在这个世界上活几十年很值得"。同日，为江西上饶"周大新书院"题写一副对联："读文学读史学读哲学读遍天下好书，听师说听父说听母说听懂百姓心声。"

3月3—10日　评阅北京市第十届文艺奖参评作品，选出8部，并写审读意见。

3月18日　在北京老舍文学院，作为老舍剧场"作家讲堂"第一季第4课的主讲人，作了题为"发现、欣赏、创造'美'"的讲座。

3月28日　上午，参加在南阳科技职业学院召开的"周大新文学创作学术研讨会"。下午，参加南阳科技职业学院名誉校长和图书馆名誉馆长聘任仪式，周大新被聘为南阳科技职业学院名誉校长。邓州市委书记邓俊峰在致辞中，对以周大新为代表的乡贤回归故乡，表示热烈欢迎。

3月29日　同邓州市人大常委会副主任熊占玉、乡贤王雷，共同为邓州市彭桥王雷美术馆揭牌。同日，东莞市邓州商会出资在邓州市设立"周大新作文奖"，周大新参加邓州市教体局第一届"周大新作文奖"颁奖大会。

3月30日　陪同阎晶明在邓州三贤高中礼堂，向全市的小学、初中语文老师作题为"鲁迅：革命与文学的精神"的讲座。3月31日，陪同阎晶明、张鲜明，在南阳进行文艺调研活动，先后参观医圣祠、卧龙岗、三顾堂。

4月2日　参加邓州市"迎老乡、回故乡、建家乡"家乡建设恳谈会暨项目签约仪式，周大新在发言中说，在外乡贤都要回来帮助建设家乡，把聪明才智奉献给家乡，争取把邓州建设成为一个更美丽、更富裕的地方。

4月15日　在石景山首钢院区中国科幻文学研究中心，参加《王晋康文集》首发仪式和创作三十周年纪念研讨会，在会上作了简短发言。

4月21—22日　在安徽新闻出版职业技术学院图书馆和六安市图书馆，作了题为"愿闻书香入梦——图书、图书馆和阅读"的讲座。

4月24日　在江西上饶，参加婺源县江湾镇"周大新书院"揭幕仪式。

4 月 25 日 在江西上饶，参加上饶市幼专演艺中心"作家进校园"活动，以"愿闻书香入梦"为主题作了"书籍、图书馆和阅读"三者关系的讲座。

4 月 26 日 在江西省工艺美术学院，作题为"文学，人生最美的陪伴者"讲座。

5 月 7 日 与《中国图书传媒商报》签订散文集《站在人生长河的下游》版权代理合同。

5 月 10 日 写小说《高空逃生》。5 月 22 日，修改小说篇名《高空逃生》为《33619》。6 月 20 日，修改小说篇名为《客机在空中》。6 月 21 日，继续写小说，修改篇名为《当你身在空中》。6 月 24 日，继续写作，修改篇名为《如果你置身空中》。6 月 29 日，修改小说篇名为《如果你身在空中》。7 月 3 日，修改小说篇名为《你若在空中》。7 月 6 日，写完小说，篇名修改为《空中》。7 月 7 日，修改小说，篇名改为《一道彩虹》。7 月 8 日，修改小说，篇名改为《彩虹》。7 月 12 日，修改短篇小说《一道彩虹》，改为《仰看彩虹》。7 月 16 日，修改短篇小说《彩虹》。后以篇名《天上有彩虹》发表于《海外文摘（文学版）》2023 年第 11 期。

5 月 27 日至 6 月 2 日 在浙江省金华市浦江县文化采风。

6 月 4—9 日 写散文《有多少乡间之美被发现——浦江乡村行》。以篇名《发现更多乡村之美》发表于《人民日报》2023 年 6 月 25 日。

6 月 9 日 写了短诗《浦江行》。

天蓝水碧山青翠，古屋老街游人醉。

商农两顾田园美，福乐图景众手绘。

6月13—19日　为桐柏县业余作家刘远彬的长篇小说《桃花红了》写序言。

6月16日　在国家会议中心，参加第三届"北京作家日"开幕式，为《洛城花落》波兰文版首发致辞。

7月14日　为《周大新散文集》和《周大新小说集》挑选篇目，整理书稿。

7月18日　邓州"周大新图书馆"设立"南阳青年文学奖"，用以褒奖年度创作有建树的文学新秀。

7月17—22日　在山西太原市，参加第八届"著名作家看山西"采风活动，并深入太原市晋祠、天龙山、玉泉山、太原古县城、晋商博物院等近20个景区景点及博物院（馆），进行采风调研。

7月23—26日　写散文《天龙山回眸》。7月29日至8月2日，继续写散文《天龙山回眸》，修改篇名为《天龙山随想》。

9月　人民文学出版社出版《呼唤爱意》，收入文章61篇，该卷系"周大新文集"第22卷。（《天黑得很慢》在2020年5月被收入"周大新文集"，系第21卷）

本年度重要论文：

张琳：《女性主义意识之明与暗——读周大新〈洛城花落〉》，《江苏海洋大学学报（人文社会科学版）》2023年第1期。

王彦力：《论〈银饰〉电影改编的得与失》，《传媒与艺术研究》2023年第1期。

曾楠翔、王亚丽：《浅析"心理的距离"——以周大新〈洛城花落〉为例》，《青年文学家》2023年第25期。

参考资料

一、作品

周大新：《瓦解》，长江文艺出版社，1996年。

周大新：《伏牛》，百花文艺出版社，1997年。

周大新：《旧世纪的疯癫》，新世界出版社，2002年。

周大新：《历览多少事与人》，作家出版社，2005年。

周大新：《预警》，北京十月文艺出版社，2009年。

周大新：《安魂》，作家出版社，2012年。

周大新：《曲终人在》，人民文学出版社，2015年。

周大新：《周大新文集》（20卷），人民文学出版社，2016年。

周大新：《天黑得很慢》，人民文学出版社，2018年。

周大新：《洛城花落》，人民文学出版社，2021年。

周大新：《周大新散文》，人民文学出版社，2022年。

二、日记

自 1983 年 4 月至 2023 年 9 月，周大新 40 年日记全文。

三、学术著作

武新军、袁盛勇主编《聚焦二十世纪：周大新〈第二十幕〉评论选》，人民文学出版社，2003 年。

洪子诚：《中国当代文学史（修订版）》，北京大学出版社，2007 年。

张建永、林铁：《乡土守望与文化突围：周大新创作研究》，作家出版社，2009 年。

沈文慧编著《周大新研究》，河南大学出版社，2015 年。

四、文献史料

《南阳大事记》编委会编《南阳大事记：2007》，河南大学出版社，2008 年。

於可训主编《改革开放 40 年小说百家档案》（第六卷），武汉出版社，2020 年。

附录　周大新创作年表

　　按：该年表主要收集了作家周大新第一次公开发表的各种作品以及出版的各种选集，还有少量早期未发表、后收入"周大新文集"的作品。根据编辑需要，所有作品依据"小说""剧本""散文、随笔、杂文"、"报告文学""评论、创作谈""作品集"等分类并排序，每类作品尽量录入作品首次发表或出版的时间和出处。同时，根据文学史分类惯例，小说只标明长篇、中篇、短篇，"小小说""微型小说"按照"短篇小说"处理。此外，由于某些原因，"剧本"类作品、访谈类文章、部分为他作写的序言、部分外文译本等信息，大多未录入此年表。特此说明。

1976 年

剧本

《古榆》，未投拍，后收入《飞鸟》（"周大新文集"，2016 年）。

1977 年

剧本

《诬告》，未投拍，后收入《飞鸟》（"周大新文集"，2016 年）。

1979 年

小说

《前方来信》（短篇小说），《济南日报》1979 年 3 月 25 日。

1982 年

小说

《第四等父亲》（短篇小说），《奔流》1982 年第 8 期。

1983 年

小说

《初入营门》（中篇小说），《奔流》1983 年第 3 期。

1984 年

小说

《呼啸的炮弹》（短篇小说），《解放军文艺》1984 年第 2 期；

《"黄埔"五期》（短篇小说），《上海文学》1984 年第 5 期；

《街路一里长》（短篇小说），《长城》1984 年第 4 期；

《"大门"被拉开一道缝隙》（短篇小说）、《三角架墓碑》（短篇小说），《奔流》1984 年第 9 期。

1985 年

小说

《军界谋士》（中篇小说），《长城》1985 年第 1 期；

《瞬间过后》（短篇小说），《当代小说》1985 年第 3 期；

《明天进入夏季》（短篇小说），《奔流》1985 年第 4 期；

《金桔，隐在夜色里》（短篇小说），《城市文学》1985 年第 4 期；

《通过"冲击道路"的速度》（短篇小说），《解放军文艺》1985 年第 6 期；

《一个女军人的日记》（短篇小说），《青年文学》1985 年第 9 期；

《今夜星儿多》（短篇小说），《青年作家》1985 年第 9 期；

《人间》（中篇小说），《长城》1985 年第 6 期。

1986 年

小说

《硝烟中的祝愿》（短篇小说），《解放军文艺》1986 年第 4 期；

《月涌大江流》（短篇小说），《晋江文艺》1986 年第 6 期；

《屠户》（短篇小说），《山东文学》1986 年第 8 期；

《汉家女》（短篇小说），《解放军文艺》1986 年第 8 期。

1987 年

小说

《粘土地》（中篇小说），《莽原》1987 年第 2 期；

《小盆地》（短篇小说），《山东文学》1987 年第 4 期；

《小诊所》（短篇小说），《河北文学》1987 年第 4 期；

《滨河地》（中篇小说），《长城》1987 年第 3 期；

《走廊》（中篇小说）、《铜戟》（中篇小说），《昆仑》1987 年第 3 期；

《在母爱的河中筑坝》（短篇小说），《山东文学》1987 年第 5 期；

《风水塔》（短篇小说），《解放军文艺》1987 年第 7 期；

《红桑椹》（短篇小说），《人民日报》（海外版）1987 年 8 月 17 日；

《武家祠堂》（短篇小说），《西北军事文学》1987 年第 4 期；

《牛筋腰带》（短篇小说），《青年文学》1987 年第 11 期。

1988 年

小说

《家族》（中篇小说），《河北文学》1988 年第 2 期；

《泉涸》（短篇小说）、《暮霭》（短篇小说），《当代作家》

1988 年第 2 期；

《走廊》（中篇小说集），昆仑出版社，1988 年 5 月；

《紫雾》（中篇小说），《人民文学》1988 年第 8 期；

《老辙》（短篇小说），《解放军文艺》1988 年第 10 期；

《白门坎》（短篇小说），《晋阳文艺》1988 年第 10 期；

《汉家女》（短篇小说集），长江文艺出版社，1988 年
12 月。

散文、随笔、杂文

《圆形盆地》，《解放军文艺》1988 年第 6 期；

《夏日琐忆：一个形象的生成过程》，《写作》1988 年第
8 期；

《创造属于自己的文学世界》，《昆仑》1988 年第 5 期。

1989 年

小说

《旧道》（中篇小说），《时代文学》1989 年第 1 期；

《云遮雾绕启明星》（短篇小说），《北方文学》1989 年第
1 期；

《怪火》（短篇小说），《小说界》1989 年第 2 期；

《伏牛》（中篇小说），《小说家》1989 年第 2 期；

《世事》（短篇小说），《中国作家》1989 年第 6 期。

1990 年

小说

《铁锅》（短篇小说），《当代》1990 年第 1 期；

《哼个小曲你听听》（短篇小说），《河北文学》1990 年第 2 期；

《香魂塘畔的香油坊》（中篇小说），《长城》1990 年第 2 期；

《走出盆地》（长篇小说），《小说家》1990 年第 2 期；

《玉器行》（短篇小说），《莽原》1990 年第 3 期；

《蝴蝶镇纪事》（中篇小说集），黄河出版社，1990 年 11 月；

《走出盆地》（长篇小说），百花文艺出版社，1990 年 12 月。

散文、随笔、杂文

《出垃圾的老人》，《萌芽》1990 年第 5 期；

《最后一季豌豆》，《散文选刊》1990 年第 12 期。

评论、创作谈

《〈小诊所〉的创作缘由》，《写作》1990 年第 4 期。

1991 年

小说

《猜测历史》（短篇小说），《清明》1991 年第 1 期；

《左朱雀右白虎》（中篇小说），《长城》1991 年第 1 期；

《儿女》（短篇小说），《青年文学》1991 年第 4 期；

《倾诉》（短篇小说），《当代小说》1991 年第 4 期；

《握笔者》（中篇小说），《小说家》1991 年第 4 期；

《步出密林》（中篇小说），《十月》1991 年第 3 期。

散文、随笔、杂文

《〈步出密林〉之外》，《中篇小说选刊》1991 年第 5 期。

报告文学

《迎接新世纪：关于针灸学者张文进的采访卡片散缀》，《莽原》1991 年第 6 期。

1992 年

小说

《牺牲》（中篇小说），《莽原》1992 年第 2 期；

《勒》（中篇小说），《天津文学》1992 年第 3 期。

散文、随笔、杂文

《漫说"故事"》，《文学评论》1992 年第 1 期；

《做父亲》，《西北军事文学》1992 年第 1 期；

《平衡》，《南阳日报》1992 年 8 月 31 日。

1993 年

小说

《无疾而终》（短篇小说），《山东文学》1993 年第 4 期；

《人猴大裂变》（中短篇小说集），华艺出版社，1993 年 4 月；

《香魂女》（中篇小说选集），中国文学出版社，1993 年

5 月；

《香魂塘畔香魂女》（中短篇小说集），河南人民出版社，1993 年 7 月；

《有梦不觉夜长》（长篇小说），《长城》1993 年第 4 期；

《香魂女》（中篇小说集），台湾洪范书店，1993 年 9 月；

《山凹凹里的一种乔木》（中篇小说），《百花洲》1993 年第 5 期；

《14、15、16 岁——〈回望青春〉之一》（中篇小说），《作家》1993 年第 10 期；

《有梦不觉夜长》（长篇小说），人民文学出版社，1993 年 11 月；

《左朱雀右白虎》（中短篇小说集），北京师范大学出版社，1993 年 12 月；

《红桑椹》（中短篇小说集），华艺出版社，1993 年 12 月；

《银饰》（中篇小说），《小说月报》1993 年第 12 期。

散文、随笔、杂文

《中国现存唯一的知府衙门》，台湾《联合报》1993 年 1 月 30 日；

《在构林》《兼维居士》，《飞天》1993 年第 10 期；

《奋斗与享受》，《人生与伴侣》1993 年第 12 期。

作品集

《捧给你们的都是爱》，黄河出版社，1993 年 4 月。

1994 年

小说

《向上的台阶》（中篇小说），《十月》1994 年第 1 期；

《溺》（中篇小说），《青年文学》1994 年第 2 期；

《银饰》（中篇小说集），中国文学出版社，1994 年 5 月；

《笔记小说三题》（短篇小说），《四川文学》1994 年第 6 期；

《病例》（中篇小说），《中国作家》1994 年第 5 期。

散文、随笔、杂文

《没有绣花的手帕》，《散文》1994 年第 2 期；

《癸酉年自白》，《都市》1994 年第 3 期；

《回望来路》，《城市人》1994 年第 10 期；

《枕畔五本书》，《书摘》1994 年第 12 期；

《没有绣花的手帕》（散文集），黄河出版社，1994 年 12 月。

报告文学

《热血与冷漠》，《人民文学》1994 年第 7 期。

评论、创作谈

《感谢丹纳》，《人民日报》1994 年 6 月 3 日；

《关于"台阶"的闲话》，《小说月报》1994 年第 6 期。

1995 年

小说

《一个愚生对一个智者的揣度》（短篇小说），《小说家》
1995 年第 1 期；

《瓦解》（中篇小说），《大家》1995 年第 4 期；

《卷宗》（短篇小说），《当代人》1995 年第 8 期；

《沦陷》（中篇小说），《莽原》1995 年第 5 期；

《会晤站》（短篇小说），《山花》1995 年第 10 期；

《通信二封》（短篇小说），《小说》1995 年第 6 期；

《释放》（中篇小说），《长江文艺》1995 年第 12 期。

散文、随笔、杂文

《世纪遗产清单（之一）》，《东方艺术》1995 年第 1 期；

《自序》，《小说》1995 年第 1 期；

《为了人类日臻完美》，《海燕》1995 年第 2 期；

《辉煌》，《散文选刊》1995 年第 3 期；

《马老师》，《河南教育》1995 年第 6 期；

《代跋：给"上帝"的报告》，《当代作家》1995 年第 6 期；

《小说：你我的心灵史》，《城市人》1995 年第 7 期；

《初约》，《解放军文艺》1995 年第 11 期；

《成都少女》，《时代文学》1995 年第 37 期。

1996 年

小说

《瓦解》（中短篇小说集），长江文艺出版社，1996 年 3 月；

《格子网》（长篇小说），人民文学出版社，1996 年 4 月；

《返回家园》（短篇小说），《小说月报》1996 年第 8 期；

《平安世界》（中篇小说集），明天出版社，1996 年 12 月。

散文、随笔、杂文

《正午》，《当代人》1996 年第 7 期。

作品集

《村边水塘》，文心出版社，1996 年 4 月；

《周大新文集》（1—5 卷），吉林人民出版社，1996 年 7 月。

1997 年

小说

《消失的场景》（长篇小说），《十月》1997 年第 2 期；

《伏牛》（中篇小说集），百花文艺出版社，1997 年 2 月；

《边塞传说》（短篇小说），《人民日报》1997 年 8 月 26 日；

《碎片》（中篇小说），《当代》1997 年第 6 期。

散文、随笔、杂文

《格拉丹冬的雪光》，《青年文学》1997 年第 4 期；

《凝望雕像》，《人民日报》1997 年 4 月 3 日；

《闲话照片》，《中国摄影家》1997 年第 3 期；

《我和警察》，《公安月刊》1997 年第 12 期。

《且说壮士爱——读〈京淮梦痕〉》，《东方艺术》1997 年第 6 期。

1998 年

小说

《新市民》（中篇小说），《十月》1998 年第 1 期；

《现代生活》（短篇小说），《小说界》1998 年第 1 期；

《紫雾》（中篇小说集），北京出版社，1998 年 2 月；

《消失的场景》（长篇小说），人民文学出版社，1998 年 4 月；

《第二十幕》（上、中、下）（长篇小说），人民文学出版社，1998 年 7 月；

《宣德年间的一些希望》（中篇小说），《北京文学》1998 年第 8 期；

《同赴七月》（中篇小说），《中国作家》1998 年第 4 期。

散文、随笔、杂文

《〈译林〉，我的好朋友》，《译林》1998 年第 4 期；

《热闹的麦场》，《人民日报》1998 年 7 月 16 日；

《粮篓与粮仓》，《人民日报》1998 年 12 月 24 日。

评论、创作谈

《对人的生存境遇进行思考——军旅作家周大新谈〈第二十幕〉》，《文学报》1998 年第 12 期。

作品集

《明天进入夏季》，山东文艺出版社，1998年2月；

《周大新小说自选集》，河南文艺出版社，1998年9月。

1999 年

小说

《金色的麦田》（短篇小说），《钟山》1999年第4期；

《后裔》（短篇小说），《解放军文艺》1999年第7期；

《接引台之忆》（短篇小说），《十月》1999年第5期；

《关于战争消失那天庆贺仪式的设计》（短篇小说），《百花园》1999年第12期。

散文、随笔、杂文

《列夫·托尔斯泰的劝告》，《世界文学》1999年第1期；

《欢欢喜喜过个年》，《农业发展与金融》1999年第2期；

《走进耶路撒冷老城》，《散文选刊》1999年第2期；

《祈望平安》，《文学世界》1999年第5期；

《鞠躬，我的责编们》，《青年文学》1999年第8期；

《有关"韧性"的记忆》，《光明日报》1999年11月25日。

评论、创作谈

《我依然迷恋小说写作》，《当代》1999年第4期；

《散文中的生活美：浅评周熠散文创作》，《文学报》1999年第8期。

作品集

《香魂女：汉英对照》，中国文学出版社、外语教学与研究出版社，1999 年 1 月；

《世纪遗产清单》，百花文艺出版社，1999 年 4 月。

2000 年

小说

《同赴七月》（中短篇小说集），作家出版社，2000 年 1 月；

《登基前夜》（短篇小说），《文学世界》2000 年第 1 期；

《暖流》（短篇小说），《文登市报》2000 年 8 月 1 日。

散文、随笔、杂文

《我熟悉的朱秀海》，《河南日报》2000 年 6 月 16 日。

评论、创作谈

《我们会拒绝诱惑？——读〈基督的最后诱惑〉》，《文学报》2000 年第 27 期；

《奇妙的〈发条橙〉》，《中华读书报》2000 年 3 月 29 日；

《文学：一种药品》，《莽原》2000 年第 2 期；

《对"人世"的又一种定义》，《解放军文艺》2000 年第 4 期。

2001 年

小说

《旧世纪的疯癫》（中篇小说），《大家》2001 年第 1 期；

《我想摇一下警铃》（短篇小说），《小说选刊》2001 年第 4 期；

《21 大厦》（长篇小说），昆仑出版社，2001 年 6 月；

《如果上帝在》（短篇小说），《山花》2001 年第 7 期；

《21 大厦》（长篇小说），《钟山》2001 年第 4 期；

《左朱雀右白虎》（短篇小说集），时代文艺出版社，2001 年 10 月。

散文、随笔、杂文

《五十岁》，《书摘》2001 年第 1 期；

《上天赐给少儿们的特权》，《光明日报》2001 年 4 月 12 日；

《地上有草》，《散文选刊》2001 年第 4 期；

《将帅们》，《山花》2001 年第 6 期；

《神妙的虚构》，《山花》2001 年第 7 期；

《摸进人性之洞》，《时代文学》2001 年第 4 期；

《闲说"神秘"》，《作家文摘》2001 年第 59 期；

《卡尔维诺的启示》，《国外文学》2001 年第 3 期；

《不许妖魔化河南人》，《新闻周刊》2001 年第 42 期；

《上校军代表》，《人民日报》2001 年 10 月 11 日；

《挺立一生——为一位忘年交朋友而作》，《散文选刊》2001 年第 10 期；

《奖赏欺骗》，《解放军文艺》2001 年第 10 期；

《回眸"罗马和平"》，《花城》2001 年第 6 期；

《去看战场》，《清明》2001 年第 6 期。

评论、创作谈

《关于文学在道德建设中能起的作用》，《文艺报》2001 年 4 月 22 日；

《最后一次揭竿》，《光明日报》2001 年 7 月 26 日；

《我为什么写作》，《满族文学》2001 年第 4 期；

《"十年磨一剑"的收获》，《人民日报》2001 年 8 月 3 日；

《严谨谋篇，从容落笔》，《河南日报》2001 年 8 月 17 日。

2002 年

小说

《浪进船舱》（中篇小说），《北京文学》2002 年第 9 期。

散文、随笔、杂文

《去看战场》，解放军文艺出版社，2002 年 1 月；

《恰似心的形状》，《今日文摘》2002 年第 2 期；

《母亲的三个画面与三个告诫》，《军营文化天地》2002 年第 3 期；

《军事文学大有作为》，《解放军报》2002 年 4 月 4 日；

《乡下老人》，《作家文摘》2002 年第 63 期；

《飘飞在中原上空的口号》，《中华文学选刊》2002 年第 5 期；

《冯牧先生》，《解放军文艺》2002 年第 7 期；

《一个军人和一座陵园》，《传记文学》2002 年第 10 期；

《战争与和平》，《公安月刊》2002 年第 10 期。

评论、创作谈

《真实再现与文化审视》，《中国青年报》2002 年 2 月 5 日；

《深情激昂唤富强——读〈解读中原〉》，《中华读书报》
2002 年 4 月 17 日；

《骨架美了也诱人——读〈丽影萍踪〉》，《中华读书报》
2002 年 7 月 31 日；

《气势磅礴贯苍穹》，《团结报》2002 年 10 月 8 日；

《黄国荣与他的"日子三部曲"》，《中国文化报》2002 年
第 7 期。

作品集

《周大新》，人民文学出版社，2002 年 1 月；

《旧世纪的疯癫》，新世界出版社，2002 年 5 月；

《走向诺贝尔·周大新卷》，文化艺术出版社，2002 年 9 月。

2003 年

小说

《战争传说》（长篇小说），《大家》2003 年第 6 期；

《战争传说》（长篇小说），长江文艺出版社，2003 年
12 月。

散文、随笔、杂文

《人生尽头的盘点》，《海燕》2003 年第 1 期；

《道教文化对中国文学的影响》，《作家》2003 年第 1 期；

《地依旧，人已新》，《人民文学》2003 年第 7 期；

《想起范仲淹》，《人民日报》2003 年 10 月 22 日；

《自由的阅读》，《中国审计报》2003 年 11 月 19 日；

《天下湖多性不同》，《山花》2003 年第 12 期。

评论、创作谈

《好看的小说》，《中华工商时报》2003 年 10 月 31 日；

《周大新讲述〈战争传说〉》，《文艺报》2003 年 11 月 4 日。

2004 年

小说

《银饰》（中篇小说集），文化艺术出版社，2004 年 9 月。

散文、随笔、杂文

《我的一位创造美的老乡》，《人民日报》（海外版）2004 年 6 月 11 日；

《难忘当年情》，《解放军文艺》2004 年第 9 期；

《关注人类的历史生活》，《青年文学》2004 年第 9 期；

《昨日琴声》，《中学生阅读（初中版）》2004 年第 9 期；

《南阳乡间行》，《人民日报》2004 年 9 月 2 日；

《悠悠丹水情》，《光明日报》2004 年 10 月 20 日；

《中原看长城》，《都市美文》2004 年第 12 期。

2005 年

小说

《需要》（短篇小说），《百花园》2005 年第 1 期（下）。

散文、随笔、杂文

《美梦重温》，《人民日报》2005 年 1 月 24 日；

《藏书的地方》，《人民日报》（海外版）2005 年 4 月 15 日；

《人的内心世界》，《北京文学》2005 年第 4 期。

评论、创作谈

《绘形传神铸香魂——梅振荣和她的牡丹花》，《文化月刊》2005 年第 6 期。

作品集

《历览多少事与人》，作家出版社，2005 年 6 月。

2006 年

小说

《湖光山色》（长篇小说），作家出版社，2006 年 4 月；

《湖光山色》（长篇小说），《中国作家（小说版）》2006 年第 3 期。

散文、随笔、杂文

《生活的提炼与升华》，《光明日报》2006 年 1 月 19 日；

《四不读》，《文艺报》2006 年 4 月 5 日；

《遥想文王演周易》，《人民日报》2006 年 7 月 12 日；

《在奥迪 A4 的家里》，《中国发展观察》2006 年第 8 期；

《难忘陀氏〈罪与罚〉》，《中华读书报》2006 年 8 月 25 日；

《西安求学忆》，《河南教育》2006 年第 11 期。

评论、创作谈

《我写〈湖光山色〉》，《人民日报》2006 年 5 月 24 日；

《震耳惊心的诘问——读〈我的课桌在哪里?〉》，《文艺报》2006 年 12 月 28 日。

2007 年

散文、随笔、杂文

《关于精神财富的思考》，《光明日报》2007 年 1 月 12 日；

《送周熠兄远行》，《光明日报》2007 年 8 月 31 日。

评论、创作谈

《灵魂的低喁——序〈冬虫夏草〉》，《躬耕》2007 年第 8 期；

《阅读的张力与惊奇》，《文艺报》2007 年 12 月 1 日；

《〈彩虹六号〉的启示》，《京华时报》2007 年 12 月 17 日。

2008 年

小说

《明宫女》（上、下）（短篇小说集），朝华出版社，2008 年 1 月。

散文、随笔、杂文

《美好的开端》,《解放军报》2008 年 1 月 24 日;

《南阳美玉》,《北京文学》2008 年第 3 期。

2009 年

小说

《碎片》《铜戟》《寨河》("周大新中篇小说典藏"系列),河南文艺出版社,2009 年 1 月;

《战争传说》(长篇小说),文化艺术出版社,2009 年 1 月;

《湖光山色》(何向阳评点版)(长篇小说),中国工人出版社,2009 年 4 月;

《预警》(长篇小说),《中国作家》2009 年第 13 期;

《预警》(长篇小说),北京十月文艺出版社,2009 年 9 月。

散文、随笔、杂文

《提升能力的良师益友》,《太原日报》2009 年 5 月 8 日;

《温暖长留心间》,《文艺报》2009 年 7 月 14 日;

《识"税"》,《中国税务》2009 年第 9 期;

《活在豫鄂交界处》,《人民文学》2009 年第 10 期。

评论、创作谈

《周大新手记——我写〈湖光山色〉》,《军营文化天地》2009 年第 2 期;

《〈我和我的兵〉序》,《海内与海外》2009 年第 11 期。

2010 年

小说

《旁观者》（短篇小说），《北京文学》2010 年第 4 期；

《"黄埔"五期》《武家祠堂》《登基前夜》（"周大新短篇小说典藏"系列丛书三种），人民武警出版社，2010 年 8 月。

散文、随笔、杂文

《悄读"内部书"》，《社区》2010 年第 11 期；

《喜爱烟台》，《党政论坛》2010 年第 4 期；

《我对家乡一往情深》，《南阳晚报》2010 年 8 月 18 日；

《托尔斯泰，影响了我的世界观》，《北京青年报》2010 年 8 月 23 日；

《曹操的头颅》，《北京文学》2010 年第 10 期；

《长在中原十八年》，《作家》2010 年第 19 期；

《愉快的阅读》，《光明日报》2010 年 11 月 4 日；

《来自天堂的心灵安慰》，《中华读书报》2010 年 12 月 1 日；

《全球化背景下的作家写作——在土耳其海峡大学的演讲》，《解放军报》2010 年 12 月 11 日。

评论、创作谈

《步古典词韵，吟现世生活》，《文艺报》2010 年 2 月 22 日；

《他带我回到河南故里》，《文艺报》2010 年 7 月 12 日；

《我看〈人道〉》，《文艺报》2010 年 7 月 21 日；

《气势如虹，诗心飞翔——读胡松夏〈铿锵之音〉》，《解放军报》2010 年 10 月 9 日；

《仿若"重生"》，《文艺报》2010 年 11 月 26 日。

作品集

《我们会遇到什么》，江苏文艺出版社，2010 年 1 月。

2011 年

小说

《赌场旁观者》（短篇小说），《可乐》2011 年第 1 期。

散文、随笔、杂文

《亲爱的军营》，《北京日报》2011 年 1 月 13 日。

报告文学

《大医仁心》，《解放军报》2011 年 5 月 4 日。

评论、创作谈

《对乡村世界一腔深情——由小说〈湖光山色〉谈起》，《光明日报》2011 年 4 月 11 日；

《陌生的战场——长篇小说〈预警〉文外谈》，《光明日报》2011 年 8 月 2 日；

《对医改的思考与破解——读长篇小说〈卫生局长〉》，《健康大视野》2011 年第 21 期。

2012 年

小说

《安魂》（长篇小说），《当代》2012 年第 4 期；

《安魂》（长篇小说），作家出版社，2012 年 8 月；

《平安世界》（中篇小说集）、《战争传说》（长篇小说）、《走出盆地》（长篇小说）、《21 大厦》（长篇小说）（"当代中国名家精粹"丛书），西苑出版社，2012 年 9 月。

散文、随笔、杂文

《关于乡村世界的几个思考》，《江南》2012 年第 1 期；

《我过元宵节：从童年到军营》，《中国艺术报》2012 年 2 月 1 日；

《不断寻找新的写作资源》，《文艺报》2012 年 6 月 8 日；

《第一次上哨》，《中国艺术报》2012 年 8 月 1 日；

《我的同乡柳建伟》，《文艺报》2012 年 8 月 24 日；

《中原厚土给我精神滋养》，《新华书目报（社科新书目）》2012 年 9 月 17 日；

《对艺术永怀虔诚之心》，《中国艺术报》2012 年 9 月 28 日。

评论、创作谈

《一个兵——总后勤部战士作家胡松夏写真》，《解放军报》2012 年 2 月 8 日。

作品集

《长在中原十八年》，中国文史出版社，2012 年 5 月。

2013 年

小说

《玉器行》（中短篇小说集），江苏文艺出版社，2013 年
1 月；

《向上的台阶》（中篇小说集），湖南文艺出版社，2013 年
4 月；

《圆月高悬》（短篇小说），《十月》2013 年第 4 期。

散文、随笔、杂文

《读书笔记》，《鸭绿江（上半月）》2013 年第 5 期；

《再爱田园》，《文苑》2013 年第 6 期；

《年老未曾忘忧国》，《解放军报》2013 年 6 月 27 日；

《在苏格拉底被囚处》，《北京文学》2013 年第 7 期；

《在小说里给你建一个幸福天国》，《品读》2013 年第 7 期；

《看遍人生风景》，《人民日报》2013 年 8 月 6 日；

《对邮递员心怀感激》，《中国邮政报》2013 年 10 月 9 日；

《准备出征》，《解放军报》2013 年 11 月 5 日；

《文化复兴是南阳崛起的基础》，《南阳晚报》2013 年 11 月
5 日；

《摸进人性之洞》，安徽文艺出版社，2013 年 11 月。

评论、创作谈

《用文字编织美好的世界——总后勤部业余作家戴立及其创
作》，《解放军报》2013 年 1 月 26 日；

《人类共同的精神财富——〈告诉你一个真实的雷锋〉读后》，《中国国防报》2013 年 2 月 21 日；

《让人心更美好》，《粮油市场报》2013 年 5 月 10 日；

《军事文学的新情况与老问题》，《文艺报》2013 年 6 月 28 日；

《温暖的声音》，《文艺报》2013 年 8 月 19 日；

《小说与苦难》，《创作与评论》2013 年第 8 期。

作品集

《你能拒绝诱惑》，解放军文艺出版社，2013 年 1 月；

《地上有草》，人民文学出版社，2013 年 1 月；

《预警：插图评点本》，华文出版社，2013 年 1 月。

2014 年

小说

《湖光山色》（典藏版、特装本、平装本）（长篇小说），人民文学出版社，2014 年 1 月。

散文、随笔、杂文

《面条的前世今生》，《光明日报》2014 年 2 月 21 日；

《又到清明细雨时》，《羊城晚报》2014 年 4 月 1 日；

《作家开笔之前做什么》，《解放军报》2014 年 7 月 1 日；

《当兵上战场》，《人民文学》2014 年第 8 期；

《小说家的知识之塔》，《民族文学》2014 年第 8 期；

《丹水北去》，《人民日报》2014 年 11 月 5 日。

评论、创作谈

《"航天人"生活的艺术呈现——读赵雁中短篇小说系列》，《解放军报》2014年1月7日；

《谋划运筹为制胜之道——读路秀儒〈向孙子兵法学运筹〉》，《解放军报》2014年11月15日。

作品集

《看遍人生风景》，河南文艺出版社，2014年9月。

2015年

小说

《银饰》（西班牙文版）（中篇小说集），五洲传播出版社，2015年1月；

《曲终人在》（长篇小说），《人民文学》2015年第4期；

《曲终人在》（长篇小说），人民文学出版社，2015年4月；

《安魂》（西班牙文版）（长篇小说），五洲传播出版社，2015年4月；

《生之景观》（中篇小说集）、《命运样本》（短篇小说集），百花洲文艺出版社，2015年6月。

散文、随笔、杂文

《又见青瓷》，《人民文学》2015年第2期；

《风雪天，还愿天》，《影响孩子一生的经典阅读（中学版）》2015年第2期；

《关于阅读方式》，《河南工人日报》2015年4月23日；

《窥见当下人们的精神世界》，《文艺报》2015年5月6日；

《大师的馈赠——在信阳师范学院的演讲》，《信阳师范学院学报（哲学社会科学版）》2015年第3期；

《霍山的水》，《人民日报》2015年8月8日；

《那年连队的滋味》，《解放军生活》2015年第9期；

《药品、故事与特别的经典》，《解放军文艺》2015年第9期；

《储备阅读才能开启创新》，《新华书目报》2015年10月19日；

《呼唤爱意——对当下中国生活进行文学表达的一点看法》，《文艺报》2015年11月23日。

评论、创作谈

《我的忧虑与理想——关于〈曲终人在〉》，《光明日报》2015年6月2日；

《抒戍边豪情，展阳刚之美——读贾随刚的诗歌集〈放歌昆仑〉》，《解放军报》2015年8月17日；

《静下心来搞创作》，《内蒙古日报》2015年10月29日。

2016年

小说

《安魂》（精装版）（长篇小说），人民文学出版，2016年5月；

《牺牲》（中篇小说集），文化发展出版社，2016年8月；

《安魂》（希腊文版）（长篇小说），作家出版社，2016年8月。

散文、随笔、杂文

《美妙的阅读》，《小说界》2016年第1期；

《南阳的树》，《人民文学》2016年第3期；

《丙申年里说"贪婪"》，《作家》2016年第4期；

《在龟峰听龟说》，《解放军文艺》2016年第6期；

《文化的积淀——以汕头、揭阳为例》，《光明日报》2016年8月26日；

《宛人范蠡》，《河南日报》2016年9月7日。

评论、创作谈

《伟人词语矗立思想丰碑》，《解放军报》2016年1月23日；

《女性视角下的战争》，《文艺报》2016年1月25日；

《晚霞与朝霞一样绚丽》，《解放军报》2016年2月20日；

《假如人民把权力交给你——关于〈曲终人在〉》，《博览群书》2016年第3期；

《现实主义的边界可以继续扩展》，《人民日报》2016年4月1日；

《钟法权〈脸谱〉：奇妙的脸谱》，《文艺报》2016年5月30日；

《画家之眼与作家之笔》，《人民日报》2016年10月7日。

作品集

《周大新文集》（20 卷），人民文学出版社，2016 年 10 月。

2017 年

小说

《安魂》（阿拉伯语版）（长篇小说），五洲传播出版社，
2017 年 3 月；

《湖光山色》（英文版）（长篇小说），中译出版社，2017 年
6 月。

散文、随笔、杂文

《我有一个茶庄》，《人民文学》2017 年第 3 期；

《人与社会》，《小说评论》2017 年第 2 期；

《用作品呼唤爱意》，《山东商报》2017 年 7 月 26 日。

评论、创作谈

《郑雄〈中国红旗渠〉——一条"天河"的开凿史》，《文
艺报》2017 年 5 月 24 日；

《大气、厚重、动人》，《文艺报》2017 年 6 月 9 日。

作品集

《回望来路》，大象出版社，2017 年 5 月；

《呼唤爱意》，民主与建设出版社，2017 年 10 月。

2018 年

小说

《天黑得很慢》（长篇小说），《人民文学》2018 年第 1 期；

《天黑得很慢》（长篇小说），人民文学出版社，2018 年 1 月；

《香魂女》（中篇小说集），河南文艺出版社，2018 年 3 月。

散文、随笔、杂文

《我们老了以后会看到什么》，《法人》2018 年第 4 期；

《60 岁以后应该记住五种风景》，《康颐》2018 年第 5 期；

《夏夜听书》，《南阳晚报》2018 年 6 月 22 日；

《致全国中小学生们的一封信》，《中国校园文学》2018 年第 10 期；

《表现城市生活，想象未来生活》，《时代报告》2018 年第 10 期；

《文学经典的形成》，《中国文化报》2018 年 11 月 30 日；

《文学与道德》，《中国文化报》2018 年 12 月 7 日；

《文学与人生》，《中国文化报》2018 年 12 月 14 日。

评论、创作谈

《描绘人生最后一段路途上的风景》，《文艺报》2018 年 2 月 2 日；

《〈收藏家〉与人性的隐秘地带》，《中学语文教学》2018 年第 2 期；

《天黑之前》，《长篇小说选刊》2018 年第 3 期；

《检视城市爱情》，《文艺报》2018年8月8日；

《另一种作家论》，《三联生活周刊》2018年第41期；

《书人·书会·书魂——观原创方言剧〈老街〉》，《文艺报》2018年10月8日；

《玉兰花香扑鼻来——读王锦秋长篇小说〈月印京西〉》，《解放军报》2018年10月13日；

《〈渠首〉：感天动地英雄歌》，《光明日报》2018年10月20日。

作品集

《呼啸的炮弹》，中国文联出版社，2018年6月。

2019年

小说

《湖光山色》（长篇小说），河南文艺出版社，2019年5月；

《左朱雀右白虎》《人间》《军界谋士》（中篇小说集），安徽文艺出版社，2019年6月；

《向上的台阶》（西班牙文版）（中篇小说集），五洲传播出版社，2019年7月。

散文、随笔、杂文

《耶拿战役之后》，《十月》2019年第2期；

《行的变迁》，《人民日报》2019年5月13日；

《探寻时光和名家的魅力》，《小说月报（原创版）》2019年第6期；

《岳父》,《南阳晚报》2019年6月14日;

《我与〈当代〉杂志》,《当代》2019年第6期。

评论、创作谈

《雷锋精神在邓州》,《解放军报》2019年3月23日;

《关于中篇小说的自述》,《中国文化报》2019年7月12日;

《互联网时代网络文学对传统文学的影响》,《中国文化报》2019年7月19日;

《小说家存在的价值》,《中国文化报》2019年7月29日。

作品集

《自在》,中国文史出版社,2019年6月。

2020年

小说

《平安地球》(中篇小说),中译出版社,2020年6月。

散文、随笔、杂文

《八百里伏牛山》,《地球》2020年第4期;

《可贵的坚守》,《文艺报》2020年6月10日;

《笑对人生》,《中国文化报》2020年8月3日;

《土地文化说》,《中国文化报》2020年8月10日。

评论、创作谈

《凭借山水展心曲——读杜苏旭的山水画》,《美术报》2020年2月15日;

《让阳光照彻心扉》，《解放军报》2020 年 6 月 27 日；

《乡村变革的长幅画卷——读长篇小说〈三山凹〉》，《大公报》2020 年 11 月 30 日。

2021 年

小说

《洛城花落》（长篇小说），人民文学出版社，2021 年 1 月；

《预警》（长篇小说），中国言实出版社，2021 年 3 月；

《洛城花落——公开一桩离婚案情》（长篇小说），《十月（长篇小说）》2021 年第 3 期。

散文、随笔、杂文

《牛年说牛》，《中国文化报》2021 年 2 月 5 日；

《故乡河渠播希望》，《中国文化报》2021 年 3 月 31 日；

《在开封为赵估一叹》，《中国作家（文学版）》2021 年第 3 期；

《文友之间》，《光明日报》2021 年 5 月 28 日；

《大红门笔会》，《文艺报》2021 年 6 月 9 日；

《怀念同宾先生》，《南阳日报》2021 年 7 月 22 日。

评论、创作谈

《修缮婚姻这座建筑物究竟靠什么——谈我的长篇小说"封笔"之作〈洛城花落〉》，《文汇报》2021 年 1 月 21 日；

《始共春风容易别》，《人民日报》（海外版）2021 年 3 月 3 日；

《她从宋词中来》，《中华读书报》2021年4月21日；

《从红色记忆中汲取前进力量》，《人民日报》2021年7月9日；

《用文字为英雄塑像》，《文艺报》2021年7月23日。

作品集

《向上的心》，中译出版社，2021年6月。

2022年

小说

《安魂》（十周年纪念版）（长篇小说），作家出版社，2022年3月；

《云兮云兮》（短篇小说），《当代》2022年第4期；

《麦粒天上掉》（短篇小说集），人民文学出版社，2022年8月。

散文、随笔、杂文

《喝杯黄酒解乡愁》，《中华读书报》2022年1月19日；

《阅读，是一种回报率最高的投资行为》，《中国文化报》2022年3月24日；

《露齿一笑》，《中国作家（文学版）》2022年第9期；

《写给曾威和像曾威一样的人》，《周口晚报》2022年11月4日。

评论、创作谈

《回眸金融历史，练就博弈本领——读张卫平长篇小说〈红色银行〉》，《文艺报》2022 年 6 月 6 日；

《但作苍生孺子牛》，《河南工人日报》2022 年 7 月 6 日；

《手按长剑保国安——读长篇小说〈东风擘〉》，《中国青年作家报》2022 年 9 月 6 日；

《对话也是一种作家论》，《合肥晚报》2022 年 12 月 18 日。

作品集
《周大新散文》，人民文学出版社，2022 年 5 月。

2023 年

小说
《首次唤醒》（短篇小说），《当代》2023 年第 2 期；

《去未来购物》（短篇小说），《北京文学》2023 年第 2 期；

《天上有彩虹》（短篇小说），《海外文摘（文学版）》2023 年第 11 期。

散文、随笔、杂文
《人与事·第一次收藏——听林先生说（上）》，《大公报》2023 年 1 月 31 日；

《人与事·第一次收藏——听林先生说（下）》，《大公报》2023 年 2 月 1 日；

《作家书房》，《时代文学》2023 年第 1 期；

《万千声音纳于耳》，《人民文学》2023 年第 2 期；

《警惕》，《作家》2023 年第 3 期；

《发现更多乡村之美》，《人民日报》2023 年 6 月 25 日。

作品集

《呼唤爱意》，人民文学出版社，2023 年 9 月。

后记

    本年谱所收录的事件和创作情况主要按照纪年、围绕谱主的创作经历进行整理。

    第一次知道"周大新"这个名字，是在电影《银饰》结尾的字幕里，看见原著"周大新"三个字。《银饰》的悲剧性深深地震撼了我，在这个故事中，美好纯真的情感被没有开释的误会扼杀，女主人公碧兰命运的悲剧性超过了莎士比亚笔下《奥赛罗》中的苔丝狄蒙娜。当时年少的我，感觉到故事的悲情感让人内心深处的悲愤达到极致。后来，第一次见到作家周大新时，我就向他讲述了悬在心中的这份沉重。他笑了，说这就是艺术的感染力。

    从之前的《前方来信》到现在的《天上有彩虹》，从文字编织的虚构世界到史料堆叠的现实历史，再到日记勾勒出的精神历程，编撰本年谱的三年里，我几乎一直穿梭在现实与理想的时空中。回顾三年来的艰辛历程，很多人的帮助和鼓励，使我克服了一路走来的困难。首先，感谢信阳师范大学文学院的姚圣良、王振海、沈文慧、吴圣刚、徐洪军等学者的积极策划与组织，是他们给了我参与"中原作家群年谱丛书"的撰写机会。其次，感谢我们团队各位同行的鼓励与交流，如方志红、禹权恒、樊会芹、尹威、王宗辉等，尤其是徐洪军老师，他组织大家进行多次讨论，拟定编撰体例，并在我们遇到困难时建言提议，为我们解决了各种困惑与难点。正是这种相互砥砺的团队精神，使我们坚持到最后。再次，感谢信阳师范大学图书馆提供的资料传递服务，感谢汉语言文学专业 2020 级学生赵子豪和张乐宇，他们在资料收集与整理过程中，给了我不少帮助。最后，还要感谢南阳市档案馆系统而规范地保存了作家周大新的大部分创作资料，感谢程相山、赵天文、赵凯、陈娟等人提供热情而专业的资料查询服务，为我查找资料带来极大的便利。

特别要感谢本年谱谱主周大新老师的鼓励和支持，在整个撰写书稿的过程中，他对我的每一个问题都不厌其烦，作了耐心、仔细的回复和解答。感谢他的信任，让我得以阅读他数年的日记。他详细审阅了书稿的每一次校样，为我纠正校样中的错误，还为年谱提供多张珍贵的照片。在此，真诚地向周老师说声谢谢！

此外，感谢我的父母和家人，感谢他们在背后默默地支持我的工作。感谢郑州大学出版社编辑的辛苦付出，确保了本书的顺利出版。

尽管竭尽全力，但是由于各种资源的数据收录情况、编撰时间、历史因素等客观条件的限制，本年谱中依然存在很多不足，敬请各位读者不吝指正。

柴鲜

2023 年 11 月于谭山